Die Abwahl des Bürgermeisters

Europäische Hochschulschriften

European University Studies

Publications Universitaires Européennes

Reihe II Rechtswissenschaft

Series II Law

Série II Droit

Band/Volume **5464**

Annemarie Lenhof

Die Abwahl des Bürgermeisters

Ein Beispiel direkter Demokratie auf kommunaler Ebene

PL ACADEMIC RESEARCH

Bibliografische Information der Deutschen Nationalbibliothek
Die Deutsche Nationalbibliothek verzeichnet diese Publikation in der Deutschen Nationalbibliografie; detaillierte bibliografische Daten sind im Internet über http://dnb.d-nb.de abrufbar.

Zugl.: Saarbrücken, Univ., Diss., 2012

Gedruckt auf alterungsbeständigem,
säurefreiem Papier.

D 291
ISSN 0531-7312
ISBN 978-3-631-62805-8

PL Academic Research ist ein Imprint der Peter Lang GmbH.
Peter Lang – Frankfurt am Main · Bern · Bruxelles · New York · Oxford · Warszawa · Wien

www.peterlang.de

Vorwort

Die nachfolgende Arbeit ist vom Fachbereich Rechtswissenschaften der Universität des Saarlandes im Sommer 2011 als Dissertation angenommen worden. Mein Dank gilt meinem Doktorvater, Herrn Prof. Dr. Klaus Grupp, sowie meinem Zweitgutachter Herrn Prof. Dr. Rudolf Wendt. Diese Arbeit widme ich meinem Ehemann und meinem Sohn, die mich immer verständnisvoll unterstützt haben.

Inhaltsverzeichnis

Schrifttumsverzeichnis

Acker, Roland: Bericht über die Tagung „Kommunale Selbstverwaltung in der DDR“, NVwZ 1990, S. 1157ff.

Ardelt, Alfred: Bürgerentscheid und Bürgerbegehren und -anregung („Bürgerantrag“) in Baden-Württemberg, in: Kühne, Detlef/Meißner, Friedrich (Hrsg.), Züge unmittelbarer Demokratie in der Gemeindeverfassung, Bürgerentscheid, Bürgerbegehren, Bürgerversammlung u. a., Göttingen 1977, S. 91-103.

Arnim, Hans Herbert von: Einführung in die Tagung, in: Arnim, Hans Herbert von (Hrsg.): Direkte Demokratie: Beiträge auf dem 3. Speyerer Demokratieforum vom 27.-29.10.1999 an der Deutschen Hochschule für Verwaltungswissenschaften Speyer, Berlin 2000, S. 9-12.

Arnim, Hans-Herbert von: Auf dem Weg zur optimalen Gemeindeverfassung? DVBl. 1997, S. 749ff.

Arnim, Hans Herbert von: Reform der Gemeindeverfassung in Hessen, DÖV 1992, S. 330ff.

Arnim, Hans Herbert von: Möglichkeiten unmittelbarer Demokratie auf Gemeindeebene, DÖV 1990, S. 85ff.

Arnim, Hans Herbert von: Gemeindliche Selbstverwaltung und Demokratie, AöR Bd. 113 (1988), S. 1ff.

Auerbach, Bettina: Das Beamtenstatusgesetz in der Praxis, ZBR 2009, S. 217ff.

Auerbach, Bettina/ Pietsch Alexandra: Beamtenstatusgesetz, Kurzkommentar für die Praxis, Neuwied 2009.

Badura, Peter: Staatsrecht; systematische Erläuterung des Grundgesetzes für die Bundesrepublik Deutschland, 3. Aufl., München 2003.

Becker, Erich: Gemeindliche Selbstverwaltung, Grundzüge der gemeindlichen Verfassungsgeschichte, Berlin 1940.

Blaßlsperger, Maximilian: Das neue Beamtenstatusgesetz, Die Personalvertretung 2008, S. 404ff.

Bleckmann, Albert: Die Zulässigkeit des Volksentscheids nach dem Grundgesetz, JZ 1978, S. 217ff.

Bockenförde, Ernst-Wolfgang: Mittelbare/repräsentative Demokratie als eigentliche Form der Demokratie; Bemerkungen zu Begriff und Verwirklichungsproblemen der Demokratie als Staats- und Regierungsform, in: Staatsorganisation und Staatsfunktionen im Wandel, Festschrift für Kurt Eichenberger zum 60. Geburtstag, Basel/Frankfurt a. M. 1982, S. 301–328, zit.: Bockenförde, in: FS für Eichenberger.

Böhme, Doris: Die Abwahl von Bürgermeistern – Institution und Praxis –, in: Verwaltungswissenschaftliche Beiträge 38, Universität Bamberg 2008.

Böhme, Doris: Die direkte Abwahl von Bürgermeistern, DÖV 2012, S. 55ff.

Bogumil, Jörg: Direkte Demokratie als verhandlungsdemokratischer Impuls – Wirkungen kommunaler Referenden in NRW, in: Schiller,Theo/Mittendorf,Volker (Hrsg.): Direkte Demokratie, Wiesbaden 2002, S. 194 – 207.

Bogumil, Jörg/ Holtkamp Lars: Die Machtposition der Bürgermeister im Vergleich zwischen Baden-Württemberg und NRW, in: Bogumil, Jörg/ Heinelt, Hubert (Hrsg.), Bürgermeister in Deutschland, Politikwissenschaftliche Studien zu direkt gewählten Bürgermeistern, Wiesbaden 2005, S. 33-85, zit.: Bogumil/Holtkamp.

Bonner Kommentar zum Grundgesetz, Band 5, Art. 20-21; Band 6, Art. 22-33, Loseblattausgabe, Heidelberg, Stand 2008, Lieferung 137, zit: Bearbeiter, in: BK, Art., Rdnr.

Borchmann, Michael/Vesper, Emil: Reformprobleme im Kommunalverfassungsrecht Stuttgart, Berlin, Köln, Mainz, 1976.

Borchmann, Michael: Die vorzeitige Abberufung hauptamtlicher kommunaler Wahlbeamter. Erste Erfahrungen mit der neuen hessischen Regelung, Der Städtetag, 1986, S. 378ff.

Danwitz, Thomas von: Plebiszitäre Elemente in der staatlichen Willensbildung, verfassungsrechtliche Möglichkeiten, Eingrenzungen, Konsequenzen, DÖV 1992, S. 601ff.

Degenhart, Christoph: Staatsrecht I, Staatsorganisationsrecht, 16. Aufl., Heidelberg 2000, zit.: Degenhart, StaatsR, Bd. I, Rdnr.

Doehring, Karl: Das Staatsrecht der Bundesrepublik Deutschland unter besonderer Berücksichtigung der Rechtsvergleichung und des Völkerrechts, 3. Aufl., Frankfurt a. M., 1984.

Dreier, Horst: Landesverfassungsänderung durch quorenlosen Volksentscheid aus der Sicht des Grundgesetzes, BayVBl. 1999, S. 513ff.

Dreier Horst: Das Demokratieprinzip des Grundgesetzes, Jura 1997, S. 249ff.

Dreier, Horst (Hrsg.): Grundgesetz, Kommentar, Band II, Art. 20-82, 2. Aufl., Tübingen 2006, zit.: Bearbeiter, in: Dreier, GG, Bd. II, Art., Rdnr.

Ebsen, Ingwer: Bürgerbeteiligung durch die Gemeindevertretung und repräsentative Demokratie, DVBl. 1984, S. 1107ff.

Ebsen, Ingwer: Abstimmungen des Bundesvolkes als Verfassungsproblem, AöR Bd. 110 (1985) S. 1ff.

Egner, Björn/Heinelt, Hubert: Sozialprofil und Handlungsorientierung von Bürgermeistern in Deutschland, in: Bogumil, Jörg/Heinelt, Hubert (Hrsg.), Bürgermeister in Deutschland, Politikwissenschaftliche Studien zu direkt gewählten Bürgermeistern, Wiesbaden 2005, S. 143-200, zit.: Egner/Heinelt.

Ehlers, Dirk: Reform der Kommunalverfassung in NRW, NWVBl. 1991, S. 397ff.

Engeli, Christian/Haus, Wolfgang: Quellen zum modernen Gemeindeverfassungsrecht in Deutschland, Schriften des Instituts für moderne Urbanistik, Stuttgart 1975, Bd. 45.

Engelken, Klaas: Demokratische Legitimation bei Plebisziten auf staatlicher und kommunaler Ebene, DÖV 2000, S. 881ff.

Erbguth, Wilfried: Verstärkung der Elemente unmittelbarer Bürgerbeteiligung auf kommunaler Ebene – Praktische Erfahrungen mit der bisherigen Handhabung-, DÖV 1995, S. 793ff.

Erichsen, Hans-Uwe: Zur Verfassungswidrigkeit der Abwahl kommunaler Wahlbeamter, DVBl. 1980, S. 723ff.

Erichsen, Hans-Uwe: Aktuelle Probleme der Kommunalverfassung, NWVBl. 1990, S. 37ff.

Erichsen, Hans-Uwe: Allgemeines Verwaltungsrecht, 11. Aufl., Berlin, New York 1998, zit.: Bearbeiter, in: Erichsen, Allg. VerwR, §, Rdnr.

Erlenkämper, Friedel: Entwicklungen im Kommunalrecht, NVwZ 1993, S. 427f; NVwZ 1994, S. 440ff; NVwZ, 1995, S. 649ff; NVwZ 1996, S. 534ff.

Fell, Karl: Plebiszitäre Einrichtungen im gegenwärtigen Staatsrecht, Düsseldorf 1964.

Fromme, Friedrich Karl: Von der Weimarer Verfassung zum Bonner Grundgesetz. Die verfassungspolitischen Folgerungen des Parlamentarischen Rates aus Weimarer Republik und nationalsozialistischer Diktatur, 2. Aufl., Tübingen 1962.

Fromme, Friedrich Karl: Der Demokratiebegriff des Grundgesetzes, DÖV 1970, S. 518ff.

Frotscher, Werner: Selbstverwaltung und Demokratie, in: Selbstverwaltung im Staat der Industriegesellschaft, Festgabe zum 70. Geburtstag von Georg Christoph von Unruh, Heidelberg 1983, S. 129-147, zit.: Frotscher, in: FS für von Unruh.

Frotscher, Werner: Direkte Demokratie in der Weimarer Verfassung, DVBl. 1989, S. 541ff.

Fuchs, Daniel: Die Abwahl von Bürgermeistern – ein bundesweiter Vergleich, in: Kommunalwissenschaftliches Institut Potsdam (Hrsg.), KWI-Arbeitshefte 14, Potsdam 2007.

Fuhrmann, Ursus: Die Entwicklung der Kommunalverfassung in Deutschland, Der Städtetag 1988, S. 656ff.

Gebhardt, Jürgen: Das Plebiszit in der Repräsentativen Demokratie, in: Arnim, Hans Herbert von (Hrsg.): Direkte Demokratie: Beiträge auf dem 3. Speyerer Demokratieforum vom 27.- 29.10.1999 an der Deutschen Hochschule für Verwaltungswissenschaften Speyer, Berlin 2000, S.13-26.

Gern, Alfons von: Deutsches Kommunalrecht, Baden-Baden, 3. Aufl. 2003.

Gleitmann, Roland: Beschnittene Anwendungsbereiche für Bürgerbegehren und -entscheid, in: Schiller, Theo/ Mittendorf, Volker (Hrsg.): Direkte Demokratie, Wiesbaden 2002, S. 166-178.

Görg, Hubert: Die kommunalen Wahlbeamten, ZBR 1958, S. 65ff.

Görg, Hubert: Anmerkung zum Urteil des BVerfG, ZBR 1958, S.104 ff.

Göring, Heinz: Die Gemeindemitgliedschaft nach der Steinschen Städteordnung vom 19. November 1809 und ihre Weiterentwicklung, Erlangen 1936.

Gönnenwein, Otto: Neues Gemeinderecht in Bayern und Hessen, AöR, Bd. 78 (52/53) S. 428ff.

Göttrup, Hendrik: Verwaltungsreform und öffentlicher Dienst, AfK 1969, S. 354ff.

Grawert, Rolf: Die Bedeutung gliedstaatlichen Verfassungsrechts in der Gegenwart, NJW 1987, S. 2330ff.

Hager, Gerd: Rechtspraktische und rechtspolitische Notizen zu Bürgerbegehren und Bürgerentscheid, VerwArch, Bd. 84 (1993), S. 97ff.

Hamann, Andreas/ Lenz, Helmut: Das Grundgesetz für die Bundesrepublik Deutschland vom 23. Mai 1949; 3. Aufl., Neuwied, Berlin 1970, zit.: Hamann/Lenz, GG, Art. Anm.

Haus, Michael/Egner, Björn/Heinelt, Hubert: Direkt gewählte Bürgermeister und neue Formen des Regierens, in: Bogumil, Jörg/ Heinelt, Hubert (Hrsg.), Bürgermeister in Deutschland, Politikwissenschaftliche Studien zu direkt gewählten Bürgermeistern, Wiesbaden 2005, S. 201-264, zit.: Haus/Egner/ Heinelt.

Haus, Wolfgang: „Die Gleichschaltung" 1933/34, Der Städtetag 1961, S. 464.

Haus, Wolfgang: Die örtliche Verwaltung in Mitteldeutschland 1945 – 1961, Der Städtetag 1961, S. 589ff.

Heffter, Heinrich: Die Deutsche Selbstverwaltung im 19. Jahrhundert, Geschichte der Ideen und Institutionen, Stuttgart 1969.

Hendler, Reinhard: Zu den Vorzügen und Nachteilen verstärkter Bürgerbeteiligung auf kommunaler Ebene, Der Landkreis 1995, S. 321ff.

Henneke, Hans-Günter: Die Abberufung des Bürgermeisters, Jura 1988, S. 374ff.

Henneke, Hans-Günter: Die innere Kommunalverfassung – Zur künftigen Austarierung des Verhältnisses von effizienter Verwaltung, steuernder Vertretungskörperschaft und verstärkter Bürgerbeteiligung, DVBl. 1995, S. 1064ff.

Henneke, Hans-Günter: Das richtige Maß von Unmittelbarkeit und Distanz bei kommunalen Bürgerbegehren und -entscheiden, ZG 1996. S. 1ff.

Henneke, Hans-Günther: Die Rolle der Fraktionen und Parteien in einem gewandelten Kommunalverfassungsrecht, Der Landkreis 1997, S.1ff.

Hesse, Konrad: Grundzüge des Verfassungsrechts der Bundesrepublik Deutschland, 20. Aufl., Heidelberg 1995.

Hesse, Konrad: Die verfassungsrechtliche Stellung der Parteien, VVdStRL 17 (1959), S. 11ff.

Hillmann, Gert: Bemerkungen zur Kommunalverfassungsreform in Niedersachsen und NRW, DÖV 1991, S. 41ff.

Himmelreich, Reinhard: Erleichterte Abwahl ist verfassungswidrig, KommPolBl. 1987, S. 152ff.

Hönes, Ernst-Rainer: Die Abwahl des hauptamtlichen Bürgermeisters; DVBl. 1976, S. 376ff.

Hohm, Karl-Heinz: Parteiendemokratie und Volksentscheid, DuR 1983, S. 406ff.

Hoffmann, Gert: Die Abwahl kommunaler Wahlbeamter als Konsequenz ihrer Einbeziehung in die Politik, DÖV 1990, S. 320ff.

Hoffmann, Gert: Zur Situation des Kommunalverfassungsrechts nach der Gesetzgebung in den neuen Bundesländern, DÖV 1994, S. 621ff.

Hofmann, Hasso: Menschenrechtliche Autonomieansprüche – Zum politischen Gehalt der Menschenrechtserklärungen –, JZ 1992, S. 165.

Holtkamp, Lars: Reform der Kommunalverfassungen in den alten Bundesländern – eine Ursachenanalyse, in: Bogumil, Jörg/ Heinelt, Hubert (Hrsg.), Bürgermeister in Deutschland, Politikwissenschaftliche Studien zu direkt gewählten Bürgermeistern, Wiesbaden 2005, S. 13-32.

Huber, Peter: Die Vorgaben des Grundgesetzes für kommunale Bürgerbegehren und Bürgerentscheide, AöR Bd.126 (2001), S. 165ff.

Hüller, Thorsten: Herrschaft des Quorums? Ein Vorschlag zur Lösung eines Problems direkter Demokratie, ZParl 2006 (37), S. 823ff.

Humpert, Paul Peter: Bürgerantrag, Bürgerentscheid in den Kommunalverfassungen der neuen Länder, DÖV 1990, S. 999ff.

Isensee, Josef/Kirchhof, Paul (Hrsg.): Handbuch des Staatsrechts der Bundesrepublik Deutschland, Bd II: Demokratische Willensbildung – Staatsorgane des Bundes Heidelberg 1987; Bd. IV: Finanzverfassung – Bundesstaatliche Ordnung, 2. Aufl. Heidelberg 1999; Bd. V: Allgemeine Grundrechtslehren, Heidelberg 1992, zit.: Bearbeiter, in: Isensee/Kirchhof, HdBStR, Bd. , § , Rdnr.

Jarass, Hans/Pieroth, Bodo: Grundgesetz für die Bundesrepublik Deutschland, Kommentar, 10. Aufl., München 2008, zit.: Bearbeiter, in: Jarass/Pieroth, Art., Rdnr.

Jürgens, Gunther: Direkte Demokratie in den Bundesländern: Gemeinsamkeiten – Unterschiede – Erfahrungen; Vorbildfunktion für den Bund? Stuttgart; München; Hannover; Berlin; Weimar 1993.

Juncker, Wolfgang: Der politische Beamte – ein Widerspruch in sich, ZBR 1974, S. 205ff.

Juncker, Wolfgang: Die Abwahl des Bürgermeisters, DÖD 1974, S. 23ff.

Jung, Otmar: Daten zu Volksentscheiden auf Landesebene (1946-1992), ZParl 1993, S. 5ff.

Jung, Otmar: Grundgesetz und Volksentscheid, Gründe und Reichweite der Entscheidungen des Parlamentarischen Rats gegen Formen direkter Demokratie, Opladen 1994.

Jung, Otmar: Kommunale Direktdemokratie mit Argusaugen gesehen; zeithistorische, verfassungsrechtliche und rechtspolitische Bemerkungen zu der Entscheidung des Bayerischen Verfassungsgerichtshofs vom 19.8.1997, BayVBl. 1998, S. 225ff.

Jung, Otmar: Aktuelle Probleme der direkten Demokratie in Deutschland, ZRP 2000, S. 440ff.

Jung, Otmar: Grundsatzfragen der Direkten Demokratie, in: Kost, Andreas (Hrsg.), Direkte Demokratie in den deutschen Ländern, Wiesbaden 2005, S. 312-366, zit: Jung, in: Kost.

Kampwirth, Ralph: Der ernüchterte Souverän. Bilanz und Perspektiven der direkten Demokratie in den 16 Bundesländern und auf Kommunalebene, ZParl 2003, S.657ff.

Katz, Alfred: Staatsrecht: Grundkurs im öffentlichen Recht, 15. Aufl., Heidelberg 2002.

Kersten, Jens: Homogenitätsgebot und Landesverfassungsrecht, DÖV 1993, S. 896ff.

Klein, Eckhard: Zur Gleichgesinntheit zwischen Gemeindevertretung und Kommunalen Wahlbeamten, DÖV 1980, S. 853ff.

Klages, Andreas/ Paulus, Petra: Direkte Demokratie in Deutschland, Impulse aus der deutschen Einheit, Marburg 1996.

Knemeyer, Franz-Ludwig: Regierungs- und Verwaltungsreformen in Deutschland zu Beginn des 19. Jahrhunderts, Köln, Berlin 1970, zit.: Knemeyer 1970.

Knemeyer, Franz-Ludwig: Bürgerbeteiligung und Kommunalpolitik, 2. Aufl. Landsberg am Lech 1997, zit.: Knemeyer 1997.

Knemeyer, Franz-Ludwig: Die verfassungsrechtliche Gewährleistung des Selbstverwaltungsrechts der Gemeinden und Landkreise, in: Selbstverwaltung im Staat und der Industriegesellschaft Festgabe zum 70. Geburtstag von Georg Christoph von Unruh, Heidelberg 1983, S. 209-226, zit.: Knemeyer, in: FS für von Unruh.

Knemeyer, Franz- Ludwig: Direkte Demokratie und funktionsfähige Verwaltung, DVBl. 1998, S. 113ff.
Kost, Andreas: Direkte Demokratie in Deutschland – eine Einführung, in: Kost, Andreas (Hrsg.), Direkte Demokratie in den deutschen Ländern, Wiesbaden 2005, S. 7-13.
Krebsbach, August: Die preußische Städteordnung von 1808, 2. Aufl. Köln 1970.
Kriele, Martin: Das demokratische Prinzip im Grundgesetz, VVdStRL 29 (1971), S. 46ff.
Kühne, Jörg-Detlef: Zur Typologie und verfassungsrechtlichen Einordnung von Volksabstimmungen – eine verfassungsrechtliche Einführung, in: Kühne, Jörg-Detlef/Meissner, Friedrich (Hrsg.), Züge unmittelbarer Demokratie in der Gemeindeverfassung, Bürgerentscheid, Bürgerbegehren, Bürgerversammlung u. a., Göttingen 1977, S. 17-54.
Lichtenfeld, Ulf: Zur Abberufung (Abwahl) von kommunalen Hauptverwaltungsbeamten, DVBl. 1982, S. 102ff.
Lehmann-Grube, Heinrich : Der Einfluss politischer Vertretungskörperschaften auf die Verwaltung, DÖV 1985, S. 1ff.
Lohmann, Eberhard: Die Stellung des Wahlbeamten in der inneren Gemeindeverfassung, Diss. Münster 1979.
Loschelder, Wolfgang: Die Entwicklung des Kommunalverfassungsrechts seit 1945, DÖV 1959, S. 409ff.
Mangold, Herrmann von/Klein, Friedrich/Starck, Christian (Hrsg.): Kommentar zum Grundgesetz, Bd. 2: Art. 20–82, 5. Aufl., München 2005, zit: Bearbeiter, in: v. Mangold/Klein/Starck, GG, Bd. 2, Art., Rdnr.
Maunz, Theodor/Dürig, Günther u.a.: Grundgesetz, Kommentar, Band III: Art. 17-27; Band IV: Art. 28 – 69, Loseblattsammlung, 53. Lieferung, München 2008, zit: Bearbeiter, in: Maunz/Dürig, GG, Bd., Art., Rdnr.
Maurer, Hartmut: Allgemeines Verwaltungsrecht, 17. Aufl., München 2009, zit.: Maurer, Allg. VerwR, 3, Rdnr.
Maurer, Hartmut: Plebiszitäre Elemente in der repräsentativen Demokratie, Heidelberg 1997.
Mazerath, Horst: Von der Stadt zur Gemeinde, zur Entwicklung des juristischen Stadtbegriffs im 19. und 20. Jahrhundert, AfK Bd. 13 (1974), S. 17ff.
Meißner, Friedrich: Probleme von Bürgerbegehren und Bürgerentscheid im deutschen Gemeinderecht, in: Kühne, Jörg-Detlef/Meissner, Friedrich (Hrsg.), Züge unmittelbarer Demokratie in der Gemeindeverfassung, Bürgerentscheid, Bürgerbegehren, Bürgerversammlung u. a., Göttingen 1977, S. 161-193.
Meyer, Hans: Leitsätze, VVdStRL 33 (1975), S. 115ff.

Meyer, Rolf: Die Wahl und Ernennung der gemeindlichen Wahlbeamten in der Bundesrepublik, Köln 1964.
Muckel, Stefan: Bürgerbegehren und Bürgerentscheid – wirksame Instrumente unmittelbarer Demokratie in der Gemeinde?, NVwZ 1997, S. 223ff.
Münch, Ingo von/Kunig, Philip (Hrsg.): Kommentar zum Grundgesetz, Band 2, (Art. 20-69) 4./5 Aufl., München 2001, zit.: Bearbeiter, in: v. Münch/Kunig, GG, Bd., Art., Rdnr.
Müthling, Hans: Die Geschichte der deutschen Selbstverwaltung, Köln 1966.
Niedersächsische Sachverständigenkommission zur Fortentwicklung des Kommunalverfassungsrechts: Bericht 1978, Hannover 1978, zit.: Niedersächsische Sachverständigenkommission.
Obst, Claus-Henning: Chancen direkter Demokratie in der Bundesrepublik Deutschland: Zulässigkeit und politische Konsequenzen, Köln 1986.
Oebbecke, Janbernd: Die neue Kommunalverfassung in Nordrhein-Westfalen, DÖV 1995, S. 701ff.
Pagenkopf, Hans: Kommunalrecht, Band 1, Verfassungsrecht, 2. Aufl., Köln, Berlin u. a. 1975, zit.: Pagenkopf, KommR, Bd. 1, S.
Pappermann, Ernst: Kommunale Wahlbeamte, ZBR 1968, S. 297ff.
Pestalozza, Christian: Der Popularvorbehalt, Direkte Demokratie in Deutschland, Berlin 1981.
Pestalozza, Christian: Volksbefragung – das demokratische Minimum, NJW 1981 S. 733ff.
Pfeiffer, Anton: Der Bund und die Länder, DÖV 1949, S. 263ff.
Preuß, Ulrich: Plebiszite als Formen der Bürgerbeteiligung, ZRP 1993, S. 131ff.
Püttner, Günter (Hrsg): Handbuch der kommunalen Wissenschaft und Praxis, Band I: Grundlagen, 2. Aufl., Berlin 1981; Band II: Kommunale Verwaltung, 2. Aufl., Berlin, 1982, zit.: Bearbeiter, in: HdbKWP, Bd., S.
Quecke, Albrecht: Starke Bürgermeister oder Magistrat? – Zum Kernproblem der Gesetzentwürfe zur sächsischen Gemeindeordnung, VBlBW 1992, 407ff.
Rehn, Erich: Repräsentative Demokratie und bürgerschaftliche Mitwirkung in der Kommunalverwaltung, in: Selbstverwaltung im Staat der Industriegesellschaft, Festgabe zum 70. Geburtstag von Georg Christoph von Unruh, Heidelberg 1983, S. 305-321, zit.: Rehn, in: FS für von Unruh.
Reich, Andreas: Beamtenstatusgesetz, Kommentar, München 2009.
Rellensmann, Peter: Bürgerantrag in der Bewährung. Ein erster Erfahrungsbericht aus Nordrhein-Westfalen, ZParl 1988, S. 505ff.
Ritgen, Klaus: Zu den thematischen Grenzen von Bürgerbegehren und Bürgerentscheid, NVwZ 2000, S. 129ff.
Ritterbach, Manfred E.: Repräsentative und direkte Demokratie, zur Vereinbarkeit der Räteverfassung und der direkten Demokratie mit der repräsenta-

tiv-demokratischen Organisation des sozialen Systems und seiner Teilbereiche, Bonn 1976.
Rossnagel, Alexander: Kontrolle großtechnischer Anlagen durch Verwaltungsreferenda, ZParl 1986, S. 587ff.
Rotberg, Konrad Freiherr von/Rooks, Percy: Gemeindeverfassung in Baden-Württemberg und im Freistaat Sachsen, VBlBW 1993, S. 401ff.
Sachs, Michael (Hrsg): Grundgesetz, Kommentar, 3. Auflage, München 2003, zit.: Bearbeiter, in: Sachs, GG, Art., Rdnr.
Saipa, Axel: Die Chancen der Verfassungsreform in Niedersachsen und Nordrhein-Westfalen, DÖV 1991, S. 637ff.
Schiffers, Reinhard: Schlechte Weimarer Erfahrungen, in: Arnim, Hans Herbert von (Hrsg.): Direkte Demokratie: Beiträge auf dem 3. Speyerer Demokratieforum vom 27.-29.10.1999 an der Deutschen Hochschule für Verwaltungswissenschaften Speyer, Berlin 2000, S. 51-65, zit.: Schiffers, in: v. Arnim.
Schiffers, Reinhard: „Weimarer Erfahrungen": Heute noch eine Orientierungshilfe?, in: Schiller, Theo/Mittendorf, Volker (Hrsg.): Direkte Demokratie, Wiesbaden 2002, S. 65-75., zit.: Schiffers, in: Schiller/Mittendorf.
Schiller, Theo: Die Praxis der direkten Demokratie auf kommunaler Ebene, in: Hans Herbert Arnim von (Hrsg.): Direkte Demokratie: Beiträge auf dem 3. Speyerer Demokratieforum vom 27.- 29.10.1999 an der Deutschen Hochschule für Verwaltungswissenschaften Speyer, Berlin 2000, S. 83-111.
Schiller, Theo/Mittendorf, Volker: Neue Entwicklungen in der Demokratie, in: Schiller, Theo/Mittendorf, Volker (Hrsg.): Direkte Demokratie, Wiesbaden 2002, S. 7 ff., zit.: Schiller/Mittendorf.
Schliesky, Utz: Die Weiterentwicklung von Bürgerbegehren und Bürgerentscheid, ZG 1999, S. 91ff.
Schmidt-Assmann, Eberhard (Hrsg.): Besonderes Verwaltungsrecht, 13. Aufl., Berlin 2005, zit.: Bearbeiter, in: Schmidt-Assmann, Bes. VerwR, Kap., Rdnr.
Schmidt-Bleibtreu, Bruno/Klein, Franz/Hofmann, Hans (Hrsg.)/Hopfauf, Axel (Hrsg.): GG, Kommentar zum Grundgesetz, 11. Aufl., Köln, München 2008, zit.: Bearbeiter, in: Schmidt-Bleibtreu/Klein, GG, Art., Rdnr.
Schmidt-Eichstaedt, Gerd: Die Gemeindeordnungen und Kreisordnungen in der Bundesrepublik Deutschland, Loseblattausgabe, Stuttgart, 2. Aufl., Stand: 11. Lieferung, Juli 2006, zit.: Schmidt-Eichstaedt, Gemeindeordnungen.
Schmidt-Eichstaedt, Gerd: Die Machtverteilung zwischen Gemeindevertretung und dem Hauptverwaltungsbeamten im Vergleich deutscher Kommunalverfassungssysteme, AfK Bd. 24 (1985), S. 20ff.

Schmidt-Eichstaedt, Gerd: Die Gemeindeordnung für Baden-Württemberg, VerwArch, Bd. 69 (1978), S. 268ff.
Schmidt Glaeser, Walter: Grenzen des Plebiszits auf kommunaler Ebene, DÖV 1998, S. 824ff.
Schmidt Glaeser, Walter: Partizipation an Verwaltungsentscheidungen, VVdStRL 31 (1993), S. 179ff.
Schmidt-Jorzig, Edzard: Kommunale Organisationshoheit, Göttingen 1979, zit.: Schmidt-Jortzig, Kommunale Organisationshoheit.
Schmidt-Jortzig, Edzard: Gemeindeverfassungstypen in der Bundesrepublik Deutschland, DÖV 1987, S. 281ff.
Schmidt-Jortzig, Edzard: Mitbestimmung, Gleichstellung und verstärkte Bürgerbeteiligung – Gefährdung der repräsentativen Demokratie und der Entscheidungsfähigkeit der Kreisverwaltung?, Der Landkreis 1994, S.11ff.
Schunck E./de *Clerck E./Guthardt, Harald:* Allgemeines Staatsrecht und Staatsrecht des Bundes und der Länder, 15. Aufl., Siegburg 1995.
Schwab, Dieter: Die „Selbstverwaltungsidee" des Freiherrn vom Stein und ihre geistigen Grundlagen, zugleich ein Beitrag zur Geschichte der politischen Ethik im 18. Jahrhundert, Gießen 1970.
Schwacke, Peter/Stolz, Eberhard/Schmidt, Guido: Staatsrecht: Mit allgemeiner Staatslehre und Verfassungsgeschichte, 3. Aufl., Köln 1983.
Seeger, Richard: Bürgerentscheid und Bürgerbegehren und -anregung („Bürgerantrag") in Baden-Württemberg, in: Kühne, Detlef/Meißner, Friedrich (Hrsg.), Züge unmittelbarer Demokratie in der Gemeindeverfassung, Bürgerentscheid, Bürgerbegehren, Bürgerversammlung u. a., Göttingen 1977, S. 103-119, zit.: Seeger, in: Kühne/ Meißner.
Seeger, Richard: Bürgerentscheid und Bürgerbegehren in Baden-Württemberg, ZParl 1988, S. 516ff.
Spies, Ute: Bürgerversammlung – Bürgerbegehren – Bürgerentscheid, Elemente direkter Demokratie am Beispiel des hessischen Kommunalrechts, Diss. Marburg 1998.
Stargardt, Hans-Joachim: Kommunalverfassungen in Deutschland, VR 1995, S.118-130; S. 145-156.
Stein, Ekkehart/Götz, Frank (Hrsg.): Staatsrecht, 20. Aufl., Tübingen 2007, zit.: Stein/Götz, StaatsR, §, S.
Steinbach, Franz/Becker, Erich: Geschichtliche Grundlagen der kommunalen Selbstverwaltung in Deutschland, Bonn 1932.
Steinberg, Rudolf: Elemente volksunmittelbarer Demokratie im Verwaltungsstaat, Die Verwaltung 1983, S. 465ff.
Stern, Klaus: Das Staatsrecht in der Bundesrepublik Deutschland, Band. I: Grundbegriffe und Grundlagen des Staatsrechts, Strukturprinzipien der

Verfassung, 2. Aufl., München 1984; Band. II: Staatsorgane, Staatsfunktionen, Finanz- und Haushaltsverfassung, Notstandsverfassung, München 1980, zit.: Stern, StaatsR, Bd. , § , S.

Stober, Rolf: Kommunale Ämterverfassung am Beispiel der Abwahl kommunaler Wahlbeamter, Tübingen 1982.

Stober, Rolf: Kommunalrecht in der Bundesrepublik Deutschland, 3. Aufl., Stuttgart, Berlin, Köln 1996, zit: Stober, KommR, S.

Stolleis, Michael: Parteienstaatlichkeit – Krisensymptome des demokratischen Verfassungsstaates, VVDStRL 44 (1986), S. 7ff.

Streinz, Rudolf: Bürgerbegehren und Bürgerentscheid – zur Einführung von Plebisziten in der Kommunalverfassung –, Die Verwaltung 1983, S. 293ff.

Thiele, Willi: Die Abberufung kommunaler Wahlbeamter auf Zeit, DÖV 1988, S. 49ff.

Thieme, Werner: Führungsämter auf Zeit in der öffentlichen Verwaltung, DÖV 1987, S. 933 ff.

Trachternach, Theo: Parteien in der kommunalen Selbstverwaltung, Würzburg 1976.

Unger, Walter: Abwahl und Beamtenrecht, DÖV 1971, S. 699ff.

Vesper, Emil: Zur Vereinheitlichung im Kommunalrecht der Bundesländer, Eine Bestandsaufnahme unter besonderer Berücksichtigung des Zersplitterungsbildes, der historischen Entwicklung und rechtskonstruktiven Lösungsansätzen, Diss. Bochum 1975.

Waecher, Kay: Kommunalrecht, 3. Aufl., Köln, Berlin, Bonn, München 1997.

Wallerath, Maximilian: Strukturprobleme kommunaler Selbstverwaltung – Rat und Verwaltung im gemeindlichen Willensbildungsprozess, DÖV 1986, S. 533ff.

Wassermann, Rudolf (Hrsg): Kommentar zum Grundgesetz für die Bundesrepublik Deutschland, Band 1: Art. 1-37, 2. Aufl., Neuwied 1989; Band 2: Art. 38-146, 2. Aufl., Neuwied 1989, zit. Bearbeiter, AK-GG, Bd., Art., Rdnr.

Weber, Albrecht: Direkte Demokratie im Landesverfassungsrecht, DÖV 1985, S. 178 ff.

Weber, Werner: Mittelbare und unmittelbare Demokratie, in: Festschrift für Karl Gottfried Hugelmann zum 80. Geburtstag, Bd. II, Aalen 1959, S. 765-786, zit.: Weber, in: FS für Hugelmann.

Wehling, Hans-Georg: Bürgermeister in Baden-Württemberg. Stellung und Sozialprofil – Ergebnis einer empirischen Untersuchung, DÖV, 1986, S.1048ff.

Wehling, Hans-Georg: Politische Partizipation in der Kommunalpolitik; Bürgerbegehren und Bürgerentscheid; Gemeinderats- und Bürgermeisterwahl in Baden-Württemberg, AfK I/1989 S. 110ff.

Wehling, Hans-Georg: Direkte Demokratie in Baden-Württemberg, in: Kost, Andreas (Hrsg.), Direkte Demokratie in den deutschen Ländern, Wiesbaden 2005, S. 14-28, zit.: Wehling, in: Kost.

Weixner, Bärbel Martina: Direkte Demokratie in Bayern, in: Kost, Andreas (Hrsg.), Direkte Demokratie in den deutschen Ländern, Wiesbaden 2005, S. 29-59.

Witte, Jan: Der kommunale „Recall" in Deutschland – erste Anwendungserfahrungen, ZParl 2001, S. 57ff.

Wolff, Hans J./ Bachof, Otto/Stober, Rolf: Verwaltungsrecht, Band I, 10. Aufl., München 1994; Band II, 5. Aufl. 1987, zit.: Wolff/Bachof, Bd. , § ,Rdnr.

Wolff, Heinrich Amadeus: Der zweite Schritt zur Föderalisierung des Beamtenrechts: Der Entwurf des Beamtenstatusgesetz, DÖV 2007, S. 504ff.

Wollmann, Hellmuth: Kommunale Referenden in den ostdeutschen Kommunen – Regelung, Anwendungspraxis, Bestimmungsfaktoren, in: Schiller, Theo/ Mittendorf, Volker (Hrsg.): Direkte Demokratie, Wiesbaden 2002, S. 179-193.

Internet

Deppe, Rainer: Direkte Demokratie II, Eine Bestandsaufnahme von Bürgerbegehren und Bürgerentscheiden seit 1990, St. Augustin 2002; http://www.kas.de/wf/de/33.845

Detjen, Joachim: Demokratie in der Gemeinde, Bürgerbeteiligung an der Kommunalpolitik in Niedersachsen, Niedersächsische Landeszentrale für politische Bildung (Hrsg), Hannover 2000; http://www.politische-Bildung.de/niedersachsen/demokratie_gemeinde.pdf

*Gründler, Raimund/Lückemeier, Pete*r: Zur kommunalen Direktwahl; Erfahrungen aus Baden-Württemberg und Hessen, St. Augustin 1999; http://www.kas.de/wf/de/33.35.3515

Wehling, Hans-Georg: Wieviel Bürgerbeteiligung im Parteienstaat? in: Graf Kielmannsegg, Peter/Schöppner, Klaus-Peter/ Wehling, Hans-Georg: Wieviel Bürgerbeteiligung im Parteienstaat? Konrad-Adenauer-Stiftung e. V. (Hrsg.), St. Augustin 2000, S. 22-35, zit. Wehling, Bürgerbeteiligung; http://www.kas.de/wf/de/33.155

Zehn Jahres-Bericht bayerischer Bürgerbegehren und Bürgerentscheide, Mehr Demokratie e. V. (Hrsg), München 2005, zit: Zehn Jahres -Bericht bayerischer Bürgerbegehren und Bürgerentscheide; http://www.mehr-demokratie.de/fileadmin/md/pdf/buergerentscheid/bayern/bayern-10jahresbericht.html

Erster Bürgerbegehrensbericht 1956-2007, Mehr Demokratie e. V. (Hrsg.), Berlin 2008, zit.: BBB 1956-2007;
http://www.mehr-demokratie.de/buergerbegehrens-bericht.html
Zweites Volksentscheid-Ranking, Direktdemokratische Verfahren der Länder und Gemeinden im Vergleich, Januar 2007, Mehr Demokratie e. V. (Hrsg.), Berlin 2006, zit.: VER 2007;
http://www.mehr-demokratie.de/ranking.html
Deutscher Bundestag, Drucksache16/813 vom 07.03.2006;
http://dipbt.bundestag.de/dip21/btd/16/008/1600813.pdf
Deutscher Bundestag, Drucksache 16/4027 vom 12.01.2007;
http://dipbt.bundestag.de/dip21/btd/16/040/1604027.pdf
Volksbegehrensbericht 2008; Mehr Demokratie e. V.(Hrsg.), Berlin 2009, zit.: VBB 2008;
http://www.mehr-demokratie.de/2598.html
Landtag Nordrhein-Westfalen, Drucksache 15/194 vom 13.05.2011;
http://www.landtag.nrw.de/portal/WWW/documentenarchiv/Document/MMD15-934.pdf
NRW erleichtert Bürgermeister-Abwahl „Es bleibt eine Herausforderung, Sauerland abzuwählen“; Legal Tribune online; v. 19.05.2011;
http://www.lto.de/de/html/nachrichten/3317/nrw_erleichtert_buergermeister_abwahl_es_bleibt_eine_herausforderung_sauerland_abzuwaehlen

Abkürzungsverzeichnis

a.A.	anderer Ansicht
a.a.O.	am angegebenen Ort
AbgabenG	Abgabengesetz
Abs.	Absatz
Abschn.	Abschnitt
AfK	Archiv für Kommunalwissenschaften
AK-GG	Alternativkommentar zum Grundgesetz
AllgVerwR	Allgemeines Verwaltungsrecht
Anl.	Anlage, Anlagen
Anm.	Anmerkung
AöR	Archiv für öffentliches Recht
Art.	Artikel
Aufl.	Auflage
BaWüGO	Gemeindeordnung für Baden-Württemberg
BaWüLKrO	Landkreisordnung für Baden-Württemberg
BaWüVerf.	Verfassung von Baden-Württemberg
Bd.	Band
BayGO	Gemeindeordnung für den Freistaat Bayern
BayLKrO	Landkreisordnung für den Landkreis Bayern
BayVerf.	Verfassung des Freistaates Bayern
BayVerfGH	Bayerischer Verfassungsgerichtshof
BayVerfGHE	Entscheidungen des Bayerischen Verfassungsgerichtshofes
BayVBl.	Bayerische Verwaltungsblätter, Zeitschrift für öffentliches Recht und öffentliche Verwaltung
BBB	Bürgerbegehrensbericht
BbgKWahlG	Kommunalwahlgesetz für das Land Brandenburg
BeamtStG	Beamtenstatusgesetz
BeamtVG	Beamtenversorgungsgesetz
BesG	Besoldungsgesetz
BesO	Besoldungsordnung
BesVerwR	Besonderes Verwaltungsrecht
BK	Bonner Kommentar
BbgKVerf.	Kommunalverfassung des Landes Brandenburg
BranVerf.	Verfassung des Landes Brandenburg

BRRG	Beamtenrechtsrahmengesetz
BT-Drucks.	Drucksachen des Deutschen Bundestages
BVerfG	Bundesverfassungsgericht
BVerfGE	Entscheidungen des Bundesverfassungsgerichts BVerfGG Bundesverfassungsgerichtsgesetz
BVerwG	Bundesverwaltungsgericht
BVerwGE	Entscheidungen des Bundesverwaltungsgerichts
bzw.	beziehungsweise
d.h.	das heißt
ders.	derselbe
Diss.	Dissertation
DÖV	Die öffentliche Verwaltung
DUR	Demokratie und Recht
DVBI.	Deutsches Verwaltungsblatt
Einf.	Einführung
Einl.	Einleitung
e. V.	eingetragener Verein
f.	folgende (Seite)
ff.	folgende (Seiten)
Fn.	Fußnote
FS	Festschrift, Festgabe
gem.	gemäß
GLKrWG	Gemeinde- und Landkreiswahlgesetz für den Freistaat Bayern
GG	Grundgesetz
ggfls.	gegebenenfalls
GO	Gemeindeordnung
GO LSA	Gemeindeordnung für das Land Sachsen-Anhalt
HbdKWP	Handbuch der kommunalen Wissenschaft und Praxis
HdBStR	Handbuch des Deutschen Staatsrechts
Hess.	Hessen, hessisch, -e, es
Hess. VGH	Hessischer Verwaltungsgerichtshof
HGO	Hessische Gemeindeordnung
HKO	Hessische Landkreisordnung
h.M.	herrschende Meinung
HVerf.	Verfassung des Landes Hessen
Hrsg.	Herausgeber
i. d. F.	in der Fassung von
insb.	insbesondere
i.S.d.	im Sinne des

i.V.m.	in Verbindung mit
i.w.S.	im erweiterten Sinn
JA	Juristische Arbeitsblätter
JR	Juristische Rundschau
Jura	Juristische Ausbildung
JuS	Juristische Schulung
JZ	Juristenzeitung
KO	Kommunalordnung
Komm.	Kommentar
KommR	Kommunalrecht
KommPolBl.	Kommunalpolitische Blätter
Kommverf.-DDR	Gesetz über die Selbstverwaltung der Gemeinden und Landkreise in der DDR (Kommunalverfassung)
KV M-V	Kommunalverfassung für das Land Mecklenburg-Vorpommern
Lit.	Literatur
LKO LSA	Landkreisordnung für das Land Sachsen-Anhalt
LWG Bay	Gesetz über Landtagswahl, Volksbegehren und Volksentscheid für den Freistaat Bayern
m. E.	meines Erachtens
m.w.N.	mit weiteren Nachweisen
M-VVerf.	Verfassung für das Land Mecklenburg-Vorpommern
NGO	Niedersächsische Gemeindeordnung
NKWG	Niedersächsisches Kommunalwahlgesetz
NLO	Niedersächsische Landkreisordnung
NdsVerf.	Niedersächsische Verfassung
NdsVbl.	Niedersächsisches Verwaltungsblatt
NVAbstG	Niedersächsisches Gesetz über Volksinitiative, Volksbegehren und Volksentscheid
NJW	Neue Juristische Wochenschrift
Nr.	Nummer, -n
NRW	Nordrhein-Westfalen
NRWGO	Gemeindeordnung für das Land Nordrhein-Westfalen
NRWKrO	Kreisordnung für das Land Nordrhein-Westfalen
NRWVerf.	Verfassung des Landes Nordrhein-Westfalen
NVwBl.	Neues Verwaltungsblatt
NVwZ	Neue Zeitschrift für Verwaltungsrecht
NWVBl.	Nordrhein-Westfälisches Verwaltungsblatt
OVG	Oberverwaltungsgericht
OVGE	Entscheidungen des Oberverwaltungsgerichts

PersV	Die Personalvertretung
Rh-PfGO	Gemeindeordnung für das Land Rheinland-Pfalz
Rh-PfLKO	Landkreisordnung für das Land Rheinland-Pfalz
Rh-PfVerf.	Verfassung für Rheinland Pfalz
Rdnr.	Randnummer, Randnummern
Rz.	Randziffer, -n
Rspr.	Rechtssprechung
SaarlKSVG	Saarländisches Kommunalselbstverwaltungsgesetz
SaarlVerf.	Verfassung des Saarlandes
SachsenGO	Gemeindeordnung für den Freistaat Sachsen
SachsenLKO	Landkreisordnung für den Freistaat Sachsen
SachsenVerf.	Verfassung für den Freistaat Sachsen
S-AVerf.	Verfassung des Landes Sachsen-Anhalt
S.	Seite, -n, Satz, Sätze
s.	siehe
Schl-HolGO	Gemeindeordnung für Schleswig-Holstein
Schl-HolKrO	Kreisordnung für Schleswig-Holstein
Schl-HolVerf.	Verfassung des Landes Schleswig-Holstein
sog.	sogenannt, sogenannte
StaatsR	Staatsrecht
s.u.	siehe unten
ThürBVVG	Thüringer Gesetz über das Verfahren bei Bürgerantrag, Volksbegehren und Volksentscheid
ThürKO	Thüringer Gemeinde- und Landkreisordnung
ThürVerf.	Verfassung des Freistaates Thüringen
u. a.	unter anderem
u. U.	unter Umständen
u.s.w.	und so weiter
VaG M-V	Gesetz zur Ausführung von Initiativen aus dem Volk, Volksbegehren und Volksentscheid in Mecklenburg-Vorpommern
VAbstG BaWü	Gesetz über Volksabstimmungen und Volksbegehren für Baden-Württemberg
VAbstG S-A	Gesetz über das Verfahren bei Volksinitiativen, Volksbegehren und Volksentscheid in Sachsen-Anhalt
VAbstG Schl-Hol.	Gesetz über Initiativen aus dem Volk, Volksbegehren und Volksentscheid für das Land Schleswig-Holstein
VBVEG Hess.	Hessisches Gesetz über Volksbegehren und Volksentscheid
VBB	Volksbegehrensbericht

VBlBW	Verwaltungsblätter für Baden-Württemberg
Verf.	Verfassung, Verfassungs-
VerfGH NW	Verfassungsgerichtshof des Landes Nordrhein-Westfalen
VER	Volksentscheid-Ranking
VerwArch	Verwaltungsarchiv
vgl.	vergleiche
VG	Verwaltungsgericht
VGH	Verwaltungsgerichtshof
VIVBVEG	Gesetz über das Verfahren bei Volksinitiative, Volksbegehren und Volksentscheid in Nordrhein-Westfalen
v.	von, vom
Vor.	Vorbemerkung
VR	Verwaltungsrundschau
VVdStRL	Veröffentlichungen der Vereinigung der Deutschen Staatsrechtslehrer
VVVG	Gesetz über Volksantrag, Volksbegehren und Volksentscheid des Freistaates Sachsen
WRV	Weimarer Reichsverfassung
ZBR	Zeitschrift für Beamtenrecht
ZParl	Zeitschrift für Parlamentsfragen
ZG	Zeitschrift für Gesetzgebung
ZRP	Zeitschrift für Rechtspolitik
Ziff.	Ziffer
z.B.	zum Beispiel
z.T.	zum Teil

Einführung

Instrumente direkter Demokratie auf kommunaler Ebene sind inzwischen in allen Kommunalverfassungen der Bundesländer[1] durchweg gesetzlich verankert. Hierzu gehören zunächst Bürgerbegehren und Bürgerentscheide, bei denen die Bürger eine Entscheidung über bestimmte Sachfragen herbeiführen können, und die Möglichkeit der direkten Wahl von Bürgermeistern/innen und Oberbürgermeistern/innen (im nachfolgenden der Bürgermeister genannt) durch die Bürger. Hierbei ist festzustellen, dass nicht selten bei Direktwahlen Kandidaten/Kandidatinnen obsiegen, deren Partei zum Zeitpunkt der Wahl nicht die Mehrheit im Stadt- oder Gemeinderat stellt. Vielfach sind die Persönlichkeit und das persönliche Wahlprogramm des Kandidaten/der Kandidatin für das Votum der Bürger entscheidend. Dies kann dahingehend interpretiert werden, dass sich in der Direktwahl eine besondere Nähe zwischen Wähler und Gewählten dokumentiert.

In diesem Zusammenhang ist jedoch bemerkenswert, dass kein/e anderer/e Repräsentant/in auf Landes- und Bundesebene über eine derartige direkte Basislegitimation verfügt. Üblicherweise wählen die Bürger lediglich die Volksvertreter, die wiederum – insbesondere auf Bundes- und Landesebene – die staatlichen Repräsentanten (Bundespräsident, Bundestagspräsident, Bundeskanzler, Ministerpräsidenten, etc.) wählen. Durch die direkte Wahl kommt daher den Bürgermeistern im demokratischen Gefüge eine besondere Stellung zu.

Das Instrument der direkten Wahl korrespondiert mit dem Instrument der Abwahl durch direktes Votum der Bürger. Hierbei wird den Bürgern die Möglichkeit eröffnet – nach Erfüllung entsprechender Voraussetzungen – durch direktes Votum einen Repräsentanten vor Ablauf der Amtsperiode aus dem Amt zu entfernen. Auch dies ist im politischen System der Bundesrepublik einzigartig.

Die Einführung direkt-demokratischer Elemente auf kommunaler Ebene ist Folge langjähriger öffentlicher Diskussionen und juristischer Auseinandersetzungen. Bereits in den siebziger Jahren wurde in der Bundesrepublik eine allgemein- und rechtspolitische Diskussion über eine Verstärkung direkt-demokratischer Elemente auf Bundes-, Landes- und insbesondere auf Kommunalebene begonnen.[2]

---

1 Die vorliegende Arbeit befasst sich mit den Regelungen der Flächenländer. Die Stadtstaaten Berlin, Bremen und Hamburg besitzen keine speziellen Gemeindeordnungen. Hier fließen Landes- und Kommunalrecht ineinander. Stober, KommR, S. 23. Wegen dieser Sonderstellung werden die Stadtstaaten nicht in die weitere Betrachtung einbezogen.

2 v. Arnim, DÖV 1990, S. 85 (94f.); Hoffmann, DÖV 1994, S. 621 (626).

Hintergrund dieser Diskussion war die Wahrnehmung einer zunehmenden Partei- und Politikverdrossenheit sowie der Versuch, dieser Entwicklung entgegenzusteuern.[3] Es wurde zum einen die dominierende Rolle von Parteien und Fraktionen thematisiert,[4] zum anderen deren Bürgerferne und mangelnde Fähigkeit zur Lösung von Gegenwartsproblemen kritisiert.[5] Insbesondere auf kommunaler Ebene wurde das Spannungsverhältnis zwischen Politik und Verwaltung, zwischen Demokratie und Bürokratie, problematisiert.[6] Als Gegengewicht gegen die empfundene Übermacht der politischen Parteien wurde die verstärkte Einführung „direkt-demokratischer" Elemente empfohlen. Dies allerdings nicht als Alternative zum repräsentativen System, sondern als dessen Ergänzung.[7]

Bereits im Jahr 1974 befasste sich die Enquêtekommission Verfassungsreform des Bundestages mit der Frage einer Ergänzung des Grundgesetzes um unmittelbare Entscheidungsformen.[8] Auf Landesebene setzte sich 1978 insbesondere die Niedersächsische Sachverständigenkommission zur Fortentwicklung des Kommunalverfassungsrechts mit den Fragen einer unmittelbaren Bürgerbeteiligung auseinander. Als Argument für die Notwendigkeit einer erweiterten Bürgerbeteiligung auf Kommunalebene wurde die „Oligopolisierung" der politischen Willens- und Entscheidungsbildung zugunsten von etablierten Großorganisationen im Parteien-, Verbands- und Medienwesen genannt. Parallel dazu wurde ein Verlangen der Bürger nach verstärkter Teilnahme an der politischen Willensbildung erkannt. Nach Auffassung der Kommission kommt darin eine geänderte Haltung der Bürger zur Politik zum Ausdruck.[9] Als Konsequenz daraus haben sich (nicht nur) in der niedersächsischen Kommunallandschaft grundlegende Änderungen vollzogen. Diese betreffen nicht allein Änderungen des Kommunalwahlrechts, sondern auch die politischen Befugnisse der Bürger/innen bei der Gestaltung der Inneren Gemeindeverfassung.[10]

Insbesondere in den achtziger Jahren wurden zunehmend Defizite im politisch-repräsentativen System der Bundesrepublik thematisiert, die als Akzeptanzprobleme interpretiert wurden. Es wurde vermutet, dass sich die Bürger

3 Steinberg, Die Verwaltung 16 (1983), S. 465 (469) m.w.N.

4 v. Arnim, DÖV 1985, S. 593 (594ff); Henneke, Der Landkreis 1997, S. 1ff.

5 Lehmann-Grube, DÖV 1985, S. 1 (9).

6 Wallerath, DÖV, 1986, S. 533 ff.; Banner, DÖV 1984, S. 364ff.

7 Steinberg, Die Verwaltung 1983, S. 465 (466); Streinz, Die Verwaltung 1983, S. 291 (293); Weber, DÖV 1985, S. 178; v. Arnim, DÖV 1985, S. 593 (603).

8 Beratungen und Empfehlungen zur Verfassungsreform, Schlussbericht der Enquêtekommission Verfassungsreform des Deutschen Bundestages, Teil I, in: Zur Sache 3/76, S. 51; Klages/Paulus, S. 21; Steinberg, Die Verwaltung 1983, S. 465 (469).

9 Niedersächsische Sachverständigenkommission, S. 54.

10 Detjen, S. 11.

unzureichend repräsentiert fühlten.[11] Als Indizien hierfür galten die wachsende Zahl der Nichtwähler, Stimmeinbußen der etablierten Parteien, politische Radikalisierung, Vertrauens- und Glaubwürdigkeitsverluste der Parteien und Politiker, sinkende Mitgliederzahlen und Überalterung in der Mitgliederstruktur der Parteien sowie die Zunahme von Affären und Skandalen.[12]

Eine Konsequenz aus zahlreichen Analysen war die Forderung nach einer Stärkung der unmittelbaren Bürgerbeteiligung. Um der „Politikverdrossenheit" entgegen zu wirken, sollten die Bürger unmittelbarer an der Politik „vor Ort" beteiligt und es sollte ihnen eine stärkere Einbindung bei der Entscheidungsfindung ermöglicht werden.

Gegenstand der Diskussion waren sowohl die Beteiligung der Bürger an Sachfragen durch verschiedene Instrumente auf Landesebene, wie Volksbegehren und Volksentscheid, sowie auf Kommunalebene die Beteiligung durch Bürgerbefragung, Bürgerantrag, Bürgerbegehren und Bürgerentscheid. Referenden auf nationaler Ebene spielten hingegen eher eine nachrangige Rolle.

Auf kommunaler Ebene wurde zunehmend auch die direkte Beteiligung der Bürger an Personalentscheidungen gefordert. Zunächst stand die Frage der Direktwahl des Bürgermeisters im Vordergrund, später aber auch seine Abwahl unmittelbar durch die Bürger. Eine unmittelbare Wahl der Verwaltungsspitze war zuvor nur in den Städten und Gemeinden Baden-Württembergs und Bayerns möglich.[13] Allerdings gab es in diesen Bundesländern das Instrument der Abwahl nicht und es wurde auch nie ernsthaft diskutiert. Es galt der Grundsatz „gewählt ist gewählt" und eine ggf. erforderliche Entfernung aus dem Amt erfolgte durch die Dienstaufsichtsbehörde bei disziplinarrechtlich relevanten Verfehlungen. An dieser rechtlichen Situation hat sich bis heute nichts geändert.

Bürgerentscheide waren – seit 1955 – nur in baden-württembergischen Städten und Gemeinden möglich. Allerdings wurden diese Möglichkeiten nur selten genutzt und auch nur mit geringem Erfolg.[14] Zwei Gründe führten zum häufigen Scheitern dieser Instrumente: die entsprechenden Quoren wurden nicht erreicht oder der Gegenstand des Begehrens entsprach nicht den gesetzlichen Anforderungen.[15] Ansonsten blieben die Instrumente der Bürgerbeteiligung in den gesetzlichen Regelungen der anderen Bundesländer und Gemeinden weitgehend unberücksichtigt.

Es dauerte allerdings Jahrzehnte, bis die verschiedenen Instrumente der direkten Beteiligung der Bürger an Sachfragen und die Direktwahl und Abwahl von

11 Klages/Paulus, S. 22f.

12 Klages/Paulus, S. 23 m.w.N.

13 Henneke, Der Landkreis, 1997, S. 1.

14 Henneke, Der Landkreis, 1997, S. 1.

15 s. dazu die Anmerkungen unter A., II., 5. b).

Bürgermeistern in den anderen Bundesländern gesetzlich verankert wurden. Im Zuge der Reformen der Kommunalverfassungen bzw. Gemeindeordnungen nach der deutschen Vereinigung wurden zahlreiche Instrumente der direkten Bürgerbeteiligung – so auch das der direkten Wahl und Abwahl des Bürgermeisters – eingeführt.

Elemente der direkten Bürgerbeteiligung waren und sind im verfassungsrechtlichen Gefüge der Bundesrepublik Deutschland nicht prägend, sondern Ausnahmetatbestände. Sie ergänzen das repräsentative System, indem sie punktuell die Möglichkeit der Reaktion auf Entwicklungen bieten. In der Bundesrepublik Deutschland sind zudem die Instrumente der unmittelbaren Demokratie unterschiedlich nach den Ebenen des Bundes, der Länder und der Gemeinden geregelt.

Im Folgenden werden die Rahmenbedingungen und die Entwicklungen zusammengefasst dargestellt:

Bundesebene

Auf Bundesebene ist die demokratische Mitbestimmung des Volkes im Wesentlichen darauf beschränkt, die Mitglieder des Bundestages zu wählen. Die direkte Einflussnahme der Bürger auf die personelle Zusammensetzung des Gremiums ist eingeschränkt durch die Vorgabe, dass nur etwa die Hälfte der Abgeordneten des Bundestags durch Direktwahl bestimmt werden kann; der Rest erhält über zuvor von den Parteien festgelegte Listen sein Mandat. Eine Direktwahl der Repräsentanten, also des Bundeskanzlers oder des Bundespräsidenten, findet nicht statt.[16] Das Grundgesetz schließt unmittelbare Entscheidungen über Sachfragen – abgesehen vom Sonderfall der Neugliederung des Bundesgebietes (Art. 29, 128 GG) – aus.[17]

Landesebene

In den Landesverfassungen sind jedoch – ergänzend zur normalen Parlamentsgesetzgebung – einige direkt-demokratische Elemente, wie Volksgesetzgebung durch Volksbegehren und Volksentscheid, vorgesehen. Allerdings können die Bereiche Staatshaushalt, Abgabengesetze und Besoldungsordnungen – als die ureigensten Bereiche des Parlamentes als gesetzgebendes Organ – nicht Gegenstand sein.[18]

16 Als Vertreter in der Bundesversammlung zur Wahl des Bundespräsidenten können die Landtage auch „einfache" Bürger (d.h. ohne Abgeordnetenmandat) bestimmen. Diese nehmen dann an der Wahl des Bundespräsidenten teil.

17 v. Arnim, DÖV, 1990, S. 85; Spies, S. 60.

18 v. Arnim, DÖV, 1990, S. 85; Knemeyer, S. 13 ff., S. 77.

Kommunalebene
Direkt-demokratische Mitwirkungselemente auf der Gemeindeebene weisen in der Bundesrepublik eine sehr große Vielfalt auf.

In allen Bundesländern wurde inzwischen die direkte Volkswahl des Bürgermeisters gesetzlich verankert. Auch das Instrument des Bürgerentscheids ist inzwischen durchgängig eingeführt. Nur teilweise sind dagegen die Instrumente des Kumulierens und Panaschierens eingeführt.[19]

Eine besondere Stellung kommt bei den Elementen der direkten Bürgerbeteiligung dem Instrument der Abwahl des Bürgermeisters durch Votum der Gemeindebürger zu. Während Instrumente wie Bürgerentscheid, Bürgerbegehren u.a. die Möglichkeit der direkten Entscheidung über Sachfragen bieten, die sonst vom Gemeinderat/Stadtrat entschieden werden, eröffnet die Abwahl eines zuvor direkt gewählten Repräsentanten durch Votum der Gemeindebürger eine einzigartige Möglichkeit zur Einflussnahme auf eine Personalentscheidung.

Die Möglichkeit der direkten Wahl und Abwahl eines Bürgermeisters durch die Bürger (und die damit verbundene basisdemokratische Kontrolle) stellt eine im demokratischen System der Bundesrepublik einzigartige Konstellation dar. Kein anderer Repräsentant auf Landes- und Bundesebene verfügt nämlich über eine gleichwertige direkt-demokratische Legitimation und kann andererseits von den Bürgern wieder aus dem Amt entfernt werden. Im Allgemeinen schließt das deutsche Verfassungsrecht eine vorzeitige Abwahl aus. Zu nennen sind die Wahl der Bundestagsabgeordneten gem. Art. 39 Abs. 1 GG; des Bundestagspräsidenten gem. Art. 40 GG i. V. m. § 2 der Geschäftsordnung des Bundestages; des Bundesrats-präsidenten gem. Art. 52 Abs. 1 GG; des Bundespräsidenten gem. Art. 54 Abs. 2 GG und der Bundesverfassungsrichter gem. Art. 94 Abs. 1 GG i. V. m. § 4 BVerfGG.[20]

In der direkten Wahl und insbesondere in der Abwahl des Bürgermeisters könnte insoweit eine Abweichung von dem durch das Grundgesetz normierten Prinzips der repräsentativen Demokratie gesehen werden.

Erkenntnisinteresse
Es stellt sich daher grundsätzlich die Frage, wie sich das Instrument der Abwahl in das Gefüge der direkt-demokratischen Elemente auf Kommunal- und Landesebene einordnen lässt. Gibt es Gemeinsamkeiten, Unterschiede und Besonderheiten?

Von Interesse ist auch, wie sich das Instrument der Abwahl in das System der verfassungsmäßigen Ordnung des Grundgesetzes und der Verfassungen der Länder einfügt. Inwieweit gelten die parlamentarischen Grundsätze des Bundes und

19 v. Arnim, DÖV, 1990, S. 85.
20 Stober, S. 28.

der Länder auch für die Ebene der Kommunen, bzw. gibt es für die kommunale Ebene Gründe für eine differenzierte Betrachtung dieser Grundsätze, nach denen sich auf Gemeindeebene das demokratische System „anders" entwickelt hat?

In diesem Kontext ist auch zu analysieren, welche rechtlichen Rahmenbedingungen für das Instrument der Abwahl des Bürgermeisters zu beachten sind.

Von Interesse sind die Erfahrungen aus der Praxis von Instrumenten direkter Demokratie. Welche Erkenntnisse und Rückschlüsse lassen sich ziehen? Für das Instrument der Abwahl gilt es zudem zu beurteilen, wie es sich in das „System" direkt-demokratischer Instrumente auf kommunaler Ebene einfügt.

Untersuchungsleitende Thesen

Wie bereits dargestellt, ist es bemerkenswert, dass sich insbesondere auf kommunaler Ebene eine Vielfalt direkt-demokratischer Elemente finden lassen. Dies gilt insbesondere vor dem Hintergrund der deutlich antiplebiszitären Haltung des Grundgesetzes.[21] Dieses sieht Bürgerentscheidungen in Personalfragen gar nicht und solche über Sachfragen nur in Ausnahmefällen vor. Auf der Ebene der Länder sehen die Verfassungen hohe formale und rechtliche Hürden für eine Mitbestimmung in Sachfragen vor.[22] Die Mitwirkung in Personalfragen auf Landesebene ist ebenfalls ausgeschlossen. Auf Kommunalebene hingegen reicht das Spektrum von der Möglichkeit zur direkten Entscheidung von Sachfragen bis zur Personalentscheidung in Form der Direktwahl und Abwahl des Bürgermeisters.

Die darauf bezogene vorliegende Untersuchung wird von folgenden Thesen geleitet: Instrumente direkter Demokratie stellen kein spezifisches Risiko für die Stabilität der demokratischen Grundordnung und die Funktionsfähigkeit der repräsentativ-demokratischen Institutionen, insbesondere der kommunalen Selbstverwaltung, dar. Den Kommunen kommt im staatlichen Gefüge eine besondere Stellung zu, die (auch) aus der Nähe zwischen Wählenden und Gewählten sowie einer stärkeren direkten Betroffenheit bei Sachfragen resultiert. Die Instrumente direkter Demokratie sind – geprägt von Bedenken einer Destabilisierung des repräsentativen Systems – restriktiv ausgestaltet, was sich auf deren Nutzung und Erfolgschancen auswirkt. Dem Instrument der Abwahl kommt – als einzigem Instrument dieser Art – im System der direkten Demokratie eine besondere Rolle zu.

Abfolge der Darstellung

Der Gang der Untersuchung wird grundsätzlich von o.g. Fragestellungen geleitet.

Zunächst befasst sich diese Arbeit in Teil A. mit Fragen der Begriffsbestimmung und Definition. Sodann werden die Grundlagen der Bürgerbeteiligung

21 s. dazu ausführlich Teil C., I., 2.

22 s. Teil B., IV.

und die traditionell besondere Stellung der Städte in Deutschland skizziert. Es folgt die beispielhafte Darstellung unterschiedlicher Regelungen in Süddeutschland (verglichen mit den übrigen Bundesländern). Ein besonderes Augenmerk gilt dem Institut der Abwahl des Kommunalen Wahlbeamten als Instrument des Gemeinderates in den „frühen" Kommunalordnungen. Die Abwahl aufgrund fehlender Gleichgestimmtheit zwischen Bürgermeister und Gemeinderat hat – geschichtlich gesehen – keinen Bezug zu Formen direkter Bürgerbeteiligung. Im Anschluss daran erfolgt eine kurze Darstellung der Entwicklung der rechtlichen Grundlagen der Bürgerbeteiligung in der Bundesrepublik nach 1989.

In Teil B. werden die inzwischen flächendeckend eingeführten unterschiedlichen direkt-demokratischen Instrumente auf Kommunal- und Landesebene beschrieben. Zur Beurteilung der Relevanz von Bürgerbeteiligungselementen wird auch die Frage geprüft, inwieweit diese Instrumente tatsächlich genutzt werden und wo deren Schwachstellen zu sehen sind. Lassen sich „Grundmuster" bzw. einheitliche Tendenzen erkennen? Von besonderem Interesse sind hier die Regelungen zur Direktwahl und der Abwahl des Bürgermeisters durch die Bürger. Bei diesen liegt auch das besondere Augenmerk auf der Fragestellung, in welchem Bezug sie zu den direkt-demokratischen Instrumenten über Sachfragen stehen. Von besonderem Interesse ist aber auch die Thematik, welche Anwendungserfahrungen erkennbar sind und welche Rückschlüsse sich für das Instrument der Abwahl daraus ziehen lassen.

Anschließend geht es in Teil C. um das Verhältnis direkt-demokratischer Elemente zu den verfassungsrechtlichen Grundlagen des Grundgesetzes einerseits und andererseits zu den verfassungsmäßigen Ordnungen der Länder. Welche Auswirkungen haben diese Grundsätze für direkt-demokratische Instrumente auf kommunaler Ebene? Zu prüfen ist im Weiteren, welche Bedeutung ihnen bei dem Instrument der Abwahl des Bürgermeisters zukommt und wie sich das Instrument in das System direkter Demokratie einfügt, insbesondere, welche Auffälligkeiten – auch im Hinblick auf die Praxis – zu konstatieren sind.

Der Teil D. widmet sich dem Thema, inwieweit das Instrument der Abwahl mit beamtenrechtlichen Grundsätzen vereinbar ist. Der direkt gewählte Bürgermeister nimmt sowohl Aufgaben der staatlichen Verwaltung (übertragene Aufgaben) als auch Aufgaben der Kommunalverwaltung wahr und ist Beamter auf Zeit. Insoweit ist von Interesse, inwieweit das Instrument der Abwahl mit den hergebrachten Grundsätzen des Berufsbeamtentums kompatibel ist bzw. ob es sich hier um einen ganz speziellen Typ des (kommunalen) politischen Beamten handelt, dessen rechtliche Behandlung im Grenzbereich zwischen Beamtenrecht und Kommunalrecht anzusiedeln ist und daher eine eigene rechtliche Einordnung bedingt! Hierzu ist zu untersuchen und zu erörtern, welche Rolle und Stellung dem Bürgermeister im Gefüge der kommunalen Selbstverwaltung zukommt und ob und inwieweit sich Veränderungen durch die Direktwahl ergeben haben. In diesem Zusammenhang wird auch erkundet, welche Faktoren das Instrument der Abwahl in der Praxis kennzeichnen.

Im abschließenden Teil E. werden die Erkenntnisse dieser Arbeit in zusammenfassenden Thesen stichpunktartig resümiert.

A. Direkte Bürgerbeteiligung, Entwicklung, Formen und Praxis

Im Folgenden werden zunächst die untersuchungsrelevanten Begriffe definiert und deren Verwendung in der vorliegenden Arbeit erläutert. Nach einem Überblick über die geschichtlichen Hintergründe der kommunalen Selbstverwaltung wird die Diskussion und die Entwicklung der Elemente direkter Bürgerbeteiligung in den „alten" und „neuen" Bundesländern dargestellt. Später wird auf die unterschiedlichen Elemente auf Landes- und Gemeindeebene und deren Nutzung durch die Bürger einzugehen sein. Hierbei ist das Instrument der Abwahl des Bürgermeisters von besonderem Interesse. Das Verständnis, die Einordnung und die Bewertung des Instruments der Abwahl eines zuvor direkt gewählten Repräsentanten in das rechtliche und politische Gefüge der Bundesrepublik Deutschland erschließt sich nicht ausschließlich über die aktuelle Gesetzes- und Rechtslage. Vielmehr ist eine Beurteilung einzubetten in die historischen Hintergründe und die Entwicklung der Bürgerbeteiligung. Daher soll die geschichtliche Entwicklung dargestellt und analysiert werden, um Antworten auf aktuelle Fragen zu finden.

I. Begriffliche Klärung

Zentrale Begriffe in der Diskussion um Bürgerbeteiligung auf kommunaler Ebene sind der Kommunale Wahlbeamte sowie die direkte bzw. plebiszitäre Demokratie. Die Begriffe und ihre Verwendung in vorliegender Arbeit sollen kurz dargestellt werden.

1. Zur Begriffsbestimmung: der/die (Ober-)Bürgermeister/in – der/die Kommunale Wahlbeamte/in[23]

In der Literatur werden für diese Akteure unterschiedliche Begriffe verwandt wie Vollzugsorgan, Exekutivspitze, Hauptverwaltungsbeamte. Bürgermeistern und Oberbürgermeistern kommt im politischen Gefüge eine besondere Stellung zu, da

23 Im Hinblick auf die flüssige Lesbarkeit wird im Folgenden grundsätzlich die männliche Form benutzt.

sie – als Repräsentanten – ihr Amt durch direktes Votum der Bürger erlangen. Sie erfüllen Aufgaben im Rahmen der kommunalen Selbstverwaltung sowie staatliche Aufgaben und unterliegen (auch) dem Beamtenrecht. Für diese wird nachstehend die Bezeichnung Bürgermeister oder auch „Kommunale Wahlbeamte" verwandt.

Die Terminologie „Kommunale Wahlbeamte" findet sich vor allem in Literatur und Rechtsprechung im Zusammenhang mit der Stellung und Funktion der Bürgermeister sowie bei Fragen zur Rechtmäßigkeit des Instruments der Abwahl. Dies spiegelt sich bei der Verwendung der Begriffe in dieser Arbeit wider. Auch die direkt gewählten Landräte zählen zu den Kommunalen Wahlbeamten. Sie werden – aus Gründen der Eindeutigkeit – an den sie betreffenden Stellen der Arbeit als „Landräte" bezeichnet.

2. Zur Begriffsbestimmung: „direkte" und „plebiszitäre" Demokratie

Häufig wird im Kontext unmittelbarer Bürgerbeteiligung von „direkter Demokratie" oder auch von „plebiszitärer Demokratie" gesprochen. Daher stellt sich im Hinblick auf die Terminologie die prinzipielle Frage, ob bei dem Instrument der Abwahl eines direkt gewählten Kommunalen Wahlbeamten von einem Element der „direkten Demokratie" oder der „plebiszitären Demokratie" gesprochen werden soll oder ob die Begriffe synonym zu verwenden sind. Bei genauerer Betrachtung lassen sich sehr wohl Unterschiede zwischen den mit den Begriffen verbundenen Inhalten feststellen.

Unter dem Begriff „direkte Demokratie" wird die unmittelbare Herrschaftskompetenz des Volkes verstanden.[24] Hierzu zählt die (Mit-)Entscheidung des Volkes über öffentliche Sach- und Personalfragen, gleichgültig um welche Staatsfunktionen es geht.[25] Diese Mitwirkungsformen können auf der Ebene der Europäischen Union, des Bundes oder der Länder durch Volksbegehren und Volksentscheid erfolgen; auf der Ebene der Landkreise und der Gemeinden z.B. durch Bürgerbegehren und Bürgerentscheide oder durch Referenden.[26] In diesem Zusammenhang wird, soweit es sich um Sachfragen handelt, von „direkter Demokratie im engeren Sinne" gesprochen und bei der Direktwahl bzw. Abwahl von Kommunalen Wahlbeamten durch die Bürger von „direkter Demokratie im weiteren Sinne".[27]

---

24 Weber, S. 178.

25 Pestalozza, S. 8.

26 v. Arnim, S. 9; ders., DÖV 1990, S.85ff.

27 v. Arnim, S. 9; Jürgens, S. 46; Eine andere – in der Politikwissenschaft vertretene Auffassung – zählt die Wahlen zu öffentlichen Ämtern prinzipiell zum Bereich der Repräsentation, der

Demgegenüber bezieht sich der Begriff der „plebiszitären Demokratie“ (insbesondere in der politikwissenschaftlichen Literatur) auf eine bestimmte Form der Volksabstimmung, nämlich auf eine von Staatsorganen verfügte und von ihnen kontrollierte Abstimmung.[28] Häufigste Anwendungsbereiche sind Verfassungsreferenden, fakultative Gesetzesreferenden sowie konsultative Referenden ausgelöst vom Staatsoberhaupt beziehungsweise vom Parlament.[29]

3. Folgerungen

Ein wesentliches Ziel von Instrumenten „direkter Demokratie“ besteht darin, die Rückbeziehung der Leitungs- und Entscheidungsgewalt auf die Bürger zu realisieren. Durch die erweiterten Möglichkeiten einer Legitimation von „unten nach oben“ soll u.a. eine Verselbständigung der gewählten Repräsentanten vermieden werden. Entscheidungen sollen beeinflussbar bzw. revidierbar gemacht werden: entweder durch Sachentscheidungen der Bürger direkt oder durch Abberufungen von Repräsentanten durch die Bürger.[30] Volksentscheide, Volksbegehren und andere direkt-demokratische Instrumentarien werden daher auch als Möglichkeiten der Korrektur und als Gegengewicht zu den repräsentativen Organen und Entscheidungsstrukturen angesehen.[31] Die Modalitäten zur Abwahl sehen zwar in den meisten Fällen auch die Einbindung von Vertretungskörperschaften vor, aber es kann nicht von einer von Staatsorganen verfügten und kontrollierten Abstimmung gesprochen werden. Die Unterschiede zu den oben unter dem Begriff „plebiszitäre Demokratie“ definierten Instrumenten rechtfertigen es, im Folgenden im Zusammenhang mit der unmittelbaren Wahl und der Abwahl von Bürgermeistern durch die Bürger sowie Bürgerentscheiden u.ä. von Elementen der „direkten Demokratie“ zu sprechen.[32]

---

nicht als Teil der direkten Demokratie aufgefasst werden könne. Der Vorschlag, Direktwahlen in den oben genannten Begriff der „direkten Demokratie im weiteren Sinne“ einzubeziehen, überzeuge angesichts der Repräsentationslogik nicht. s. Schiller/Mittendorf, S. 11f.; Schiller, S. 83.

28 Gebhardt, S. 13 (15); Schiller/Mittendorf, S. 7, 11f.

29 Gebhardt, S. 13 (15), allerdings differenziert der Autor im Nachfolgenden nicht zwischen direkt-demokratischen Elementen und Formen der plebiszitären Demokratie; Hendler, Der Landkreis 1995, S. 321 (320).

30 Bockenförde, in: Isensee/Kirchhof, HdStR, Bd. 2, § 30, Rdnr. 15.

31 Bockenförde, in: Isensee/Kirchhof, HdStR, Bd. 2, § 30, Rdnr. 5, 15.

32 Wobei auf die Differenzierung zwischen direkter Demokratie im „engeren“ und solcher im „weiteren“ Sinne verzichtet wird.

II. Geschichtliche Grundlagen und Entwicklung der Kommunalverfassungen sowie der Instrumente direkter Bürgerbeteiligung von 1945 bis 1990

Die heute praktizierten Instrumente direkter Bürgerbeteiligung auf kommunaler Ebene sind eingebunden in die Kommunalverfassungen der Bundesländer und dadurch Ausdruck des kommunalen Selbstverwaltungsrechts. Sie sind geprägt durch eine große Vielfalt bezüglich der Verfahren, Möglichkeiten und Inhalten und spiegeln damit die Tradition der Geschichte der „deutschen Kommunalverfassung", die als einheitliches Werk nie bestand. In den geschichtlichen Grundlagen finden sich weiterhin interessante Aspekte und Hinweise für das Verständnis der neuzeitlichen Formen der Bürgerbeteiligung.

1. Anfänge kommunaler Selbstverwaltung

In der gemeindeverfassungsrechtlichen Entwicklung, insbesondere des 19. Jahrhunderts, sind verschiedene Ansätze erkennbar, eine „einheitliche Kommunalverfassung" einzuführen. Dies gilt sowohl für Preußen als auch für die rheinischen Gebiete. Ein nachhaltiger Erfolg war diesen Bemühungen jedoch nicht beschieden. Vielmehr zeitigten diese Prozesse eine enorme, kaum noch übersehbare Zersplitterung der kommunalverfassungsrechtlichen Situation.[33]

Ein weithin bekanntes Werk aus dieser Zeit ist die Preußische Städteordnung von 1808, die auch als Ursprung neuzeitlicher „Selbstverwaltung" genannt wird.[34] Die darin enthaltenen Anfänge moderner Selbstverwaltung sind eng mit der Person des Freiherrn vom Stein verbunden, mit seinen Plänen für eine umfassende Reform der Staatsverwaltung auf allen Ebenen und schließlich der unter seinem Ministerium realisierten Preußischen Städteordnung, die er selbst in den Grundzügen entwickelt hatte.[35] Freiherr vom Stein gilt als der „Schöpfer" des modernen „Selbstverwaltungsgedankens", obwohl er den Begriff „Selbstverwaltung" nie benutzt hat.[36] Seine Reform war dadurch gekennzeichnet, dass sie Freiraum gegenüber der staatlichen Obrigkeit schuf, aber auch die Herrschaft der

33 Knemeyer 1970, S. 20; Fuhrmann, Der Städtetag 1988, S. 656 (657).

34 Heffter, S. 10, 91; Engeli/Haus, S. 101; Mazerath, AfK, Bd. 13 (1974), S. 17 (21); Borchmann, in: Borchmann/Vesper, S. 19.

35 Frotscher, in: FS für von Unruh, S. 128; Spies, S. 46.

36 Krebsbach, S. 22; Heffter, S. 91; Schwab, S. 12; Engeli/Haus, S. 101; Knemeyer 1997, S. 37, Frotscher, in: FS für von Unruh, S. 128; Becker, S. 256f.

Zünfte beschnitt.[37] Die Städteordnung baute auf „Bürgersinn und Gemeinsinn" und der Emanzipation städtischer Selbstverwaltung von absolutistischer Bevormundung.[38]

Freiherr vom Stein kam aufgrund seiner Ausbildung und beruflichen Erfahrungen[39] zu dem Schluss, dass der Krise des Staates nur durch mehr Beteiligung der Bürger begegnet werden kann. Eine seiner Kernfragen lautete: Wie ist die bürgerschaftliche Mitarbeit als Vorstufe eines gemeinschaftlichen Miteinanders zu gestalten? Und: In welchem Verhältnis müssen Staat und Gemeinden zueinander stehen, um eine wirksame Erfüllung aller öffentlichen Aufgaben zu erledigen?[40]

Es ist bemerkenswert, dass – mit der Städteordnung und ihren Grundsätzen entsprechenden Städte- und Gemeindeordnungen – die Städte im 19. Jahrhundert einen Auftrieb erlebt haben, der als Nachweis für den Wert und die Bedeutung der kommunalen Selbstverwaltungsidee zu sehen ist. Geradezu modern mutet die Interpretation an, dass die lokale Ebene als Motor für die Lösung vielfältiger Aufgaben angesehen wurde, die in den Städten im Zuge des wirtschaftlichen und gesellschaftlichen Wachstums anfielen. Auch in späterer Zeit wurden die Städte Träger des materiellen und ideellen Aufbaus eines demokratischen Staates.[41]

2. Die kommunale Selbstverwaltung in der Weimarer Republik

Die Zeit der Weimarer Republik ist ebenfalls nicht durch grundlegende Änderung der bestehenden „Zersplitterung" gekennzeichnet.[42] Es gab zwar Ansätze zur Vereinheitlichung der Kommunalverfassungsordnungen, diese mündeten aber nie in ein verbindliches Reformwerk.[43] Allerdings herrschte am Übergang vom Kaiserreich zur Republik weitgehend Einverständnis, was Inhalt und Umfang der Selbstverwaltung anbetraf.[44] So war eine Verbesserung der Stellung der Gemeinden darin zu sehen, dass in der Weimarer Verfassung in Art. 127 „das

37 Fuhrmann, Der Städtetag 1988, S. 656; Borchmann, in: Borchmann/Vesper, S. 19, m.w.N.

38 Engeli/Haus, S. 10; Steinbach, S. 25f.; Heffter, S. 97ff.; Göring, S. 12f.

39 Zum Werdegang: s. Krebsbach, S. 12f.; Schwab, S. 22.

40 Krebsbach, S. 38.

41 Krebsbach, S. 37f.

42 Borchmann, in: Borchmann/Vesper, S. 23.

43 Fuhrmann, Der Städtetag 1988, S. 656 (657); Engeli/Haus, S. 22; Borchmann, in: Borchmann/Vesper, S. 23f.

44 Engeli/Haus, S. 19f.: einen wesentlichen Beitrag zu Entwicklung eines eigenverantwortlichen Aufgaben- und Zuständigkeitsbereiches der Gemeinden leistete die Rechtsprechung des Preußischen Oberverwaltungsgerichts mit einer Reihe von Entscheidungen.

Recht auf Selbstverwaltung" ausdrücklich verbürgt wurde.[45] Der Gestaltungsraum der gemeindlichen Selbstverwaltung wurde jedoch durch den Zentralismus des Deutschen Reichs erheblich eingeengt. Durch die Beschneidung ihrer finanziellen Mittel wurden die Gemeinden substantiell geschwächt.[46]

Auf kommunaler Ebene wurden allerdings – parallel zur Einführung direktdemokratischer Elemente in der Weimarer Verfassung auf Staatsebene – bemerkenswerte Beteiligungsrechte der Bürger auch auf der Kommunalebene eingeführt. So wurden in Thüringen (1922) und Sachsen (1925) Gemeindebegehren eingeführt, mit deren Hilfe eine bestimmte Ratsentscheidung erstrebt werden konnte. In Thüringen gab es auch den „plebiszitären Gemeindeentscheid"; d.h. die Möglichkeit, bestimmte Fragen den Bürgern zur Entscheidung vorzulegen.[47] Neben der allgemeinen Wahl der Gemeindevertretung wurde in Baden und Oldenburg (1921), in Sachsen (1923), in Thüringen (1926) und in Bayern (1927) auch die Möglichkeit der Abberufung der Gemeindevertretung auf Initiative der Bürger eingeführt. Darüber hinaus sah die Gemeindeordnung Bayerns aus dem Jahre 1927 die Direktwahl von Bürgermeistern in Gemeinden bis zu 3000 Einwohnern vor. Zwar war der kommunale Handlungsspielraum durch den Einfluss des Reiches auf die Finanzen stark eingeschränkt, aber die damaligen Möglichkeiten direkter Demokratie waren zukunftsweisend.[48]

3. Der Nationalsozialismus und kommunale Selbstverwaltung

Eine „Vereinheitlichung" des Kommunalrechts wurde unter nationalsozialistischem Regime mit der Deutschen Gemeindeordnung von 1935 geschaffen. Sie implizierte eine Uniformierung der Machtausübung auch auf lokaler Ebene; die „Gleichschaltung" aller bisher politisch wirksamen Kräfte ließ keinen Raum für unterschiedliche Gemeindeorganisationen.[49] Mit der Deutschen Gemeindeordnung wurden Demokratie und Selbstbestimmungsrecht der Gemeinden abgeschafft.[50] Wahlen zur Vertretungskörperschaft gab es nicht mehr, und an die Stelle der Stadtverordneten („mit Sitz und Stimme") traten Ratsherren mit nur beratender Funktion.[51]

45 Müthling, S. 46; Engeli/Haus, S. 20; Becker, S. 299.

46 Müthling, S. 46.

47 Knemeyer 1997, S. 41; Knemeyer 1998, S. 113.

48 Müthling, S. 46.

49 Haus, Der Städtetag 1961, S. 464; Engeli/Haus, S. 22; Müthling, S. 49; Borchmann, in: Borchmann/Vesper, S. 25; Wolff/Bachof, Bd. I, § 10, Rdnr. 4.

50 Müthling, S. 49; Fuhrmann, Der Städtetag 1988, S. 656 (657f.); Knemeyer 1997, S. 41.

51 Engeli/Haus, S. 22; Müthling, S. 49.

4. Die Entwicklungen in der BRD und der DDR

Die Entwicklung der Kommunalordnungen in der BRD und in der DDR nach 1945 gestaltete sich vor dem Hintergrund der grundsätzlich verschiedenen politischen Systeme unterschiedlich.

a) Die Entwicklung in der BRD

In den Jahren nach 1945 wurden in den westdeutschen Bundesländern Kommunalverfassungstypen mit unterschiedlicher Ausprägung realisiert.[52] Versuche in Richtung auf ein einheitliches deutsches Kommunalverfassungssystem scheiterten nicht nur am Widerstand der Besatzungsmächte, sondern insbesondere am geschichtsbewussten Festhalten der Bundesländer selbst, unter Verweis auf ihre verschiedenartig strukturierten regionalen und auch landsmannschaftlichen Gegebenheiten und Eigenheiten.[53]

Neben der Ratsverfassung mit verschiedenen Varianten in Baden-Württemberg und Bayern (süddeutsche Ratsverfassung), Nordrhein-Westfalen und Niedersachsen (norddeutsche Ratsverfassung) implementierte man die Bürgermeisterverfassung in Rheinland-Pfalz und (später) dem Saarland sowie die Magistratsverfassung in Schleswig-Holstein und Hessen.[54] Unterschiede in den Kommunalverfassungstypen bezogen sich insbesondere auf das Verhältnis der Kompetenzen zwischen Rat und Hauptverwaltungsbeamten.[55]

Die für das erste Nachkriegsjahrzehnt skizzierte Ordnung der Kommunalverfassungssysteme muss im Hinblick auf zwischenzeitliche Entwicklungen und Gewichtsverschiebungen als überholt bezeichnet werden.[56] Auch haben die in den Jahren 1945 bis 1955 erlassenen Gemeindeordnungen der deutschen Bundesländer nicht dazu geführt, dass Inhalt und Umfang der kommunalen Selbstverwaltung in den einzelnen Ländern substantiell verschieden sind. Die Verfassungsartikel der Länder stimmen in ihrem materiellen Gehalt überein, und die Aufgaben von Städten und Gemeinden sind im Wesentlichen in allen Ländern dieselben, Unterschiede waren marginal.

---

52 Fuhrmann, Der Städtetag 1988, S. 656 (658); Stargardt, VR 1995, S. 118 (123).

53 Loschelder, DÖV 1957, S. 409 (412); Stargardt, VR 1995, S. 118 (119); Engeli/Haus, S. 25; Vesper, S 126.

54 Fuhrmann, Der Städtetag 1988, S. 656 (658); Stargardt, VR 1995, S. 118 (S. 123ff.); Schmidt-Jortzig, DÖV 1987, S. 281 (282ff.), der bei gleichem Inhalt mit den Typenbezeichnungen Norddeutsche Ratsverfassung, unechte Magistratsverfassung, Rheinische Bürgermeisterverfassung und Süddeutsche Ratsverfassung arbeitet; Wolff/Bachof/Stober: Verwaltungsrecht II, § 87 II, Rdnr. 44ff.

55 Schmidt-Eichstaedt: Gemeindeordnungen, Einführung, S. 4; Stargardt, VR 1995, S. 118 (120).

56 Stargardt, VR 1995, S. 118 (120); Waechter, S. 180f.

b) Die Entwicklung in der DDR

In der sowjetischen Besatzungszone nahm die Entwicklung einen anderen Verlauf. Die Demokratische Gemeindeordnung von 1946 schloss zunächst formal an das Kommunalrecht der Weimarer Republik an und sah sogar über die bisherige Selbstverwaltungstradition hinausgehende Instrumente wie Abwahl des Rates, Auflösung des Gemeindeparlamentes und Volksentscheid zur Demokratisierung der Gemeindeverwaltung vor. Alle diese verfassungsrechtlichen Möglichkeiten waren jedoch mit der durch die sowjetische Militäradministration eingeführten „Diktatur des Proletariats“ nicht vereinbar.[57] An die Stelle der kommunalen Selbstverwaltung trat der „Demokratische Zentralismus“, der als eine vertikale Strukturierung des Verwaltungsaufbaus charakterisiert werden kann, in dem die Organe jeder Verwaltungsstufe von den übergeordneten Organen angewiesen und beaufsichtigt werden.[58] Zwar wurde das Gesetz über die örtlichen Volksvertretungen („GÖV“) 1984 noch einmal reformiert, allerdings ohne die Grundprinzipien des demokratischen Zentralismus aufzugeben. So wurde die wirkliche Reform der örtlichen Verwaltung durch Wiedereinführung der kommunalen Selbstverwaltung zu einem bedeutenden Vorhaben der ersten nach 1989 frei gewählten Volkskammer der DDR.[59]

5. Instrumente der unmittelbaren Demokratie in den frühen Kommunalverfassungen der alten Bundesrepublik

Die frühen Kommunalverfassungen der Bundesländer verzichteten überwiegend auf Elemente der unmittelbaren Demokratie und konzentrierten sich weitgehend auf Formen repräsentativer Demokratie.[60] Allein Bayern eröffnete mit dem Gesetz über die Wahl der Gemeinderäte und Bürgermeister vom 16.02.1952 zunächst die Möglichkeit zur direkten Wahl der Bürgermeister. Die Einführung von Bürgerbegehren und Bürgerentscheid wurde zwar in der Öffentlichkeit und im Landtag breit diskutiert, aber nicht realisiert.[61]

---

57 Haus, Der Städtetag 1961, S. 589; Engeli/Haus, S. 4.

58 Schmidt-Eichstaedt: Gemeindeordnungen, Einführung, S. 8f.; Engeli/Haus, S. 24; Borchmann, in: Borchmann/Vesper, S. 27; Wolff/Bachof, Bd. I, § 11, Rdnr. 1f.

59 Schmidt-Eichstaedt, Gemeindeordnungen, Einführung, S. 9.

60 Ardelt, S. 91 (92).

61 Gönnenwein, AöR 78, S. 428 (429 ff.). Als weitere Form der unmittelbaren Demokratie wurde das Instrument des Kumulierens und Panaschierens eingeführt, s. v. Arnim, DÖV 1990, S. 85 (87).

a) Die besondere Rolle Baden-Württembergs

Auch die Gemeindeordnung von Baden-Württemberg aus dem Jahre 1955 verankerte sodann die Direktwahl des Bürgermeisters. Aufgrund der in Baden-Württemberg geltenden Süddeutschen Ratsverfassung mit ihrer klaren Verteilung der Zuständigkeiten zwischen Rat und Kommunalem Wahlbeamten kam letzterem eine starke Stellung zu, die durch die unmittelbare Wahl zusätzlich unterstrichen wurde.[62]

Über Jahrzehnte hinweg war Baden-Württemberg zudem das einzige Bundesland, das über Bürger- bzw. Ratsbegehren den Gemeindebürgern die Möglichkeit einräumte, in besonders wichtigen Angelegenheiten an Stelle der gewählten Organe Sachentscheidungen zu treffen.[63] Gegen die Einführung direkt-demokratischer Instrumente und über ihre Bewährung in der Praxis wurden in Baden-Württemberg Bedenken und Argumente angeführt,[64] die auch in der bundesweiten Diskussion Jahrzehnte später eine Rolle spielen sollten. Aus diesem Grunde soll hierauf kurz näher eingegangen werden: Ein schwerwiegendes Argument bezog sich darauf, dass durch die Einführung direkt-demokratischer Elemente die Grundsätze der repräsentativen Demokratie verletzt würden. Die Befürchtung ging dahin, der Gemeinderat könne sich seiner Verantwortung entziehen. Zudem hätten Querulanten die Möglichkeit, die Arbeit des Gemeinderats zu beeinträchtigen.[65]

Die aus den Bedenken resultierende Vorsicht des Gesetzgebers hat sich in vielen Voraussetzungen niedergeschlagen, die vor der endgültigen Entscheidung einer Angelegenheit durch das Gemeindevolk erfüllt sein mussten. Möglichst schmale Problembereiche und sehr einengende Rechtsvorschriften sollten das Prinzip der repräsentativen Demokratie abschirmen. So wurde dem in der Regierungsvorlage enthaltenen Negativkatalog ein Katalog „wichtiger Gemeindeangelegenheiten“ hinzugefügt.[66]

---

62 Schmidt-Eichstaedt, VerwArch, Bd. 69 (1978), S. 269 (274f.); beibehalten wurde die württembergische Tradition des Kumulierens und Panaschierens, s. Schmidt-Eichstaedt, VerwArch, Bd. 69 (1978), S. 269 (275); v. Arnim, DÖV 1990, S. 85 (87); Knemeyer 1997, S. 171f.

63 Wehling, AfK 1989, S. 110; Knemeyer 1997, S. 16, Schmidt-Eichstaedt, VerwArch, Bd. 69 (1978), S. 268 (269ff.).

64 Ardelt, S. 91 ff; Schmidt-Eichstaedt, VerwArch, Bd. 69 (1978), S. 268 (269ff.).

65 Hager, VerwArch, Bd. 84 (1993), S. 97 (98); Ardelt, S. 91 (93f.); Wehling, in: Kost, S. 17.

66 § 21 GO BW; Ardelt, S. 91 (94 f.), Schmidt-Eichstaedt, VerwArch, Bd. 69 (1978), S. 268 (279); Knemeyer 1997, S. 104.; Streinz, Die Verwaltung 1983, S. 293; Steinberg, Die Verwaltung 1983, S. 465ff.; Wehling, AfK 1989, S. 110 (111); Hager, VerwArch, Bd. 83 (1993), S. 97 (99).

b) Erfahrungen mit direkter Demokratie in Baden-Württemberg

In den ersten beiden Jahrzehnten nach Inkrafttreten der Gemeindeordnung Baden-Württembergs am 01.01.1956 sind 28 Bürgerbegehren dokumentiert, denen kein Bürgerentscheid folgte, und immerhin 24 Bürgerentscheide aufgrund von Bürgerbegehren sowie 95 Bürgerentscheide aufgrund Gemeinderatsbeschlüssen. Die Erfolgsquote war bescheiden: Bei den Bürgerentscheiden aufgrund von Bürgerbegehren erreichten nur 12 (50 %) das Quorum von 50 % und nur in 8 Fällen (33 %) wurde der Antrag angenommen. Lediglich bei Bürgerentscheiden aufgrund von Gemeinderatsbeschlüssen war die Erfolgsquote höher; hier kamen 77 (80 %) zustande und in 41 Fällen (42 %) wurden die Anträge angenommen.

Der häufigste Grund, warum einem Bürgerbegehren kein Bürgerentscheid folgte, war die Ablehnung durch den Gemeinderat, weil es sich nach seiner Einschätzung nicht um eine „wichtige“ Angelegenheit handelte.[67]

In den Jahren (1976 bis 1991) nach der Änderung[68] des § 21 der Gemeindeordnung wurden 127 Bürgerbegehren eingeleitet. Hiervon waren 63 (49,6 %) unzulässig, in 5 Fällen (3,9 %) hat der Gemeinderat dem Begehren abgeholfen. Von den verbliebenen 58 Fällen waren 31 (53,4 %) Bürgerentscheide erfolgreich. Die Gemeinderäte haben 23 Themen ihren Wählern zur Entscheidung vorgelegt; davon beantworteten die Bürger nur in 3 Fällen (13 %) die vorgelegte Frage im Sinne des Rates.[69]

6. Erkenntnisse und Rückschlüsse aus den Anwendungserfahrungen

Wie lassen sich die Erfahrungen mit der Praxis von Formen direkter Demokratie in Baden-Württemberg während etwa 45 Jahren nach dem Ende des 2. Weltkrieges bilanzieren? Zunächst erstaunt die angesichts der 1100 baden-württembergischen Gemeinden insgesamt relativ niedrige Zahl von Bürgerentscheiden. Eine Erklärung hierfür könnte darin liegen, dass bereits die bloße Möglichkeit des Einspruchs Wirkung entfaltet und die kommunalen Instanzen zu mehr Bürgernähe veranlasst.[70] Allerdings könnten die geringen Zahlen auch die starken Restriktionen widerspiegeln, welche die Gemeindeordnung für den Bürgerentscheid vorsieht.[71]

---

67 Seeger, in: Kühne/Meißner, S. 103 (113ff.); Wehling, in: Kost, S. 14 (18).

68 Eine ausführliche Darstellung über die Änderungen findet sich bei Hager, VerwArch, Bd. 84 (1993), S. 97 (99ff.) und Schmidt-Eichstaedt, VerwArch, Bd. 69 (1978), S. 269 (285ff.).

69 Hager, VerwArch, Bd. 84 (1993), S. 97 (99).

70 Niedersächsische Sachverständigenkommission, S. 65; v. Arnim, DÖV 1990, S. 85 (87).

71 v. Arnim, DÖV 1990, S. 85 (87).

Die Erfahrungen mit den direkt-demokratischen Sachentscheidungen verdeutlichen, dass sich wesentliche Bedenken gegen das Rechtsinstitut nicht bewahrheitet haben: Bürgerbegehren und Bürgerentscheid führten nicht zur Flucht der kommunalen Instanzen aus der Verantwortung.[72] Sie stellten auch kein Gestaltungshindernis für langfristige Planungen des Gemeinderates dar. Vielmehr gelang es den Stimmberechtigten wenigstens ab und an, überzogene Prestigeobjekte zu stoppen.[73] Auch die Befürchtung einer Blockade durch Querulanten oder die rechtsmissbräuchliche Verlagerung der Oppositionspolitik erwies sich als unbegründet.[74] Begrenzungen des Instrumentes ergaben sich zudem neben den rechtlichen Beschränkungen zwangsläufig daraus, dass der Bereich der gemeindlichen Aufgaben (und nur darauf können sich Bürgerbegehren/ Bürgerentscheide beziehen) immer mehr schrumpft. Daneben sind die Gemeinden in ein Geflecht von überregionalen Planungen eingebunden, bei denen der Gemeinde nur ein Mitwirkungsrecht zukommt.[75]

Insgesamt haben die direkt-demokratischen Instrumente Bürgerbegehren und Bürgerentscheid in Baden-Württemberg zwar keine zentrale Stellung in der Kommunalverfassung erobert, sind aber in die Rolle eines (notwendigen) Korrektivs der Gemeindepolitik gewachsen. Die bürgerschaftlichen Initiativen haben sich weit überwiegend auf wichtige Probleme konzentriert, denn nur sie lohnen den hohen Aufwand. Sie wurden zum Indikator für die organisatorischen Stimmungslagen der Bürger – häufig zu einem Seismographen der Politikverdrossenheit – und haben sich im Gefüge der kommunalen Machtbalance einen festen Platz erobert.[76]

7. Veränderungen der Kommunalverfassungen der alten Bundesländer

Obwohl direkt-demokratische Instrumente auf kommunaler Ebene in Baden-Württemberg und Bayern über Jahrzehnte ohne große Probleme praktiziert wurden und sich die anfänglich geäußerten Bedenken und Befürchtungen nicht realisiert hatten, blieben die übrigen Bundesländer bei ihrer restriktiven Haltung gegenüber einer Erweiterung direkter Mitwirkungsmöglichkeiten für die Bürger.

72 Seeger, in: Kühne/Meißner, S. 103 (117); Hager, VerwArch, Bd. 84 (1993), S. 97 (118); a. A. v. Arnim, DÖV 1990, S. 85 (92).

73 Hager, VerwArch, Bd. 84 (1993), S. 97 (118).

74 Seeger, in: Kühne/Meißner, S. 103 (116); v. Arnim, DÖV 1990, S. 85 (92); Hager, VerwArch, Bd. 84 (1993), S. 97 (118).

75 v. Arnim, DÖV 1990, S. 85 (92).

76 Hager, VerwArch, Bd. 84 (1993), S. 97 (118), Henneke, ZG 1996, S. 1 (11).

Eine Dynamik für einen breiteren Ausbau der direkten Demokratie war in der alten Bundesrepublik nicht unbedingt dominant.[77]

Ein Umdenkungsprozess kam erst in den siebziger und achtziger Jahren des 20. Jahrhunderts langsam in Gang. Mit Leitsätzen und Stichworten wie „Stärkung der Bürgerbeteiligung", „mehr Bürgermitwirkung", „Beteiligung der Bürger aktivieren" nahmen die Parteien im Jahr 1975 in ihre kommunalpolitischen Grundsatzprogramme die Forderung nach einer besseren und verstärkten Beteiligung der Bürger an der kommunalen Selbstverwaltung auf.[78] Die Gründe für die neu formulierte Forderung der etablierten Parteien nach mehr Bürgermitwirkung und die Bereitschaft zu ersten zaghaften Schritten der Veränderung von bisher festen Strukturen[79] wird dem Erstarken von Bürgerinitiativen und Bürgerbewegungen jenseits etablierter Parteistrukturen zugeschrieben sowie dem Eindruck verstärkter Partei- und Politikverdrossenheit, verbunden mit wachsendem Desinteresse großer Bevölkerungskreise an der Kommunalpolitik.[80]

Die Umsetzung „echter" direkt-demokratischer Mitwirkungsmöglichkeiten beschränkte sich jedoch weitgehend auf die schon etablierten Instrumente des Bürgerbegehrens/Bürgerentscheids in Baden-Württemberg, der Direktwahl des Bürgermeisters auch in Bayern, sowie der Möglichkeit des Panaschierens und Kumulierens neben Baden-Württemberg und Bayern auch in Niedersachsen (seit 1977) und Rheinland-Pfalz (seit 1988).[81] In den Gemeindeordnungen der anderen Bundesländer eröffneten die Einwirkungsmöglichkeiten keine verbindlichen Sach- oder Personalentscheidungen durch die Bürger, sondern boten lediglich die Chancen zu unverbindlichen Anregungen, Initiativen oder sonstiger Mitwirkung der Bürger an der Vorbereitung von Entscheidungen, die andere Gemeindeorgane in eigener Verantwortung treffen. Insoweit werden die Institute wie Bürgerantrag, Bürgerversammlung und weitere Formen, (wie Aufnahme von Bürgern in Gemeindeausschüsse, Anhörungs- und Fragestunden etc.) auch als „unechte" Formen der direkten Demokratie bezeichnet.[82]

Insgesamt hat die Diskussion um mehr „Partizipation" im kommunal-verfassungsrechtlichen Bereich wenige institutionelle Veränderungen bewirkt. Fak-

---

77 Schiller/Mittendorf, S. 7 (8).

78 Meißner, S. 161; Schiller, S. 83 (85); Hendler, Der Landkreis 1995, S. 321, mit anderer thematischer Schwerpunktsetzung; Borchmann, in: Borchmann/Vesper, S. 71ff.

79 Die Einführung der Bürgeranregung 1973 in Rheinland-Pfalz und 1976 in Hessen anstatt eines Bürgerentscheides wurde als Zeichen der Zaghaftigkeit gewertet.

80 Meißner, S. 161; Steinberg, Die Verwaltung 16 (1983), S. 465 (469ff.); Stolleis, VVDStRL 44 (1986), S. 17ff.; v. Arnim, DÖV 1990, S. 85 (89); Spies, S. 41; Rellensmann, ZParl 1988, S. 505f.

81 v. Arnim, DÖV 1990, S. 85 (87); Henneke, ZG 1996, S. 1 (11).

82 so v. Arnim, DÖV 1990, S. 85 (88), in Abgrenzung zu Schmidt-Jortzig, KommunalR., Rdnr. 131; Niedersächsische Sachverständigenkommission, S. 54ff.

tische Entscheidungskompetenzen wurden den Bürgern kaum zugestanden.[83] Dementsprechend wurden die Demokratisierungsnovellen als halbherzig kritisiert und ihnen lediglich eine Alibifunktion zugeschrieben.[84]

8. Die Abwahl des Bürgermeisters als Instrument des Gemeinderates

Das Institut der Abwahl von Bürgermeistern ist keine neue „Erfindung", insbesondere ist es kein Instrument, das sich im Zusammenhang mit direkt-demokratischen Mitwirkungsformen entwickelt hat. Die Abwahl von Bürgermeistern wurde bereits in den fünfziger und sechziger Jahren in einzelnen Kommunalordnungen der Bundesländer geregelt.[85] Bis zum Beginn der achtziger Jahre – also lange vor flächendeckender Einführung von Direktwahl und Abwahl durch die Bürger – hielt das Institut Einzug in die Kommunalordnungen aller Flächenländer (mit Ausnahme von Bayern und Baden-Württemberg).[86]

Die Erforderlichkeit des Instruments wurde damit begründet, dass Konflikte zwischen dem Bürgermeister und der Gemeindevertretung entstehen könnten, die mit Mitteln des Disziplinarrechts nicht zu lösen sind.[87] Es entspreche der gewandelten Bedeutung der Gemeinde – so wurde argumentiert -, dass dieses, dem parlamentarischen System angenäherte Verfahren, vor allem auf kommunaler Ebene eingeführt wurde.[88] Die Aufgaben der Gemeindevertretung begründeten eine gewichtige Verschränkung der Tätigkeit des Kommunalen Wahlbeamten mit der politischen Willensbildung in den Vertretungsorganen der Gemeinde und setzten eine Gleichgestimmtheit zwischen Gemeindeversammlung und Kommunalem Wahlbeamten voraus.[89] Unter Hinweis auf Art. 28 Abs. 1 S. 2 GG wurde die Verpflichtung formuliert, das Verhältnis zwischen der Gemeindevertretung und der Gemeindeadministration sei so zu organisieren, dass die Vertretung der Bürgerschaft korrigierend eingreifen kann, wenn sich die Verwaltung von der Linie des zentralen politischen Willensbildungsorgans der Gemeinde entfernt. [90]

---

83 Knemeyer 1997, S. 248; v. Arnim, DÖV 1990, S. 85 (89); Stargardt, VR 1995, S 118 (125); Schiller/Mittendorf, S. 7 (8); Schiller, S. 83 (85).

84 v. Arnim, DÖV 1990, S. 85 (89); Wehling, AfK 1989, S. 110, hier wird politische Beteiligung als Beschäftigungstherapie ohne politischen Effekt abgetan.

85 Schleswig-Holstein, Hessen, Niedersachsen; s. dazu Hönes, DVBl. 1976, S. 376, Lichtenfeld, Unger; DÖV 1971, S. 699; Himmelreich, KommPolBl. 1987, S. 152.

86 Lichtenfeld, DVBl. 1982, S. 1021.

87 Lichtenfeld, DVBl. 1982, S. 1021.

88 Unger, DÖV 1971, S. 699.

89 Lichtenfeld, DVBl. 1982, S. 1021 (1027).

90 Klein, DÖV 1980, S. 853 (856f.).

Da der Kommunale Wahlbeamte auch im Schnittpunkt zwischen politischer Willensbildung und fachlicher Verwaltung[91] gesehen wurde, war die Abwahl durch den Gemeinderat politisch, aber vor allem auch rechtlich umstritten.[92] Die Rechtsprechung hat die Rechtmäßigkeit einer Abwahl durch den Gemeinderat – bei Beachtung entsprechender Grundsätze – anerkannt.[93] Diese von der Rechtsprechung formulierten Grundsätze bildeten die Grundlagen der rechtlichen Ausgestaltung der Abwahlregelungen.

a) Die Ausgestaltung der Abwahlmodalitäten

Die Abwahlregelungen der Bundesländer unterschieden sich seinerzeit nur geringfügig voneinander. Durchweg stimmten sie darin überein, dass keinerlei sachliche Voraussetzungen für die Abwahl normiert waren. Es genügte jeder Sachverhalt, der zur Zerstörung des Vertrauensverhältnisses zwischen Bürgermeister und Gemeindevertretung geführt hatte.[94]

Im Einzelnen geregelt waren jeweils nur die Modalitäten der Abwahl und auch hier fanden sich wesentliche Übereinstimmungen zwischen den Bundesländern.[95] So war regelmäßig ein zweiphasiges Verfahren mit bestimmten qualifizierten Mehrheiten erforderlich.[96] Zunächst musste ein Antrag auf Abberufung im Rat gestellt werden. Bereits dieser Antrag bedurfte besonderer Mehrheiten. In Niedersachsen musste der Antrag von mindestens 3/4 der gesetzlichen Zahl der Ratsmitglieder gestellt werden, in Hessen, Rheinland-Pfalz und dem Saarland war die Hälfte und in Nordrhein-Westfalen die Mehrheit der gesetzlichen Zahl der Mitglieder erforderlich. In Schleswig-Holstein bedurfte der Antrag sogar einer 2/3 Mehrheit.[97]

Wenn ein Antrag diese nicht unerhebliche Hürde bewältigt hatte, war bis zur erneuten Abstimmung und Beschlussfassung die Einhaltung besonderer Fristen vorgesehen. In Niedersachsen und Rheinland-Pfalz waren zwei Wochen in Hessen, im Saarland und in Schleswig-Holstein ein Monat bzw. vier Wochen und in Nordrhein-Westfalen sechs Wochen erforderlich.[98] Das Bundesverwaltungs-

91 BVerwGE 56, S. 163 (170); OVG Münster, DVBl. 1981, S. 879; Klein, DÖV 1980, S. 853 (858ff.).

92 s. dazu Kapitel D.

93 BVerfGE 7, S. 155ff; 8, S. 332ff.; BVerwGE 56, S. 163ff.; Hess VGH, DÖV 1988, S. 305ff.; BVerwG, NVwZ 1985, S. 275f.; kritisch dazu Knemeyer 1987, S. 101.

94 BVerfGE 7, S. 155 (166,168); BVerwGE 20, S. 160 (166); 56, S. 163 (165f.); Klein, DÖV 1980, S. 853 (858).

95 Klein, DÖV 1980, S. 853 (858).

96 Lichtenfeld, DVBl. 1982, S. 1021.

97 Lichtenfeld, DVBl. 1982, S. 1021.

98 Klein, DÖV 1980, S. 853 (858); Lichtenfeld, DVBl. 1982, S. 1021 (1022).

gericht[99] hat diese Zeiträume als „Abkühlungsfristen“ bezeichnet. Der Abberufungsbeschluss selbst erfolgte in öffentlicher Sitzung, aber ohne Aussprache. So sollte einerseits keine Entscheidung im Hinterzimmer suggeriert werden und andererseits die Persönlichkeitsrechte des betroffenen Bürgermeisters geschützt werden.

Mit Rücksicht auf die erhebliche Bedeutung einer Abwahlentscheidung war auch für den Abberufungsbeschluss eine besondere Mehrheit erforderlich. In Niedersachsen war eine 3/4 Mehrheit, in allen anderen Bundesländern eine 2/3 Mehrheit erforderlich.[100]

b) Die Bedeutung der Abwahlmodalitäten

Die dem abstimmenden Rat vorgeschriebenen Abstimmungsmodalitäten hatten zunächst die Aufgabe den Bürgermeister vor übermäßigen Abhängigkeiten von den Vertretungsorganen zu schützen. Die Formalitäten verfolgten weiterhin den Zweck, die Kontinuität der Gemeindeverwaltung gegenüber politisch emotionalisierten, stimmungsgeladenen und unüberlegten Augenblicksentscheidungen zu wahren.[101] Diese wären weder mit dem beamtenrechtlichen Status des Bürgermeisters noch mit seiner Stellung als eigenständiges Gemeindeorgan zu vereinbaren.[102] Die – vor dem Hintergrund der Rechtsprechung formulierten – Mehrheitserfordernisse sollten das erforderliche Mindestmaß an Unabhängigkeit gewährleisten, überstürzte Unmutsreaktionen der Ratsmitglieder weitestgehend ausschließen und dem staatlichen Interesse an gemeindlicher Verwaltungskontinuität hinreichend Rechnung tragen.[103]

c) Fazit

Der Ursprung des Instruments der Abwahl ist nicht im Kontext direkter Bürgerbeteiligung zu finden. Grundlage des Instruments ist vielmehr die Interpretation der Bedeutung des Verhältnisses zwischen Gemeinderat und Bürgermeister. Ausgehend von der Prämisse, dass der Gemeindeebene eine politische Bedeutung zuzumessen sei, sollte das Kräfteverhältnis zwischen der Gemeindevertretung und dem Bürgermeister ausbalanciert werden. Insoweit wurde mit dem Kriterium

---

99 BVerwGE 56, S. 163 (164).

100 Lichtenfeld, DVBl. 1982, S. 1021 (1022f); Klein, DÖV 1980, S. 853 (858).

101 BVerfGE 7, S. 155 (170); BVerwGE 56, S. 163 (164f.); Klein, DÖV 1980, S. 853 (858).

102 BVerwGE 56, S. 163 (165), Lichtenfeld, DVBl. 1982, S. 1021 (1026).

103 BVerfGE 7, S. 155 (164, 168f.); BVerwGE 56, S. 163 (170); Lichtenfeld, DVBl. 1982, S. 1021 (1027).

der „Gleichgestimmtheit" eine Voraussetzung geschaffen, deren Fehlen – vom Rat mit entsprechender Mehrheit festgestellt – zur Abwahl des Bürgermeisters führen konnte. Neben der Wahl des Bürgermeisters stellte die Möglichkeit der Abwahl ein wichtiges Instrument des Gemeinderates dar. Aufgrund der hohen formalen Anforderungen war es weniger ein machtpolitisches Instrument, als vielmehr eine Möglichkeit, eine Blockade aufzuheben, wenn die Zusammenarbeit zwischen den Organen nachhaltig gestört war und nicht mehr funktionierte. Es ist von Interesse, welche Rolle dem Gemeinderat beim nunmehr direktdemokratisch ausgestalteten Abwahlverfahren zukommt. Dies wird im späteren Verlauf der Arbeit darzustellen sein.

III. Der „Demokratisierungsschub" in den neunziger Jahren

Eine weite Öffnung der Kommunalverfassungen für bürgerschaftliche Mitwirkung erfolgt erst in den neunziger Jahren, nachdem sich die Diskussion über Demokratie in Deutschland nachhaltig verändert hatte.[104] Dabei hat wohl die politische Wende durch die deutsche Wiedervereinigung den Auslöser für verstärkte Systemkritik gebildet und Versuchen zum Erfolg verholfen, dem wachsenden Rückzug der Bürger aus dem Gemeinwesen entgegenzuwirken.[105] Die unterschiedlichen Formen bürgerschaftlicher Mitwirkung in der Kommunalpolitik – beginnend bei der Erweiterung der Betroffenenanhörung und der Allgemeinanhörung im Bauplanungsbereich über die Mitwirkung der Bürger im Rat und seinen Ausschüssen, die Einrichtung von Bürgerfragestunden und Bürgerbefragungen über Einwohnerversammlungen und Einwohneranträge bis hin zu Bürgerbegehren und Bürgerentscheiden und schließlich zur unmittelbaren Wahl/Abwahl – wurden nicht nur intensiv diskutiert; sie haben im Rahmen der Kommunalverfassungsreformen der neunziger Jahre auch weitgehend Eingang in die Kommunalgesetze gefunden.[106]

104 Schiller/Mittendorf, S. 7 (8).

105 Knemeyer, 1997, S. 248.

106 Knemeyer, DVBl. 1998, S. 113; ders., 1998, S. 45, s. insbes. die ausführliche Übersicht auf S.168f.

1. Das Erbe der Kommunalverfassung der DDR

Noch vor Ende der DDR wurde das sog. Gesetz über die Selbstverwaltung der Gemeinden und Landkreise („Kommunalverfassung") beschlossen. Dieser „plebiszit-freundlichen" Kommunalverfassung wurde der neue Schwung in der Diskussion um mehr unmittelbare Bürgerbeteiligung zugeschrieben.[107] Die Einführung kommunaler Referenden durch die Kommunalverfassung trug den basis-demokratischen Erfahrungen und Bewegungen Rechnung, die den politischen Umbruch in der DDR bewirkt hatte. Diese sollten in direkt-demokratischen Entscheidungsrechten gesetzlich verankert werden.[108]

2. Die Neufassung des Kommunalrechts in den neuen Ländern

Die Kommunalverfassung von 1990 wurde jedoch im Zuge der Gebietsreform und der Kommunalwahlen bis zum Frühjahr 1994 in allen fünf neuen Ländern durch eigene Kommunalgesetze abgelöst.[109] Die Kommunalverfassung wurde teilweise grundlegend verändert und durch neue und völlig anders strukturierte Kommunalordnungen ersetzt.[110] Diese Neuordnung zeigte große Unterschiede in den Kommunalverfassungen der neuen Bundesländer, eine Totalrevision erfolgte jedoch nicht.[111]

Alle neuen Gemeindeordnungen verbindet das Anliegen, den Bürgern die direkte Mitwirkung an Sach- und Personalentscheidungen einzuräumen. So wurden die Möglichkeiten der Ausübung unmittelbarer Demokratie in Form von Bürgerantrag, Bürgerentscheid und Bürgerbegehren – wenn auch mit Modifikationen – überall beibehalten. Eine Änderung erfuhren die Wahlgrundsätze für den Bürgermeister. Während dieser nach der Kommunalverfassung von 1990 von den Gemeindevertretungen gewählt wurde, realisierte die Reform durchgängig die Direktwahl durch die Bürger.[112]

Anders gestaltete sich dies bei der Rechtsstellung des Bürgermeisters. Dieser leitete nach der Kommunalverfassung von 1990 die Gemeindeverwaltung und

107 Erbguth, DÖV 1995, S. 793; Humpert, DÖV 1990, S. 999f.; Schiller/Mittendorf, S. 7f.

108 Wollmann, S. 179; Acker, NVwZ 1990, S. 1157 (1158); Hoffmann, DÖV 1994, S. 621.

109 Wollmann, S. 179; Schmidt-Eichstaedt, Gemeindeordnungen, Einführung, S. 9.

110 Hoffmann, DÖV 1994, S. 621; Schmidt-Eichstaedt, Gemeindeordnungen, Einführung, S. 9.

111 Hoffmann, DÖV 1994, S. 621; Wollmann, S. 179; Schmidt-Eichstaedt, Gemeindeordnungen, Einführung, S. 9 mit ausführlicher Übersicht der Änderungen und Neufassungen.

112 Schmidt-Eichstaedt, Gemeindeordnungen, Einführung, S. 10f.; Hoffmann, DÖV 1994, S. 621ff.

vertrat die Gemeinde nach außen; er war aber nicht Vorsitzender der Gemeindeversammlung. Während Sachsen-Anhalt, Brandenburg und Mecklenburg-Vorpommern an der Trennung zwischen Ratsvorsitz und Bürgermeisteramt festhielten, haben dies die übrigen neuen Länder in Anlehnung an das „Süddeutsche Modell" geändert. Dort sitzt der Bürgermeister kraft Amtes dem Rat vor.[113]

In allen Gemeindeordnungen ist auch die Abwahl des Bürgermeisters durch Bürgervotum vorgesehen; Unterschiede zeigen sich lediglich in den Verfahrensregelungen.

3. Beurteilung der neuen Gemeindeordnungen

Die Gemeindeordnungen der neuen Länder verdeutlichen das föderalistische Prinzip der Vielfältigkeit. Ausgehend von der Gemeindeordnung von 1990 haben sie teils bestehende Regelungen übernommen, aber auch neue Akzente und Lösungen realisiert. So haben sich die Länder Thüringen, Sachsen und Sachsen-Anhalt an den Gemeindeordnungen der alten Bundesländer orientiert. Insbesondere das „Süddeutschen Modell" hat hier Pate gestanden. Weniger „Anleihen" hat Brandenburg gemacht und noch weniger Mecklenburg-Vorpommern.[114]

Ungeachtet von Unterschieden im Detail ist in allen Gemeindeordnungen der Leitgedanke zu erkennen, die Bürgerbeteiligung durch die Instrumente Bürgerbegehren und Bürgerentscheid sowie die Direktwahl der Kommunalen Wahlbeamten und ihre Abwahl durch die Gemeindebürger zu stärken.

4. Veränderungen der Gemeindeordnungen der alten Bundesländer

Ab 1990 ist auch in den Reformbemühungen der alten Bundsländer eine neue Dynamik zu verzeichnen. Änderungen der Gemeindeordnungen wurden beschlossen und insbesondere die Direktwahl der Bürgermeister und deren Abwahlmöglichkeit durch die Gemeindebürger eingeführt. Bürgerentscheide und Bürgerbegehren wurden ebenfalls zugelassen. Insgesamt stellt sich seit der zweiten Hälfte der neunziger Jahre die kommunalrechtliche Landschaft völlig verän-

113 Schmidt-Eichstaedt, Gemeindeordnungen, Einführung, S. 10; Hoffmann, DÖV 1994, S. 621 (622ff.); Quecke, VBlBW 1992, S. 407ff.; sowie Rotberg/Rooks, VBlBW 1993, S. 401 (405ff., zu Sachsen).

114 Hoffmann, DÖV 1994, S. 621 (625).

dert dar: In allen Bundesländern sind auf kommunaler Ebene Direktwahlen und Abwahlen sowie Bürgerbegehren und Bürgerentscheide möglich.[115]

a) Widerstände und Fortschrittsmomente

Auslösender Faktor für diese Entwicklung waren offensichtlich die Erfahrungen der Bürgerbewegung in der DDR, die dortige Diskussion sowie die damit in Zusammenhang stehende Einführung unmittelbarer Bürgerbeteiligung in die Kommunalordnungen der neuen Länder.[116] Außerdem wurden die in den vorausgegangenen Jahrzehnten in den alten Bundesländern geführten Diskussionen um verstärkte Bürgerbeteiligung vor dem Hintergrund von „Partei- und Politikverdrossenheit“ sowie die Kritik an der Ausgestaltung der Kommunal-ordnungen praktisch folgenreich.[117]

Die Umsetzung der Forderungen nach Reformen und mehr Bürgerbeteiligung auf kommunaler Ebene erfolgte jedoch keineswegs reibungslos. Vielmehr war die Einführung von Direktwahlen, Abwahlen[118] und direkt-demokratischer Mitwirkung in Sachfragen vielerorts mit ebenso heftigen wie langwierigen Debatten und Kontroversen verbunden. Die Bedenken gegen die direkte Wahl von Bürgermeistern und mehr direkte Bürgerbeteiligung waren groß. Letztendlich waren die Reformbemühungen jedoch auch in den alten Bundesländern erfolgreich.[119]

b) Wertung der Reformen in den alten Bundesländern

Die Reformbemühungen in den alten Bundesländern gestalteten sich schwierig und zeitaufwendig. Diskussionen um mehr Bürgerbeteiligung hatten zwar bereits lange vor der Wiedervereinigung eingesetzt, aber Vorbehalte und Bedenken wurden noch in den neunziger Jahren geltend gemacht. Offensichtlich fehlte den Politikern nach wie vor das Vertrauen in das Verantwortungsbewusstsein der Bürger im Hinblick auf die Einführung unmittelbarer Beteiligungselemente, sowohl in Sach- als auch in Personalfragen.[120] Die vielfältigen Bedenken und Widerstände konnten auch durch Verweis auf die positiven Erfahrungen in Baden-Württem-

115 Schiller, S. 83 (85); Knemeyer, DVBl. 1998, S. 113; Schiller/Mittendorf, S. 7f.

116 Erbguth, DÖV 1995, S. 793; Hoffmann, DÖV 1994, S. 621 (626); Schiller, S. 85.

117 Hoffmann, DÖV 1994, S. 621 (626); Streinz, Die Verwaltung 1988, S. 293 (305).

118 Die Abwahl war bereits als Instrument des Gemeinderats sehr umstritten, s. Teil D.

119 v. Arnim, DÖV 1992, S. 33ff.; Hoffmann, DÖV 1994, S. 621 (626); Oebbecke, DÖV 1995, S. 701ff.; Ehlers, NVWBL 1991, S. 397ff.; Saipa, DÖV 1991, S. 63ff.; Hillmann, DÖV 1991, S. 41ff.

120 Streinz, Die Verwaltung 1988, S. 293 (307f.); s. als Beispiel auch die Argumentation von Püttner, in: Borchmann/Vesper, S. 12f.

berg und Bayern nicht ausgeräumt werden. Dort waren die in Rede stehenden Instrumente ebenfalls zunächst umstritten (und zwar mit vergleichbaren Argumenten), wurden dann aber über Jahrzehnte reibungslos praktiziert.

Im Ergebnis spricht viel dafür, dass der „Demokratisierungsschub" in den neuen Bundesländern einen Reformdruck in den alten Bundesländern erzeugte, dem die Politik schließlich nachgeben musste.

IV. Zusammenfassung

Betrachtet man die Entwicklung der Beteiligung von Bürgern am Kommunalwesen, wird deutlich, dass die Implementierung entsprechender Instrumente durch die Entscheidungsträger eher unter Druck und dann auch nur kleinteilig und keineswegs freiwillig oder selbstverständlich erfolgte. Schon als Freiherr vom Stein – bewegt von der Sorge um den „Verfall" des Staatswesens[121]- versuchte, diesem mit seinen Reformen durch mehr bürgerliches Engagement entgegenzuwirken, war dieses Bemühen nicht dauerhaft erfolgreich.

In der alten Bundesrepublik konnten sich Formen direkter Bürgerbeteiligungsformen nicht durchsetzen. Die Erfahrungen in Baden-Württemberg und Bayern zeigten keine modellhafte Wirkung. Wenngleich „Politikverdrossenheit" ein „geflügeltes" Wort wurde, hatte diese Stimmungslage kaum Folgen. Das Instrument der Abwahl wurde bereits in den frühen Kommunalordnungen (mit Ausnahme von Bayern und Baden-Württemberg) der Länder implementiert. Es war ein ausschließliches Instrument des Gemeinderates für den Fall, dass keine Gleichgestimmtheit zwischen Rat und Bürgermeister mehr gegeben war. Erst im Nachgang zur deutschen Wiedervereinigung wurden die Kommunalordnungen der Bundesländer im Sinne verstärkter Bürgerbeteiligung um-/bzw. neugestaltet. Die Wahl und Abwahl (mit Ausnahme Bayerns und Baden-Württembergs) der Bürgermeister erfolgt inzwischen durch die Bürger.

121 v. Gierke, Julius, S. 9.

B. Direkt-demokratische Instrumente auf Kommunal-, Kreis- und Landesebene

Zu Beginn des 21. Jahrhunderts zeigt sich der Charakter der Kommunalverfassungen in der Bundesrepublik grundlegend verändert. Direkt-demokratische Instrumente wie Bürgerentscheid und Bürgerbegehren, Wahl und Abwahl des Bürgermeisters sind inzwischen etabliert, wenngleich nach wie vor nicht unumstritten.

Das besondere Interesse gilt dem direkt-demokratischen Instrument der Abwahl des zuvor direkt gewählten Bürgermeisters. Insbesondere das normative Umfeld der Abwahlregelungen wird besonders zu untersuchen sein. Welche besonderen Merkmale kennzeichnen die rechtliche Ausgestaltung der Abwahlverfahren? Hier stellt sich auch die Frage nach dem Verhältnis zu den rechtlichen Rahmenbedingungen der direkt-demokratischen Verfahren zu Sachfragen. Gibt es Vergleichbarkeiten im Hinblick an die Anforderungen und wie sind diese zu beurteilen? Ein besonderer Stellenwert kommt der Frage zu, welche Erfahrungen in der Anwendungspraxis direkt-demokratischer Abwahlverfahren auffällig sind. Gibt es Erklärungsmuster rechtlicher oder sonstiger Art für besondere Entwicklungen oder Tendenzen? In diesem Kontext liegt die Prüfung nahe, ob sich aus der praktischen Anwendung von Bürgerbegehren zu Sachfragen Rückschlüsse auf die Verfahren zur Abwahl des Bürgermeisters ziehen lassen.

Von Interesse ist darüber hinaus auch, welche Rolle und Bedeutung den direkt-demokratischen Instrumenten auf Kreisebene – hier vorrangig dem Instrument der Abwahl des Landrates – zukommen und welcher Stellenwert abschließend direkt-demokratischen Instrumente auf Landesebene zukommt.

I. Die Bürgerbeteiligung auf kommunaler Ebene an Sachfragen

Auf kommunaler Ebene sind inzwischen vielfältige Möglichkeiten der Bürgerbeteiligung instrumentalisiert. Über die Teilnahme an Wahlen von Repräsentanten für die Gemeinderäte hinaus reichen sie von der Mitwirkung an Sachfragen bis hin zu Personalentscheidungen. Bei den Instrumenten zur Mitwirkung handelt es sich um den Bürgerantrag und die Bürgerversammlung, das Bürgerbegehren und den Bürgerentscheid sowie die Wahl und Abwahl des Bürgermeisters.

1. Der Bürgerantrag/Einwohnerantrag und die Bürgerversammlung

Der „Bürgerantrag"/„Einwohnerantrag" beinhaltet das Recht der Gemeindebürger, das zuständige Beschlussgremium zur Befassung mit einer bestimmten Angelegenheit zu veranlassen. Es ist ein Instrument direkter Demokratie, welches den Gemeindebürgern die Möglichkeit eröffnet, aus eigener Initiative den Gemeinderat zur Entscheidung über eine kommunale Angelegenheit zu zwingen.[122]

Das Instrument des Bürgerantrages ist in allen Gemeindeordnungen der Flächenländer[123] mit Ausnahme von Hessen[124] geregelt. Die Anforderungen an einen erfolgreichen Bürgerantrag bzw. einen Einwohnerantrag sind jedoch sehr unterschiedlich ausgestaltet.

Ein weiteres Instrument der direkten Demokratie auf Gemeindeebene ist die sog. Bürgerversammlung. Sie dient vor allem der Information der Bürger und Einwohner und wird periodisch oder bei wichtigen Angelegenheiten einberufen. Das Instrument der Bürgerversammlung existiert in allen Ländern.

Die oben skizzierten Formen der Bürgerbeteiligung eröffnen den Gemeindebürgern weder die direkte Teilnahme an der Willensbildung des Gemeinderates noch die Möglichkeit eigener Entscheidung, sie zwingen den Rat allenfalls zur Befassung mit einem Thema. Dennoch waren sie vor 1990 noch nicht einmal in allen Bundesländern etabliert.

2. Das Bürger-/Ratsbegehren, der Bürgerentscheid

Im Unterschied zu den oben beschriebenen Instrumenten räumen die Instrumente Bürger- und Ratsbegehren sowie Bürgerentscheid den Gemeindebürgern Möglichkeiten ein, auch zwischen Wahlterminen aus ihrer Sicht wichtige kommunale Angelegenheiten aufzugreifen und darüber direkt und abschließend zu befinden – es sei denn, der Gemeinderat entscheidet vorher im Sinne der Bürgerinitiative. Ein Bürgerentscheid kommt entweder zustande auf Veranlassung des Rates, der den Bürgern eine bestimmte Sachfrage zur Entscheidung vorlegt („Ratsreferen-

122 v. Arnim, AöR 1988, S. 1 (29).

123 § 20 b Abs.1 BaWüGO; Art. 18b Abs.1 BayGO, unter der Bezeichnung Einwohnerantrag; § 14 Abs.1 BbgKVerf; gleiches: § 18 KV M-V; § 22a NGO; § 25 NRWGO; § 17 Rh-PfGO; § 21 SaarlKSVG; § 23 SachsenGO; § 24 GO LSA; § 16f Schl-HolGO ; § 15 ThürKO (Bürgerantrag).

124 Dort gibt es nur das Bürgerbegehren und den Bürgerentscheid, s. § 8b HGO.

dum" oder „ratsinitiierter Bürgerentscheid")[125] oder auf Veranlassung der Bürger über den Weg eines Bürgerbegehrens.[126]

a) Das Ratsreferendum/der ratsinitiierte Bürgerentscheid über Sachfragen

Eine Reihe von Kommunalverfassungen sieht – neben den durch die Gemeindebürger selbst initiierten Bürgerentscheiden – auch die Möglichkeit der Durchführung von Bürgerentscheiden aufgrund eines Ratsbeschlusses vor. In den Fällen der „ratsinitiierten" Bürgerentscheide beschließt der Gemeinderat, eine bestimmte Sachfrage den Gemeindebürgern zur Abstimmung vorzulegen. Mit dem Ratsreferendum gibt die Gemeindevertretung quasi ihr Entscheidungsrecht im Einzelfall in die Kompetenz des Souveräns zurück. Unter diesem Aspekt betrachtet, ist auch die von den Gemeinderäten eingeleitete Abwahl des Bürgermeisters zu den Ratsreferenden zu zählen: Der Gemeinderat initiiert einen Bürgerentscheid, dessen „Thema" keine Sachfrage, sondern eine Personalfrage, nämlich die nach der Abwahl des Bürgermeisters, ist.

Vom Gemeinderat initiierte Abstimmungen über Sachfragen sind in 11 Bundes-ländern vorgesehen.[127] Im Hinblick auf die formalen Einleitungskriterien bedarf der ratsinitiierte Bürgerentscheid eines bestimmten Zustimmungsquorums im Gemeinderat, in der Regel einer 2/3 Mehrheit.[128] Die inhaltlichen Zulassungskriterien sind mit denen für den durch Bürgerbegehren initiierten Bürgerentscheid identisch.

Ratsbegehren werden häufig eingesetzt, um einer Ratsentscheidung zusätzliches Gewicht zu verleihen, seltener dagegen, um eine Entscheidung zwischen zwei Alternativen herbeizuführen.[129] In diese Richtung weisen auch die Erfahrungen aus Bayern.[130]

---

125 § 21 Abs. 1 S. 1 BaWüGO; Art. 18a Abs. 2 BayGO; § 20 Abs. 1 S. 1 KV M-V; § 26 Abs. 1 S. 2 NRWGO; § 24 Abs. 1 SachsenGO; § 16g Abs. 1 Schl-HolGO; nicht also in Brandenburg, Hessen, Niedersachsen, Rheinland-Pfalz und dem Saarland.

126 § 21 Abs. 3 BaWüGO; Art. 18a Abs. 1 BayGO; § 15 Abs. 1 S. 1 BbgKVerf; § 8b Abs. 1 HGO; § 20 Abs. 1 KV M-V; § 22b Abs. 1 NGO; § 26 Abs. 1 S. 1 NRWGO; § 17a Abs. 1 Rh-PfGO; § 21a Abs. 1 SaarlKSVG; § 25 Abs. 1 ff. SachsenGO; § 25 Abs. 1 GO LSA; § 16g Abs. 3 Schl-HolGO; § 17 Abs. 1 S. 1 ThürKO.

127 BBB 1956-2007, S. 9; Wollmann, S. 179 (181).

128 So gem. § 21 Abs. 1 S. 1 BaWüGO; § 26 Abs. 1 S. 2 NRWGO; § 26 Abs. 1 GO LSA; § 16g Abs. 1 S. 1 Schl-HolGO; § 24 Abs. 1 SachsenGO; die einfache Mehrheit genügt in Bayern, Art. 18a Abs. 1 BayGO und Mecklenburg-Vorpommern § 20 Abs. 3 S. 1, 2 KV M-V.

129 Deppe, S. 3; Waechter, S. 191, Rdnr. 272; Seeger, ZParl 1988, S. 517 (533).

130 Knemeyer 1997, S. 129f; In den letzten Jahren wird in Bayern das Instrument des „Ratsbegehrens" rege genutzt. Neuere Untersuchungen belegen, dass fast jeder vierte Bürgerentscheid

b) Der Bürgerentscheid auf Grundlage eines Bürgerbegehrens

Die auf Herbeiführung eines Bürgerentscheids gerichteten Bürgerbegehren sind beschränkt auf bestimmte kommunale Zuständigkeiten in Angelegenheiten der kommunalen Selbstverwaltung. Ein Bürgerentscheid ist nur über solche Entscheidungen zulässig, die in den ausschließlichen Zuständigkeitsbereich der Gemeindevertretung fallen. Daher sind insbesondere Weisungsaufgaben und Aufgaben, die kraft Gesetz dem Bürgermeister obliegen, von Bürgerentscheiden ausgenommen.[131]

aa) Die inhaltlichen Begrenzungen für Bürgerbegehren

Um den Anwendungsbereich näher zu beschreiben, verweisen zahlreiche Gemeindeordnungen[132] darauf, dass Bürgerbegehren/-entscheide nur über „wichtige" Selbstverwaltungsangelegenheiten zulässig sind. Dies soll verdeutlichen, dass mittels Bürgerbegehren nicht in den Gang der üblichen laufenden Verwaltung eingegriffen werden darf.[133] In einigen Gemeindeordnungen ist ein Katalog der zulässigen Angelegenheiten positiv bestimmt,[134] um zu verdeutlichen, in welchen Bereichen man sich solche Entscheidungsformen vorstellen kann (Positivkatalog).

Unabhängig davon, ob eine Einschränkung auf „wichtige" Angelegenheiten festgelegt ist oder nicht, sehen alle Gemeindeordnungen zu den Themen eines Bürgerbegehrens/-entscheids sogenannte Negativkataloge vor. Hier werden die Fragen, die einer Bürgerentscheidung nicht zugänglich sind, ausdrücklich genannt. Die Negativkataloge sind hinsichtlich Umfang und Weite sehr unterschiedlich ausgestaltet.[135]

---

inzwischen auf einen Beschluss des Rates zurückgeht. Ratsreferenden waren mit 61 % (356 von 538 Fällen) erfolgreich. Ihre Erfolgsquote war somit höher als die von Bürgerentscheiden aufgrund von Bürgerbegehren mit 48 %: VER 2007, S. 25; BBB 1956-2007, S. 26.

131 Waechter, S. 194, Rdnr. 278f.; Gleitmann, S. 166 (168f.).

132 Baden-Württemberg, Hessen, Mecklenburg-Vorpommern, Rheinland-Pfalz; Sachsen-Anhalt, Schleswig-Holstein und Thüringen.

133 Waechter, S. 195f., Rdnr. 278a; Gleitmann, S. 166 (174f.).

134 17a Abs. 1 S. 2 Nr. 1-4 Rh-PfGO; § 26 Abs. 2 Nr. 1-4 GO LSA; § 16g Abs. 1 S. 2 Nr. 1-4 Schl-HolGO; Baden-Württemberg hat mit Gesetz vom 28.07.2005 den Positivkatalog und den Verweis auf die Ergänzungsmöglichkeit durch die Hauptsatzung ersatzlos gestrichen.

135 § 21 Abs. 2 Nr. 1-7 BaWüGO; Art. 18a Abs. 3 BayGO; § 15 Abs. 3 BbgKVerf; § 8b Abs. 2 Nr. 1-7 HGO; § 20 Abs. 3 Nr. 1-12 KV M-V; § 22b Abs. 3 Nr. 1-8 NGO; § 26 Abs. 5 Nr. 1-10 NRWGO; § 17a Abs. 2 Nr. 1-9 Rh-PfGO; § 21a Abs. 4 Nr. 1-10 SaarlKSVG; § 24 Abs. 2 S. 2 Nr. 1-8 SachsenGO; § 26 Abs. 3 Nr. 1-7 GO LSA; § 16g Abs. 2 Nr. 1-9 Schl-HolGO; § 17 Abs. 2 Nr. 1-6 ThürKO.

bb) Form und Verfahren

Alle gesetzlichen Vorgaben sehen zudem besondere Verfahrensregelungen vor.[136]

Die Einleitung eines Bürgerbegehrens bedarf der formellen Unterstützung durch die Gemeindebürger, d.h. sie müssen sich für die Herbeiführung eines Bürgerentscheids aussprechen. Die Gemeindeordnungen sehen vor, dass eine bestimmte Zahl von (stimmberechtigten) Bürgern das Bürgerbegehren unterzeichnen muss.[137] Die Anforderungen an dieses Antragsquorum reichen von 3 % bis 17 % der Einwohner. In zahlreichen Bundesländern ist das Antragsquorum gestaffelt nach der Größe der Gemeinden.[138]

Sofern sich das Begehren auf die „Anfechtung“ von Gemeinderatsbeschlüssen richtet (sog. Anfechtungs-, Verhinderungs- oder Änderungsbegehren), muss darüber hinaus i. d. R. das Quorum innerhalb einer bestimmten Frist erreicht sein. Der Zeitraum reicht von vier Wochen bis zu drei Monaten; die bayerische Gemeindeordnung gibt nach dem ursprünglichen Votum keine Frist vor. In jedem Fall muss der Gemeinderat[139] und z.T. auch die Aufsichtsbehörde[140] über die Zulassung eines Bürgerentscheids befinden.

cc) Das Entscheidungsquorum

Die letzte Stufe des Verfahrens besteht im Bürgerentscheid. Hier stimmen die Bürger über die zur Abstimmung gestellte Frage ab. Ein Bürgerentscheid ist erfolgreich, wenn die Mehrheit der Abstimmenden dafür stimmt und gleichzeitig ein bestimmtes Quorum erreicht ist. Die Höhe der erforderlichen Zustimmung zum jeweiligen Antrag bewegt sich zwischen 10 % und 30 % der Stimmberechtigten.[141]

---

136 § 21 Abs. 3 BaWüGO; Art. 18a Abs. 4 BayGO; § 15 Abs. 1 BbgKVerf; § 8b Abs. 3 HGO; § 20 Abs. 5 KV M-V; § 22b Abs. 4 NGO; § 26 Abs. 2 NRWGO; § 17a Abs. 3 Rh-PfGO; § 21a Abs. 2 SaarlKSVG; § 25 Abs. 1 SachsenGO; § 25 Abs. 2 GO LSA; § 16g Abs. 3 Schl-HolGO; § 17 Abs. 3 ThürKO.

137 § 21 Abs. 2 S. 4 BaWüGO; Art. 18a Abs. 6 BayGO; § 15 Abs. 1 S. 5 BbgKVerf; § 8b Abs. 3 S. 3 HGO; § 20 Abs. 5 S. 3 KV M-V; § 22b Abs. 2 NGO; § 26 Abs. 4 NRWGO; § 17a Abs. 3 S. 3 Rh-PfGO; § 21a Abs. 3 SaarlKSVG; § 25 Abs. 1 S. 2 SachsenGO; § 25 Abs. 3 GO LSA; § 16g Abs. 4 Schl-HolGO; § 17 Abs. 1 S. 1 ThürKO.

138 So in: Baden-Württemberg, Bayern, Mecklenburg-Vorpommern, Nordrhein-Westfalen, Rheinland-Pfalz, Saarland, Sachsen, Sachsen-Anhalt, und Thüringen.

139 § 21 Abs. 4 S. 1 BaWüGO; Art. 18a Abs. 8 S. 1 BayGO; § 15 Abs. 2 S. 1 BbgKVerf; § 17 Abs. 4 S.2 Rh-PfGO; § 21a Abs. 5 S. 1 SaarlKSVG; § 25 Abs. 3 S. 1 SachsenGO; § 25 Abs. 4 S. 1 LSA; § 20 Abs. 6 S. 4 KV M-V; § 26 Abs. 6 NRWGO; § 8b Abs. 4 S. 2 HGO; Verwaltungsausschuß § 22b Abs. 7 S. 1 NGO; Gemeindeverwaltung: § 17 Abs. 3 S. 6 ThürKO.

140 § 16 Abs. 5 S. 1 Schl-HolGO.

141 § 21 Abs. 6 BaWüGO; Art. 18a Abs. 12 BayGO; § 15 Abs. 4 BbgKVerf; § 8b Abs. 6 HGO; § 20 Abs. 6 KV M-V; § 20 Abs. 10 S. 2 NGO; § 26 Abs. 7 S. 2 NRWGO; § 17a Abs. 7 Rh-PfGO; § 21a

3. Erfahrungen mit den Instrumenten direkter Bürgerbeteiligung zu Sachfragen auf kommunaler Ebene

Nachdem die Instrumente Bürgerbegehren und Bürgerentscheid ab dem Jahr 1990 nach und nach Eingang in das Recht aller Bundesländer gefunden haben,[142] stellt sich die Frage nach markanten Erkenntnissen aus der Anwendungspraxis. Hier interessieren insbesondere Ansatzpunkte für vergleichende Betrachtungen des direkt-demokratischen Instruments der Abwahl.

a) Die Anzahl von Bürgerbegehren und Bürgerentscheiden, zeitliche und räumliche Verteilung

In Deutschland wurden von 1956 bis 2007 insgesamt 4.587 Bürgerbegehren und 2.226 Bürgerentscheide gezählt. Fast 40 % aller Initiativen (1.753) und Abstimmungen (968) fanden in Bayern seit der Einführung des Instruments 1995 statt.[143] Baden-Württemberg weist zwar mit 590 ebenfalls relativ viele Verfahren auf, diese erstrecken sich aber über einen Zeitraum von 52 Jahren. Das Schlusslicht der Statistik bildet das Saarland, wo erst 12 Bürgerbegehren in zehn Jahren eingeleitet wurden.[144] Nach den vorliegenden Daten ist davon auszugehen, dass in den ca. 14.000 deutschen Kommunen pro Jahr ca. 250 Bürgerbegehren eingeleitet werden, wobei ca. 120 Bürgerentscheide stattfinden.[145] Wenngleich in einem Fünftel aller Kommunen in Deutschland bislang direkt-demokratische Verfahren eingeleitet wurden, bedeutet dies, dass in 80 % aller Kommunen noch keine direkt-demokratische Initiative ergriffen wurde.[146]

Betrachtet man die Verteilung der Verfahren unter dem Aspekt der Gemeindegröße, ist festzustellen, dass mit zunehmender Gemeindegröße die Anwendungshäufigkeit steigt: In größeren Städten finden also – relativ betrachtet – häufiger Bürgerbehren statt als in kleineren Gemeinden. Die mit wachsender Gemeindegröße zunehmende (relative) Anwendungshäufigkeit in den untersuchten Bereichen wird damit erklärt, dass in kleineren Gemeinden die Einflussmöglichkeiten auf die etablierte Politik vermutlich besser sind und sich Bürgerbegehren daher

Abs. 6 SaarlKSVG; § 24 Abs. 3 SachsenGO; § 25 Abs. 4 GO LSA; § 16g Abs. 7 Schl-HolGO; § 17 Abs. 7 ThürKO.

142 1990: Schleswig-Holstein, Sachsen-Anhalt; 1993: Mecklenburg-Vorpommern, Brandenburg, Sachsen, Thüringen, Hessen; 1995: Bayern; 1996: Niedersachsen; 1997: Saarland.

143 BBB 1957-2007, S. 3, 12f.; Kampwirth, ZParl 2003, S. 657 (664).

144 BBB 1957-2007, S. 12f.;

145 VER 2007, S. 9.

146 BBB 1957-2007, S. 13.

erübrigen; in größeren Gemeinden werden aufgrund der höheren Anzahl öffentlicher Infrastruktur-einrichtungen mehr Themen für Bürgerentscheidungen vermutet. Möglicherweise spielt auch die stärkere Aktivität von Parteien in den größeren Städten eine Rolle, denn diese gehören nicht selten zu den Initiatoren von Bürgerbegehren.[147]

b) Die Wirkungen von formalen und inhaltlichen Beschränkungen

Es lässt sich feststellen, dass in Ländern mit restriktivem Ausschlusskatalog die Zahl der für unzulässig erklärten Begehren höher ist als in den Ländern mit moderatem Themenkatalog. Ein weiteres für die Zulässigkeit wesentliches Kriterium ist die Zahl der erforderlichen Unterschriften, die ein Bürgerbegehren unterstützen. Die Unterschiede der in den einzelnen Bundesländern geforderten Quoren für die Unterschriftensammlung sind sehr groß. Einige Bundesländer sehen generell ein Quorum von 10 % vor, in anderen Bundesländern ist das Quorum hingegen differenziert und sinkt mit steigender Gemeindegröße/Einwohnerzahl. Die Differenzierungen zeigen eine große Varianz, was gerade bei Großstädten zu unterschiedlichen Erfolgschancen führt.[148]

c) Die Anwendungserfahrungen im Zusammenhang mit Bürgerentscheiden

Wenn ein Bürgerbegehren die rechtlichen Hürden erfolgreich überwunden hat, wird die Frage der Gesamtheit der Bürger zur Entscheidung vorgelegt. Etliche Bürgerentscheide scheitern in diesem Endstadium. Bürgerentscheide können erfolglos bleiben, weil das Begehren von der Mehrheit der Abstimmenden abgelehnt wird oder aufgrund einer nicht ausreichenden Abstimmungsbeteiligung. Nur wenn die Mehrheit erzielt und gleichzeitig das Mindestzustimmungsquorum – je nach Bundes-land zwischen 10 % und 30 % – erfüllt wird, ist der Bürgerentscheid erfolgreich und tritt an die Stelle eines Ratsbeschlusses.

Die Abstimmungsbeteiligung bei Bürgerbegehren beträgt durchschnittlich 50 % der Abstimmungsberechtigten, wobei signifikante regionale Unterschiede bestehen.[149] Damit ist die Beteiligungsquote bei Bürgerentscheiden deutlich niedriger als die durchschnittliche Beteiligung an Kommunalwahlen.[150] Festzustellen

147 Bogumil, S. 194 (199); BBB 1956-2007, S. 15.

148 s. hierzu die beispielhafte Darstellung in: VER 2007, S. 23.

149 BBB 1956-2007, S. 28; Bogumil, S. 194 (200); Deppe, S. 25.

150 Deppe, S. 25.

ist auch, dass die Abstimmungsbeteiligung – ebenso wie bei Kommunalwahlen – mit der Größe der Gemeinde tendenziell sinkt.[151]

Erkennbar war desweiteren ein Zusammenhang zwischen Beteiligung und Verfahrenstyp: Während die Beteiligungsquote bei bürgerinitiierten Verfahren (nur) 48,1 % betrug, nahmen durchschnittlich 54,9 % der Bürger an ratsinitiierten Entscheiden teil.[152]

Etwa die Hälfte aller Bürgerentscheide ist erfolgreich.[153] Bislang wiesen die neuen Bundesländer hierbei eine tendenziell höhere Erfolgsquote auf, was mit dem Schwerpunkt auf Fragen der Gebietsreform zusammenhängt.[154] Im Ergebnis spricht vieles dafür, dass als wichtigste Erklärungsfaktoren für die Häufigkeit und das Ergebnis bei Bürgerbegehren neben der verstärkten Partizipationsbereitschaft der Bürger die gesetzlichen Regelungen der zulässigen Themen und Quoren (Einleitung bzw. Zustimmung) sowie die Gemeindegröße anzusehen sind.[155]

d) Erkenntnisse zur Wirkung auf das politische System auf kommunaler Ebene

Die empirischen Daten stützen die Vermutung, dass Bürgerbegehren/ Bürgerentscheide im Ergebnis keine gleichwertigen Alternativen zur „klassischen Entscheidungsfindung“ durch Ratsbeschuss darstellen. Aufgrund ihrer begrenzten Häufigkeit und mäßigen Erfolgsquoten haben sie die Bedeutung der Kommunalvertretung nicht nachhaltig in Frage gestellt.[156]

Das System der repräsentativen Demokratie wird durch die Einführung von Bürgerbegehren und Bürgerentscheiden insoweit nicht ersetzt, sondern lediglich um diese Mitwirkungsformen ergänzt.[157]

Die Existenz des Instruments hat in der kommunalpolitischen Praxis in der Form Wirkung gezeigt, dass viele Begehren gegenstandslos wurden, weil der Gemeinderat das Bürgeransinnen übernahm[158] oder der Gemeinderat den Bür-

151 Bogumil, S. 194 (200). Die Beteiligung in Gemeinden mit weniger als 5.000 Einwohnern betrug 60,8 %, in Städten von 50.000 bis 100.000 durchschnittlich 32,5 % und in Großstädten über 500.000 Einwohnern betrug die Beteiligung 20,9 %: BBB 1956-2007,S. 28; Knemeyer 1997,S. 123, für Bayern.

152 BBB 1956-2007, S. 28.

153 BBB 1956-2007, S. 26.

154 Deppe, S. 21, 28.

155 Bogumil, S. 194 (200); zur Verfahrensabhängigkeit s. auch Kampwirth, ZParl 2003, S. 657 (664).

156 Knemeyer 1997, S. 125; Bogumil, S. 194 (203).

157 Knemeyer 1987, S. 103; v. Arnim, DÖV 1990, S. 85 (92).

158 Bei 14 % aller Bürgerbegehren gelang es, den Gemeinderat zu einem Beschluss i. S. der Initiatoren zu veranlassen, BBB 1956-2007, S. 3, 22.

gern ein Thema zur Beschlussfassung vorlegte.[159] Vor dem Hintergrund direkt-demokratischer Entscheidungsmöglichkeiten unterliegt das Repräsentativorgan Gemeinderat durchaus einer neuen Rechtfertigungsverpflichtung. Während die Bürger früher ausschließlich in Wahlen über ihre Repräsentanten auf Kommunalebene entscheiden konnten, ist nunmehr auch der Weg zur konkreten Sachentscheidung im Einzelfall zwischen den Wahlterminen eröffnet.

Für die politischen Akteure bedeutet dies die Notwendigkeit, kontinuierlich das „Ohr an der Basis" zu haben. Es muss verstärkt informiert, diskutiert und argumentiert werden. Die politische Sensibilität der Mandatsträger wird zum einen durch verstärkte Rechtfertigungspflicht erhöht, zum anderen eröffnen sich Chancen verbesserter Austauschprozesse zwischen kommunalen Mandatsträgern und Bürgern.[160]

4. Ergebnis

Der starke Anstieg direkt-demokratischer Verfahren seit Anfang der neunziger Jahre, insbesondere seit 1996, belegt ein steigendes Interesse nach direkter Mitbestimmung auf kommunaler Ebene. Die Statistiken verdeutlichen aber auch, dass in den meisten Städten und Gemeinden der Bundesrepublik noch nie ein Bürgerbegehren stattgefunden hat und somit vielerorts keine praktischen Erfahrungen mit dem Instrument gesammelt wurden. Wenngleich Bekanntheitsgrad und Nutzung des Instruments in den letzten Jahren deutlich gestiegen sind, sind Bürgerbegehren relativ unbekannt und vielerorts ist ein sicherer Umgang mit dem Instrument nicht zu unterstellen.

Direkt-demokratischen Elementen in Sachfragen kann kein demokratischer Mehrwert „a priori" zugerechnet werden und Beschlüsse mittels dieser Instrumente können nicht unbedingt höhere demokratische Legitimität als Ratsentscheide beanspruchen.[161]

Von Bedeutung ist jedoch ihre Wirkung auf das politische Macht- und Entscheidungsgefüge auf kommunaler Ebene. Sie haben eine indirekte Wirkung, indem sie Chancen erschließen, Themen über lokale Eliten hinaus öffentlich zu diskutieren. Auf diese Weise kann die Bereitschaft zur politischen Beteiligung erhöht werden. Insoweit können Veränderungen von Kommunikationsprozessen in der Kommune und damit auch möglicherweise Veränderungen in Machtpositionen im kommunalen Entscheidungsprozess die Funktionsfähigkeit repräsentativer Demokratie auf kommunaler Ebene stärken.

---

159 Bogumil, S. 194 (203); Knemeyer 1997, S. 125.

160 kritisch: Seeger, ZParl 1988, S. 516 (535).

161 so auch Bogumil, S. 194 (202).

Es überrascht nicht, dass im demokratischen Gefüge der Bundesrepublik den direkt-demokratischen Instrumenten keine zentrale Rolle zukommt. Auf kommunaler Ebene stellen sie jedoch eine Ergänzung und ein Korrektiv bei der Gestaltung politischer Entscheidungsprozesse dar.[162]

II. Direkt-demokratische Entscheidungen über Personalfragen

Neben direkt-demokratischen Entscheidungen zu Sachfragen durch die Bürger haben auch unmittelbare Entscheidungen über Personalfragen auf kommunaler Ebene an Bedeutung gewonnen: die Wahl und Abwahl der Bürgermeister. Die hier angesprochenen Fragestellungen unterscheiden sich von denen der Entscheidung über Sachfragen, weil sie einzigartig im politischen Gefüge der Bundesrepublik sind und zudem Auswirkungen auf das kommunalpolitische System haben.

Während für Entscheidungen zu Sachfragen – wie dargelegt – hohe institutionelle Anforderungen formaler und inhaltlicher Natur vorgesehen sind, ist hinsichtlich der Direktwahl und der Abwahl zu differenzieren. Die Wahl durch den Souverän folgt den Regeln des repräsentativen Verfahrens, während sich die Abwahl an den für Bürgerbegehren und Bürgerentscheiden geltenden Anforderungen orientiert. Ungeachtet der unterschiedlichen formellen Anforderungen weisen Direktwahl und Abwahl jedoch eine wesentliche Gemeinsamkeit auf: Die Entscheidung erfolgt durch den Souverän.

Eine nähere Betrachtung soll zunächst der Direktwahl gelten, wobei hier das besondere Augenmerk den Auswirkungen für das demokratische System auf Gemeindeebene gilt. Im Folgenden sollen der Abwahlprozess sowie die Erfahrungen in der praktischen Umsetzung dargestellt und sodann einer Bewertung unterzogen werden.

1. Die Direktwahl des Bürgermeisters

Eine Direktwahl des Bürgermeisters wurde über Jahrzehnte nur in Baden-Württemberg und Bayern praktiziert, quasi als „Sondermodell“. Auswirkungen auf die politische Diskussion und Praxis in den übrigen Bundesländern sind nicht dokumentiert. Die politische und rechtliche Lage im Hinblick auf die Urwahl

162 so auch: Hager, VerwArch 84, S. 93 (97, 118); Knemeyer 1997, S. 113.

des Bürgermeisters hat sich inzwischen insofern grundlegend geändert, als sich die direkte Wahl durch die Bürger nach der Wiedervereinigung flächendeckend durchgesetzt hat.

a) Die Entwicklung bei der Einführung des Instruments

Ebenso wie die direkt-demokratischen Entscheidungen zu Sachfragen war der Weg zur Einführung der Urwahl des hauptamtlichen Bürgermeisters von Vorbehalten und Zweifeln begleitet. Auch der Verweis auf die jahrelange Praxis in Bayern und Baden-Württemberg bewirkte zunächst keine Änderung der Einstellung bei den Entscheidungsträgern. Besondere politische Konstellationen führten schließlich zu der „Einsicht", die Kommunalverfassungen der Länder um das direkt-demokratische Element der Urwahl der Bürgermeister zu ergänzen. Während bei den Veränderungen der Gemeindeverfassungen in den alten Bundesländern im Hinblick auf Bürgerbeteiligung zu Sachfragen – wie oben dargelegt – die Reformbewegung in den neuen Ländern eine ausschlaggebende Rolle spielte, entwickelte sich bei der Frage nach der Urwahl des Bürgermeisters eine Dynamik eigener Art. Die langjährige Diskussion um „Partei- und Politikverdrossenheit" der Bürger und die Erfahrungen mit der Bürgerbewegung in der DDR kamen zwar auch hier zur Geltung.[163] Eine maßgebliche Rolle kam jedoch der Entscheidung des hessischen Ministerpräsidenten Walter Wallmann zu, einen Volksentscheid zur Einführung der Direktwahl des Bürgermeisters durchzuführen. Die Bürger Hessens stimmten in der Volkabstimmung vom 20. Januar 1991 mit überwältigender Mehrheit für den Vorschlag.[164] Dieses Ergebnis hatte unerwartete Auswirkungen: Während bei den Fragen um Bürgerbegehren/-entscheid das „Für" und „Wider" über die Parteigrenzen hinaus intensiv diskutiert wurde, entdeckte die jeweilige Opposition das Thema der Direktwahl für sich. Unter der „Androhung", Volksbegehren in die Wege zu leiten, wurden die Mehrheitsfraktionen in den Landtagen „in die Knie" gezwungen.[165] Das Konzept der Direktwahl wurde – allen Bedenken zum Trotz – übernommen.

163 Saipa, DÖV 1991, S. 637 (638); Hoffmann, DÖV 1994, S. 621 (626).

164 v. Arnim, DÖV 1992, S. 330f.; Hoffmann, DÖV 1994, S. 621 (626); Ehlers, NWVBl. 1991, S. 397, (399).

165 In Schleswig-Holstein und Nordrhein-Westfalen, in Rheinland–Pfalz, dem Saarland und in Niedersachsen machten sich die jeweiligen Oppositionsparteien die Forderung nach der Direktwahl mit Erfolg zueigen, Hoffman, DÖV 1994, S. 621 (626ff.).

b) Die Aspekte zur Direktwahl

Die Entscheidung zur Urwahl der Bürgermeister ist unter verschiedenen Aspekten zu betrachten. Hierzu zählen die Bedeutung und Wirkung der direkten Bürgerentscheidung, deren Auswirkung auf den Einfluss von Parteien und das Zusammenwirken von kommunalen Organen sowie auf den Bürgermeister selbst. Schließlich ist die Bedeutung für das System der kommunalen Selbstverwaltung von Interesse.

aa) Bürgernähe und Bürgerbeteiligung

Durch die Direktwahl wird es den Bürgern ermöglicht, ihre Vorstellung über die Person des Stadtoberhauptes und die von diesem vertretenen Inhalte auf direktem Wege zum Ausdruck zu bringen.[166] Neben der Wahl der Gemeindevertretung und den direkt-demokratischen Instrumenten zu Sachfragen können Bürger über die Gemeindespitze entscheiden und dadurch ihren Einfluss auf die Politik der Gemeinde stärken. Dies fördert die Mitverantwortung und Teilnahme am kommunalen Leben sowie das Selbst- und Mitbestimmungsrecht und verschafft den Gewählten eine stärkere demokratische Legitimität.[167]

Die Erfahrungen zeigen, dass die Direktwahl zudem zu einer bürgerfreundlicheren Verwaltung beiträgt, denn der an seiner Wahl und Wiederwahl interessierte Bürgermeister muss wissen, wo den Bürger „der Schuh“ drückt. Das ist ein überzeugendes Argument für eine Verwaltung, die für Bürgeranliegen offen ist.[168]

bb) Die Auswirkungen auf den Einfluss von Parteien

Die direkt-demokratische Mitwirkung der Bürger relativiert zudem den Einfluss von Parteien und anderen etablierten politischen Gruppierungen.[169] Erfahrungen aus Baden-Württemberg zeigen, dass auch und gerade Kandidaten mit Distanz zur eigenen Partei gewählt und wieder gewählt werden. Von Bedeutung ist in diesem Zusammenhang auch der offene Zugang zum Amt des Stadtoberhauptes. Baden-Württemberg kennt kein Vorschlagsrecht von Parteien und Wählervereinigungen.[170] Im Übrigen sind besonders in kleineren Gemeinden des Landes

---

166 Wehling, AfK 1989, S. 110 (118); v. Arnim, DÖV 1990, S. 85 (94).
167 Wehling, AfK 1989, S. 110 (117); v. Arnim, AöR 1988, S. 1 (14ff. m. w. N.); ders., DÖV 1990, S. 85 (94); Quecke, VBlBW 1992, S. 407 (412).
168 Quecke, VBlBW 1992, S. 407 (412).
169 Erichsen, NWVBl. 1990, S. 37ff.
170 v. Arnim, DÖV 1992, S. 330 (332); Quecke, VBlBW 1992, S. 407 (412).

die Bürgermeister häufig parteilos, was dem Risiko der „Ämterpatronage" entgegensteuert.[171] Die direkte Volkswahl verschafft dem Bürgermeister eine unmittelbare demokratische Legitimation. Die Wahl durch die Bürger verleiht ihm in Verbindung mit der Fülle seiner Kompetenzen eine Position über den Parteien und Gruppierungen in der Gemeinde.[172] Eine Wahl durch den Gemeinderat, zumal wenn sie wegen der Divergenz von Wahlperiode des Rates und der Amtsdauer des Gemeindevorstehers zu unterschiedlichen Zeiten erfolgt, verleiht hingegen eine weniger intensive mittelbare personelle demokratische Legitimation.[173] Während die Wahl durch den Gemeinderat zwischen dem Wahlorgan und dem Kandidaten eine besondere Nähe und Bindung herstellt,[174] entsteht durch die Urwahl gegenüber dem Rat und den dort vertretenen Parteien und Gruppierungen eine größere Unabhängigkeit.[175] Dies wurde in der Vergangenheit durchaus problematisiert. [176]

cc) Das Persönlichkeitsprofil von Kandidaten

Im Zusammenhang mit der Direktwahl wurde häufig die Befürchtung geäußert, es würde damit Demagogen und „Freibierbürgermeistern" der Weg geebnet.[177] Dies hat sich jedoch weder in Bayern noch in Baden-Württemberg bestätigt. Untersuchungen zu den Bürgermeistern in Baden-Württemberg haben vielmehr ergeben, dass 83,7 % von ihnen schon zuvor einen Beruf in der Verwaltung ausgeübt haben. Gewählt wurden ganz überwiegend sog. „Verwaltungsfachleute" aus dem gehobenen Verwaltungsdienst.[178] Die Direktwahl, verbunden mit einer starken Stellung des Bürgermeisters, reizt offenbar fähige, verantwortungsbereite und tatkräftige Persönlichkeiten, die sich etwas zutrauen, aber Wert auf politischen Spielraum legen.[179] Nachdem die Direktwahl stark von der Person des

171 v. Arnim, DÖV 1992, S. 330 (333).

172 Dies gilt insbesondere für die Bürgermeister in Baden-Württemberg. Dort sind nur Bewerbungen von Einzelpersonen zulässig; die Parteien besitzen kein Präsentationsrecht. Das gestattet dem Gewählten eine größere Unabhängigkeit, selbst wenn er einer Partei angehört und von dieser unterstützt wurde. Vgl. Wehling, DÖV 1986, S. 1048 (1049); v. Arnim, DÖV 1990, S. 85 (94); Erichsen, NWVBl. 1990, S. 37ff.

173 v. Arnim, AöR 1988, S. 1 (29).

174 v. Arnim, DÖV 1992, S. 330 (333).

175 v. Arnim, DÖV 1990, S. 85 (95); Erichsen, NWVBl. 1990, S. 37ff.; Henneke, Der Landkreis 1997, S. 1 (6).

176 Niedersächsische Sachverständigenkommission, S: 144f; Stargardt, VR 1995, S. 118 (120); v. Arnim, DÖV 1990, S. 85 (94 ff.); Hillmann lehnte die Urwahl mit dem Argument ab, der direkt gewählte Bürgermeister werde „plebiszitärer Herrscher", vgl. Hillmann, DÖV 1991, S.41 (48).

177 Hillmann, DÖV 1991, S. 41ff.

178 Quecke, NWVBl. 1992, S. 407 (412); so auch Ehlers, NWVBl. 1991, S. 397 (399).

179 Quecke, NWVBl. 1992, S. 407 (412); v. Arnim, DÖV 1992, S. 330 (332).

Kandidaten geprägt ist, wird dieser im Falle seiner Wahl auch intensiven Kontakt zur Bevölkerung pflegen, da von ihr seine Wiederwahl abhängt.[180]

dd) Gegenseitige Blockierung der Organe

Als wesentliches Argument gegen die Urwahl des Bürgermeisters wurde die mögliche Blockierung des Bürgermeisters durch die Gemeindevertretung angeführt. Insbesondere, wenn der Kommunale Wahlbeamte und die Mehrheitsfraktion verschiedenen Parteien angehörten, könnte dies die Amtsausübung des Bürgermeisters erschweren. Dieses Argument ist ohnehin relativiert in Ländern, in denen es keine starren Listen gibt, sondern das Panaschieren und Kumulieren möglich ist. Aber auch dort, wo der Bürgermeister nicht der Mehrheitsfraktion des Rates angehört und mit einer mehrheitlich politisch anders ausgerichteten Gemeindevertretung zusammenarbeiten muss, gehört die Aufgabe, jeweils neue Mehrheiten zu suchen, zum täglichen Geschäft.[181]

Zudem haben die Anpassungen der Gemeindeordnungen in den letzten Jahren diesen Bedenken Rechnung getragen. Die Länder Thüringen, Sachsen und Sachsen-Anhalt haben sich weitgehend an bestehenden Gemeindeordnungen orientiert. Meist hat eindeutig das „süddeutsche Modell“ mit der sehr starken Stellung des Bürgermeisters Pate gestanden. Abgeschwächt wurde dieser Transfer in Brandenburg; fast gar nicht übernommen hat ihn Mecklenburg-Vorpommern. Die neuen Kommunalverfassungen dienten auch als Vorbild bei der Reform der norddeutschen Ratsverfassung. Die durch die Direktwahl gestärkte Stellung des hauptamtlichen Bürgermeisters erhält hier dadurch ein Gegengewicht, dass die Vertretung und ihre Ausschüsse eigene Vorsitzende haben bzw. haben können. (Thüringen, Sachsen-Anhalt).[182] An dieser Stelle ist auch die Befugnis des Gemeinderates zu nennen, ein Abwahlverfahren gegen den Bürgermeister einzuleiten, sofern eine Zusammenarbeit mit dem Bürgermeister nicht mehr möglich ist. An dieser Stelle wird wieder das Thema der „Gleichgestimmtheit“ zwischen Rat und Bürgermeister relevant.

ee) Der „starke Bürgermeister“ als Risiko und Chance

Die direkte Wahl des Bürgermeisters macht jedoch nur Sinn, wenn parallel eine nicht nur formale, sondern auch funktionale Stärkung des Amtes erfolgt. Es versteht sich, dass es nicht jedem Amtsinhaber gelingt, mit der hervorgehobenen Stellung des Amtes adäquat umzugehen. Dieses „Risiko“ wird aber u. a. durch

---

180 v. Arnim, DÖV 1990, S. 85 (94).
181 Quecke, VBlBW 1992, S. 407 (412).
182 Hoffmann, DÖV 1994, S. 621 (625).

die Abwahlmöglichkeit begrenzt. Kritisch wird die Konstellation, wenn der Bürgermeister die Gemeindevertretung derart dominiert, dass diese ihre Funktion als entscheidendes Hauptorgan nicht mehr wahrnimmt.[183] Die Erfahrungen in Baden-Württemberg und Bayern belegen jedoch, dass das beiderseitige Bemühen um die Sache und nicht die Konfrontation zwischen Bürgermeister und Rat die Regel darstellt.[184]

Schließlich kann ein direkt gewählter Bürgermeister auch korrigierend wirken, wenn beispielsweise von den Fraktionen kostenintensive Projekte zur eigenen Profilierung geplant werden. Hier kann der direkt gewählte Kommunale Wahlbeamte sachgerechter eingreifen als ein von der Gemeindevertretung abhängiger Amtsinhaber.[185]

c) Folgerungen

Direkt-demokratische Elemente wie die Direktwahl des Bürgermeisters können ein Gegengewicht zu dem (oft beklagten) Alleinvertretungsanspruch der politischen Parteien darstellen. Daher wird auch das Risiko einer gewissen Schwächung des Rates als Folge der starken Stellung des Bürgermeisters als hinnehmbar erachtet.[186] Die durch die Direktwahl gewonnene besondere Legitimation des Bürgermeisters und die daraus resultierende grundsätzlich starke Machtposition bietet jedoch auch Konfliktpotential. Die Bürger können von „ihrem“ Bürgermeister enttäuscht sein, weil er Erwartungen nicht erfüllt oder für Missstände bzw. negative Entwicklungen verantwortlich gemacht wird. Konflikte können aber auch in der Zusammenarbeit zwischen Bürgermeister und dem Gemeinderat auftreten. Insoweit könnte hier das Instrument der Abwahl als korrigierendes Instrument zwischen Rat, Bürgern und Bürgermeister ausgleichende Wirkung entfalten. Dies ist im Folgenden zu untersuchen.

2. Die Abwahl des Bürgermeisters

Mit Ausnahme von Baden-Württemberg und Bayern sehen alle Kommunalordnungen und Kommunalverfassungen inzwischen die Möglichkeit der Abwahl des Bürgermeisters vor. In beiden süddeutschen Ländern gilt dagegen der Grundsatz „gewählt ist gewählt“ und eine Entfernung aus dem Amt kommt nur über

183 Hillmann, DÖV 1991, S. 41ff.
184 Quecke, VBlBW 1992, S. 407 (413); kritisch dazu: Stargardt, VR 1995, S. 118 (120).
185 Quecke, VBlBW 1992, S. 407 (413); zum Thema: Henneke, Der Landkreis, 1997, S. 1 (6f.).
186 v. Arnim, DÖV 1990, S. 85 (96).

dienstrechtliche Instrumentarien in Betracht.[187] Bemerkenswert ist in diesem Zusammenhang, dass im demokratischen System der Bundesrepublik Deutschland kein anderer Repräsentant von den Bürgern direkt gewählt werden kann, ganz zu schweigen von der Möglichkeit einer Abwahl durch die Bürger vor Ablauf der Wahlperiode.

Während die Direktwahl des Bürgermeisters nicht mit erwähnenswerten Anforderungen verbunden ist, gelten für die Abwahl differenzierte Zulassungsvoraussetzungen sowie Anforderungen an die Wirksamkeit eines Bürgervotums (Zustimmungsquorum).

Nachdem die Vorraussetzungen für direkt-demokratische Entscheidungen zu Sachfragen, wie bereits festgestellt, überwiegend als hoch bewertet werden, die Anforderungen an die Direktwahl des Bürgermeisters eher gering sind, stellt sich die Frage, wie das Instrumentarium der Abwahl in das System der unmittelbaren Bürgerbeteiligung einzuordnen ist.

Von Interesse ist, inwieweit die Untersuchung der Anwendungspraxis von Abwahlverfahren Besonderheiten oder Auffälligkeiten zeigt und ob, bzw. wie diese zu erklären sind. Es stellt sich die Frage, welche Rückschlüsse sich aus den Anwendungserfahrungen für die Beurteilung der gesetzlichen Regelungen zur Abwahl des Bürgermeisters ziehen lassen.

Diese Fragestellungen sind nur zu beantworten durch eine Untersuchung vorhandener Regelungen, die Betrachtung von deren Anwendung in der Praxis und den Versuch einer Analyse der Umsetzung dieses Instrumentes.

a) Die Einleitung des Abwahlverfahrens

Das Verfahren zur Abwahl eines Bürgermeisters lässt sich in zwei Phasen gliedern: die Einleitung des Abwahlverfahrens sowie die Durchführung eines Bürgerentscheids. Die Initiativphase ist entweder durch ein Ratsbegehren oder ein Bürgerbegehren gekennzeichnet.[188]

In der Mehrzahl der Bundesländer liegt die Einleitung eines Abwahlverfahrens ausschließlich in den Händen des Gemeinderats. Das Ratsbegehren spielt demzufolge eine große Rolle bei der Abwahl des Bürgermeisters. Den Bürgern wird in diesen Bundesländern insoweit nur eine Teilkompetenz[189] hinsichtlich der Abwahl zugewiesen: Die Mitwirkungsbefugnis des Souveräns beschränkt sich ausschließlich auf das Votum beim Bürgerentscheid über die Abwahl.

---

187 Eine detaillierte Beschreibung und Bewertung s. Fuchs, S. 31ff.

188 Böhme S. 30; Fuchs, S. 27.

189 Witte, ZParl 2001, S. 57 (59); Böhme, S. 71.

Übersicht zur institutionellen Regelung der Abwahl des Bürgermeisters durch einen Bürgerentscheid aufgrund von Ratsbegehren oder Bürgerbegehren in den deutschen Flächenländern

Bundesland	Einführung der Abwahl[190]	Ratsbegehren 2-stufig		Bürger-begehren	Bürger-entscheid
		Initiative im Rat	Beschluss im Rat	Initiativ-quorum	Zustimmungs-quorum
Name	Kalender-jahr	erforderlicher Anteil der Mitglieder	nötige Mehrheit der Mitglieder	% der Stimm-berechtigen	% der Stimm-berechtigen
Bayern	----	----	----	----	----
Baden-Württemberg	----	----	----	----	----
Brandenburg	1993 1998	1/2 Mehrheit der Mitglieder	2/3 Mehrheit der Mitglieder	10 15–25	25
Hessen	1993	1/2 Mehrheit der Mitglieder	2/3 Mehrheit der Mitglieder	----	30
Mecklenburg-Vorpommern	1999	1 Mitglied	2/3 Mehrheit der Mitglieder	----	33,3
Niedersachsen	1996	3/4 Mehrheit der Mitglieder	3/4 Mehrheit der Mitglieder	----	25
Nordrhein-Westfalen	1999 2011*	1/2 Mehrheit der Mitglieder	2/3 Mehrheit der Mitglieder	---- 15–20	25
Rheinland-Pfalz	1994	1/2 Mehrheit der Mitglieder	2/3 Mehrheit der Mitglieder	----	30
Saarland	1994	1/2 Mehrheit der Mitglieder	2/3 Mehrheit der Mitglieder	----	30
Sachsen	1994	1 Mitglied	3/4 Mehrheit der Mitglieder	33,3	50
Sachsen-Anhalt	1994	2/3 Mehrheit der Mitglieder	3/4 Mehrheit der Mitglieder	----	30
Schleswig-Holstein	1997	1 Mitglied	2/3 Mehrheit der Mitglieder	20	20
Thüringen	1994	1 Mitglied	absolute Mehrheit	----	30

* *Gesetz v. 18.05.2011, Änderung von § 66 NRWGO*

Das Ratsbegehren ist in diesen Bundesländern in zwei Stufen unterteilt: erstens in die Erreichung eines bestimmten Quorums zur Beantragung der Abwahl im Rat und zweitens in die notwendige Mehrheit für einen Beschluss des Rats. Insoweit sind die Verfahren sehr stark angelehnt an die seinerzeitigen Regelungen der

190 Fuchs S. 54.

Abwahl des Bürgermeisters (ausschließlich) durch den Gemeinderat (aufgrund fehlender Gleichgestimmtheit).[191]

Die Gemeindeordnungen der Länder Brandenburg, Sachsen, Schleswig-Holstein und inzwischen auch Nordrhein-Westfalens[192] sehen – neben und unabhängig von der Vertretungskörperschaft, die dort gleichfalls ein Initiativrecht besitzt – auch die Möglichkeit der Einleitung durch Bürgerbegehren vor. Das heißt, nur in diesen Ländern hat es der Bürger in der Hand, auf eigene Initiative ein Abwahlverfahren herbeizuführen und letztverbindlich darüber zu entscheiden.[193]

aa) Die Einleitung des Abwahlverfahrens durch den Rat

Eine Vielzahl von Gemeindeordnungen sieht für die Einleitung eines Abwahlverfahrens zunächst einen Antrag des Gemeinderats auf Durchführung des Abwahlverfahrens vor. Die Antragsinitiative bedarf in Mecklenburg-Vorpommern, Sachsen, Schleswig-Holstein und Thüringen lediglich der Unterschrift eines Ratsmitglieds. In den Bundesländern Brandenburg, Hessen, Nordrhein-Westfalen, Rheinland-Pfalz und Saarland genügt die Zustimmung der Hälfte der Mitglieder der Vertretungskörperschaft.[194] In Sachsen-Anhalt (2/3-Mehrheit) und Niedersachsen (3/4-Mehrheit) sind qualifizierte Mehrheiten bereits für die Antragsinitiative erforderlich.[195]

Auch in den Bundesländern, die kein „qualifiziertes“ Antragsverfahren kennen, wird das ratsinitiierte Abwahlverfahren letztendlich durch einen Beschluss des Gemeinderates auf Durchführung eines Bürgerbegehrens eingeleitet. Die erforderlichen Mehrheiten für einen solchen Beschluss sind auch hier länderspezifisch unterschiedlich hoch. In den Ländern Brandenburg, Hessen, Mecklenburg-Vorpommern, Nordrhein-Westfalen, Rheinland-Pfalz, Saarland, Schleswig-Holstein und Thüringen bedarf der Ratsbeschluss einer 2/3-Mehrheit.[196] In Niedersachsen, Sachsen und Sachsen-Anhalt ist sogar eine 3/4-Mehrheit erforderlich.[197]

---

191 s. dazu Teil A. II, Nr. 8.

192 Gesetz zur Einleitung von Abwahlverfahren von Bürgermeistern und Landräten durch Bürgerbegehren vom 18.05. 2011.

193 Witte, ZParl 2001, S. 57 (59).

194 § 81 Abs. 2 Nr. 2 BbgKWahlG; § 76 Abs. 4 S. 3 HGO; § 66 S. 2 NRWGO; § 55 Abs. 1 S. 2 Rh-PfGO; § 58 Abs. 1 S. 2 SaarlKSVG.

195 § 61 Abs. 1 S. 3 LSA; § 61a S. 2 NGO.

196 § 81 Abs. 2 Nr. 2 BbgKWahlG; § 76 Abs. 4 S. 2 HGO; § 20 Abs. 7 S. 2 KV-MV; § 66 S. 2 NRWGO; § 55 Abs. 1 S. 2 Rh-PfGO; § 58 Abs. 1. S. 2 SaarlKSVG; § 57d Abs. 1 Nr. 1 Schl-HolGO; § 28 Abs. 6 S. 4 ThürKO.

197 § 61a S. 5 NGO; § 51 Abs. 9 SachsenGO; § 61 Abs. 1 S. 3 LSA.

Neben den Mehrheitserfordernissen gibt es weitere Anforderungen, wie namentliche Abstimmung[198] und das Erfordernis, dass zwischen Antrag und Beschlussfassung eine bestimmte Frist, in der Regel 2 Wochen, einzuhalten ist.[199] Diese Anforderungen sollen gewährleisten, dass der Bürgermeister nicht aus freiem Ermessen und willkürlich aus seinem Amt entfernt wird. Sie sind Ausdruck des (verfassungsrechtlichen) Grundsatzes, dass durch die Abwahlvorschriften das Prinzip eines Mindestmaßes an Unabhängigkeit des (kommunalen Wahl-) Beamten nicht in seinem Wesensgehalt verletzt werden darf.[200] Ein Blick in die Kommunalordnungen zeigt ansonsten bzgl. der Angabe von Gründen eine gewisse Entscheidungsfreiheit: Die Einleitung bedarf keiner Begründung.

Insofern unterscheidet sich das Ratsbegehren auf Abwahl des Bürgermeisters deutlich von einem Ratsbegehren zu Sachfragen. Die Initiierungsphase für die Abwahlentscheidung ist aufgrund des Antrags- und Beschlussverfahrens mit entsprechenden Formerfordernissen deutlich aufwendiger ausgestaltet. Bemerkenswert und vermutlich ein Hinweis für die Interpretation der Intention der Gesetzgeber ist die Tatsache, dass sich das Verfahren im Rat im Vergleich zu der Zeit, als die Abwahl noch „alleiniges" Instrument des Gemeinderates war, nur wenig verändert hat.

bb) Die Einleitung durch die Bürger im Wege eines Bürgerbegehrens

Die Bundesländer Brandenburg, Sachsen, Schleswig-Holstein sowie Nordrhein-Westfalen, die – neben der Einleitungskompetenz des Gemeinderates – die Einleitung des Abwahlverfahrens mittels Bürgerbegehren kennen, haben diese Einleitungsform vergleichbar der zu Entscheidungen über Sachfragen geregelt. Das bedeutet, dass das Bürgerbegehren auf Abwahl des Bürgermeisters der formellen Unterstützung der Gemeindebürger bedarf, indem eine bestimmte Zahl von (stimmberechtigten) Bürgern das Bürgerbegehren unterzeichnen muss.

In *Brandenburg* war nach Einführung des Instruments der Abwahl mittels Bürgerbegehren zunächst ein Unterschriftenquorum von (nur) 10 % vorgesehen. In den ersten Jahren nach Einführung des Instruments wurde hiervon rege Gebrauch gemacht. In der öffentlichen Diskussion wurde sogar der Begriff vom

198 Z.B. § 55 Abs. 1 S. 3 Rh-PfGO; § 58 Abs. 2 SaarlKSVG.

199 So § 61a S. 2 NGO; § 66 S. 3 NRWGO; § 55 Abs. 1 Rh-PfGO; § 55 Abs. 2 SaarlKSVG; § 28 Abs. 6 S. 5 ThürKO.

200 BVerfGE 7, S. 155 (162ff); 11, S. 203; Schmidt-Bleibtreu/Klein, Art. 33, Rdnr. 93; BVerfGE 8, S. 332 (335); BVerfG, DVBl. 1989, S. 775 (777); BVerwGE 20, S. 160 (163f.); 56, S. 163 (164ff.); 81, S. 318 (320ff.); BVerwG, NVwZ 1985, S. 275 (276); OVG Nordrhein-Westfalen, DVBl. 1981, S. 879; Görg, ZBR 1958, S. 101 (102); Erichsen, DVBl. 1980, S. 723 (726); Lichtenfeld, DVBl. 1982, S. 1021 (1026); Henneke, Jura 1988, S. 374 (381); Hoffmann, DÖV 1990, S. 320 (321).

„Bürgermeisterkegeln" geprägt.[201] Im Jahr 1998 wurden schließlich die gesetzlichen Erfordernisse an das Bürgerbegehren verschärft. Das Unterschriftenquorum wurde auf ein Viertel der Wahlberechtigten angehoben, wobei in Gemeinden über 20.000 Einwohner niedrigere Quoren gelten (20 %, bzw. 15 % bei Gemeinden mit mehr als 60.000 Einwohnern).[202]

In *Sachsen* muss das Begehren von 1/3 der Wahlberechtigten unterzeichnet werden, wobei in Großstädten über 100.000 Einwohnern die Verminderung des Quorums auf bis zu 1/5 der Wahlberechtigten durch die Hauptsatzung möglich ist.[203]

In *Schleswig Holstein* liegt das Quorum bei 20 % der Wahlberechtigten.[204]

In *Nordrhein-Westfalen* ist für den Antrag ein gestaffeltes Quorum zwischen 15% bis 20 % je nach Gemeindegröße vorgesehen: Gemeinden bis zu 50.000 Einwohner: 20 %; Gemeinden mit 50.000 – 100.000 Einwohner: 17,5 % und bei Gemeinden mit mehr als 100.000 Einwohnern: 15 %.[205]

Die Unterschriften können jeweils auf vorgegebenen Listen von den Initiatoren gesammelt werden, ein amtliches Eintragungsverfahren ist nirgends vorgesehen.[206]

b) Der Bürgerentscheid über die Abwahl: das Zustimmungsquorum!

Die Abwahl erfolgt, ebenso wie die Wahl, inzwischen durch die Gemeindebürger.

Während sich die Wahl des Bürgermeisters ausschließlich nach der Mehrheit der abgegebenen Stimmen richtet und unabhängig von der Beteiligung gültig ist, richtet sich die Abberufung nach den Formen des Bürgerentscheids in Sachfragen: Eine erfolgreiche Abwahl setzt voraus, dass sich eine *Mehrheit* der gültigen abgegebenen Stimmen *und* mindestens eine festgelegte Anzahl der Abstimmungsberechtigten dafür ausspricht (Zustimmungsquorum). Das Zustimmungsquorum erfordert demnach die Zustimmung eines bestimmten Prozentsatzes aller Abstimmungsberechtigten.

In den Bundesländern sind fünf Regelungen zu unterscheiden. Die Abwahl bedarf einer Mehrheit, die

201 Ausführliche Darstellung der Situation in Brandenburg: Böhme, S. 67f.; s. auch Witte, ZParl 2001, S. 57 (70), zur Plenardebatte anlässlich der Gesetzesänderung.
202 § 81 Abs. 2 Nr. 1 BbgKWahlG.
203 § 51 Abs. 8 SachsenGO.
204 § 57d Abs. 1 Nr. 2 Schl-HolGO.
205 § 66 Abs. 1 Nr. 2 NRWGO.
206 Witte, ZParl 2001, S. 57 (60); § 66 Abs. 3 NRWGO.

- in Schleswig-Holstein 20 %,[207]
- in Brandenburg, Niedersachsen und Nordrhein-Westfalen 25 %,[208]
- in Hessen, Rheinland-Pfalz, Saarland, Sachsen-Anhalt und Thüringen 30 %,[209]
- in Sachsen sogar 50 %[210] der Abstimmungsberechtigten beträgt.
- in Mecklenburg-Vorpommern 2/3 der abgegebenen gültigen Stimmen und ein Zustimmungsquorum von „nur" 1/3 der Abstimmungsberechtigten für eine Abwahl erfordern.[211]

Diese Bestimmungen sind in verschiedener Hinsicht bemerkenswert. So setzt ein erfolgreiches Abwahlverfahren das Erreichen einer bestimmten (Ab-)Wahlbeteiligung voraus, ein Kriterium, das bei der Direktwahl des Bürgermeisters nicht von Relevanz ist. Dies bedeutet, dass die Gruppe der Nichtwähler automatisch für den Amtsinhaber votiert. Während nämlich die Anzahl der Nichtwähler bei regulären Wahlen keine Berücksichtigung findet, kommt ihnen bei der Abwahl eine bedeutende Rolle zu. Insoweit wird die Relevanz der Zustimmungsquoren für das Instrument der Abwahl in den weiteren Betrachtungen von besonderem Interesse sein.

c) *Erfahrungen mit der Umsetzung des Instruments*

Nach vorstehender Darstellung ergibt sich die Frage, wie das Instrument der Abwahl in der Vergangenheit genutzt wurde und welche Erkenntnisse sich ergeben?

Im Folgenden werden daher zunächst Daten über die Nutzung des Instruments der Abwahl dargestellt. Ein grundsätzliches Problem besteht hierbei jedoch dahingehend, dass in den Bundesländern keine Berichtspflicht der Kommunen gegenüber übergeordneten Behörden besteht und insoweit keine amtliche Statistik geführt wird.

Die Datengrundlagen über die Gründe der Verfahren zur Abwahl sowie zur Häufigkeit der Anwendung Instruments bzw. der Beteiligungs- und Erfolgsquoten beruhen daher auf Erhebungen auf Verwaltungs- und Bürgermeisterebene.[212]

---

207 § 57d Abs. 2 S. 1 Schl-HolGO.

208 § 81 Abs. 1 S. 2 BbgKWahlG; § 45j Abs. 4 NKWG; § 66 Abs. Abs.1 NRWGO.

209 § 76 Abs. 4 S. 2 HGO; § 55 Abs. 1 S. 5 Rh-PfGO; § 58 Abs. 1 S. 3 SaarlKSVG; § 61 Abs. 1 S. 2 LSA, § 28 Abs. 6 S. 2 ThürKO.

210 § 51 Abs. 7 S. 2 SachsenGO.

211 § 20 Abs. 7 S. 3 KV-MV.

212 Fuchs, S. 52f. Bei der Darstellung werden auch Verfahren berücksichtigt, die ehrenamtliche Bürgermeister betreffen. Dies rechtfertigt sich mit der möglicherweise größeren Bedeutung des Instruments der Abwahl in kleinen Gemeinden und mit einer dort denkbaren verstärkten politischen Mitwirkung der Bürger, s. Fuchs, S. 24f.

Abwahlverfahren in den deutschen Flächenländern:[213]

Bundesland	**Anzahl der Abwahlverfahren**	**erfolgreich**	**gescheitert**
Brandenburg	34	23	11
Hessen	9	7	2
Mecklenburg-Vorpommern	2	1	1
Niedersachsen	2	2	0
Nordrhein-Westfalen	3	2	1
Rheinland-Pfalz	2	1	1
Sachsen	11	4	7
Sachsen-Anhalt	19	11	8
Schleswig-Holstein	2	0	2
Thüringen	6	4	2
gesamt	**90**	**55**	**35**

aa) Merkmale der Abwahlverfahren

Die Übersicht ergibt ein uneinheitliches Bild der bisherigen Praxis der Abwahlverfahren. Generell ist zu erkennen, dass in den neuen Ländern deutlich mehr Abwahlverfahren durchgeführt wurden als in den alten Bundesländern. Ausnahmen sind jeweils Mecklenburg-Vorpommern mit nur zwei Verfahren und Hessen mit immerhin 10 Verfahren. Die generellen Unterschiede spiegeln sich auch wider in der Zahl der erfolgreichen Verfahren: Während Länder wie Brandenburg, Hessen, Sachsen-Anhalt, Sachsen und Thüringen umfassende Erfahrungen mit erfolgreichen Abwahlverfahren verzeichnen, sind in Mecklenburg-Vorpommern, Schleswig-Holstein und dem Saarland keine Erfahrungen mit erfolgreichen Abwahlverfahren vorhanden. In den Bundesländern Niedersachsen, Nordrhein-Westfalen und Rheinland-Pfalz ist eine erfolgreiche Anwendung nur ansatzweise erfolgt.[214]

213 Böhme, DÖV 2012, S. 55 (58f.).

214 Fuchs, S. 61f.

Es ist festzustellen, dass die Wahrscheinlichkeit der Bürgermeisterabwahl in den neuen Ländern weitaus höher liegt als in den westdeutschen Bundesländern.[215] Während auf die alten Bundesländer nur 20 % der Abwahlverfahren entfallen, betreffen 80 % der Verfahren Bürgermeister in ostdeutschen Kommunen. Bemerkenswert ist jedoch, dass diese ungleiche Verteilung in der Anwendungshäufigkeit sich nicht auf den Ausgang des Verfahrens übertragen lässt: Der Erfolg eines Verfahrens ist nicht vom Standort abhängig.[216]

Vor diesem Hintergrund stellen sich grundsätzliche Fragen nach Gemeinsamkeiten und Unterschieden. Welche Merkmale oder Faktoren sind als Gemeinsamkeiten bei Abwahlverfahren generell zu erkennen? Sind Faktoren festzustellen, welche die Unterschiede in der Anwendungshäufigkeit zwischen den neuen und alten Bundesländern erklären? Um Anhaltspunkte zur Beantwortung vorstehend aufgezeigter Fragestellungen zu erhalten, bietet sich daher zunächst ein genauerer Blick auf die Erkenntnisse aus der Praxis der Abwahlverfahren in den einzelnen Bundesländern an.

bb) Die ratsinitiierten Abwahlverfahren in den Bundesländern

Zunächst soll eine Bestandsaufnahme darstellen, ob Ursachen und Zusammenhänge zu erkennen sind, die zum Erfolg oder zum Scheitern von Abwahlverfahren führen und die als Indizien für die Gründe der unterschiedlichen Anwendungshäufigkeit dienen können. Bei der Untersuchung von Faktoren, die möglicherweise Einfluss auf ein Abwahlverfahren haben, wird die besondere Aufmerksamkeit der Beteiligung, den Mehrheitsverhältnissen im Rat, der Unterstützung des Bürgermeisters durch die eigene Partei, den Beweggründen für die Abwahl und dem Votum der Bürger gelten.

Brandenburg

Trotz der schwierigen Datenlage in Brandenburg[217] lassen sich einige allgemeine Aussagen für die brandenburgischen Verfahren treffen. Grundsätzlich ist festzustellen, dass die Beteiligung der Abstimmungsberechtigten in den meisten Fällen sehr gering ist. Dies steht der Vermutung entgegen, dass der Entscheidung von den Bürgern eine große Bedeutung zugemessen wird. Die Ursache dafür kann in Vermittlungsproblemen zwischen den politischen Akteuren und dem Souverän liegen.[218]

Parallel zur niedrigen Beteiligung – vor allem in jüngeren Verfahren – ist das Erreichen des Zustimmungsquorums (25 %) eine ernstzunehmende Hürde.

---

215 Böhme, S. 44.

216 Böhme, S. 45.

217 Fuchs, S. 64.

218 s. Teil D.

Gleichwohl schwankt dieses Quorum zwischen 25 % und 30 %, was durch eine überwiegende Mehrheit im Bürgerentscheid bewirkt wird. Anzumerken ist, dass dieses Zustimmungsquorum in manchen Bundesländern Ursache für gescheiterte Abwahlverfahren ist.[219]

Das Verhältnis von Rats- und Bürgerbegehren ist bei den erfolgreichen brandenburgischen Abwahlverfahren fast gleich verteilt. Dies spricht gegen die Vermutung, dass ratsinitiierte Abwahlverfahren größere Erfolgsaussichten haben als bürgerinitiierte Verfahren. Bemerkenswert ist, dass die Ratsbeschlüsse grundsätzlich fast einstimmig erfolgten und daher von allen Ratsparteien getragen wurden. Von entscheidender Bedeutung für den Erfolg eines ratsinitiierten Abwahlverfahrens ist demnach die Vermittlung der Beweggründe des Rates gegenüber den Bürgern.

Zusammenfassend lassen sich für Brandenburg folgende Kennzeichen festhalten:[220]

- Der Erfolg hing nicht davon ab, ob das Verfahren rats- oder bürgerinitiiert ist.
- Die Entscheidung des Rates erfolgte meist einstimmig.
- Die Motive waren politischer und persönlicher Art.
- Die Beteiligung war im Vergleich zu anderen Flächenländern eher niedrig.
- Das Zustimmungsquorum (25 %-30 %) lag meist knapp über der gegenwärtig gültigen gesetzlichen Grenze von 25 %.

Die erfolglosen Verfahren in Brandenburg sind alle an der mehrheitlichen Zustimmung der Bürger gescheitert. Im umgekehrten Fall (Zustimmung=Ablehnung) wäre allerdings das Erreichen des Zustimmungsquorums nicht immer möglich gewesen.

Der Grund liegt in der überwiegend sehr geringen Beteiligung (33,3 % bis 44,9 %) bei den Abwahlprozessen.[221]

Hessen

In Hessen werden Abwahlen mit einer gewissen Regelmäßigkeit seit dem Jahr 2000 durchgeführt. Das Land verzeichnet eine hohe Anwendungspraxis und damit eine ausgeprägte politische Kultur im Umgang mit dem direkt-demokratischen Instrument der Abwahl.

Die Beteiligung an der Abstimmung liegt mit Ausnahme von zwei größeren Städten (Maintal und Hanau) im hohen Bereich. Die Einleitungsbeschlüsse beruhten auf meist eindeutigen Mehrheiten. Bei den Motiven für eine Abwahlinitiative standen weitgehend politische, aber auch persönliche Gründe im Vordergrund.

219 Fuchs, S. 64f.; Abbildung 12, S. 65.
220 Fuchs, S. 66.
221 Fuchs, S. 86.

Besonderes Kennzeichen für Hessen ist, dass aufgrund der erforderlichen 2/3-Mehrheit im Rat für den erfolgreichen Abwahlbeschluss in rund der Hälfte der hessischen Kommunen die Zustimmung der Partei des Amtsinhabers notwendig war. Aber auch in den Fällen, in denen die Zustimmung der eigenen Partei für das Erreichen der Mehrheit nicht erforderlich gewesen wäre, stimmte die Partei des Amtsinhabers für eine Abwahl.

Von Interesse ist auch das in Hessen geltende Zustimmungsquorum von 30 %. Die Zahl derer, die im Verhältnis zu der Gesamtzahl der Abstimmungsberechtigten für eine Abwahl stimmten, lag in sechs Fällen zwischen 30 % und 50 % und nur in einem Fall bei 66 %. Das Erreichen des Zustimmungsquorums wird in den hessischen Anwendungsfällen als sehr problematisch betrachtet. Der Grund wird darin gesehen, dass zwar in kleinen Gemeinden die Beteiligung ziemlich hoch ist, aber die Meinung der Bürger auseinander geht: In zwei kleineren Kommunen lag die Beteiligung bei ca. 60 %, das Zustimmungsquorum bei 30,8 % bzw. 34 %.[222] In größeren Städten muss die geringere Beteiligung durch ein sehr eindeutiges Ergebnis ausgeglichen werden.[223]

Für Hessen sind folgende Kennzeichen festzuhalten:[224]

- Die Ratsparteien trafen meist einstimmige Beschlüsse.
- Die Partei des Bürgermeisters stimmte der Abwahl vollständig oder teilweise zu.
- Die Motive waren politischer und persönlicher Natur.
- Die Beteiligung war abhängig von der Gemeindegröße: größere Städte haben eine deutlich geringere Beteiligung als kleinere Kommunen.
- Das Einhalten des Zustimmungsquorums (30 %) war problematisch, aber aufgrund hoher Beteiligung und/oder einem sehr eindeutigen Mehrheitsentscheid bewirkt.

In Hessen scheiterten lediglich zwei Abwahlverfahren. In Hessen setzt das Zustimmungsquorum von 30 % jedoch eine rege Beteiligung und die eindeutige Ablehnung des Amtsinhabers voraus.[225] Allerdings sind die Abwahlprozesse nicht grundsätzlich zum Scheitern verurteilt, weil die Anforderung an die Entscheidung im Rat oder das Zustimmungsquorum zu hoch wäre.[226]

Mecklenburg-Vorpommern

In Mecklenburg-Vorpommern fanden in der bisherigen Anwendungspraxis nur zwei Verfahren statt, die beide scheiterten. Der erste scheiterte an der überwie-

222 Fuchs, S. 67ff.

223 z.B. Hanau: Beteiligung: 43,4 %, Zustimmungsquorum: 44.8 %, s. Fuchs, S. 70.

224 Fuchs, S. 70f.

225 Fuchs, S. 87.

226 Fuchs, S. 87.

genden Ablehnung der Abwahl (58,8 % gegen eine Abwahl, 41,2 % für eine Abwahl). Im zweiten Verfahren scheiterte die Abwahl bereits an der zu geringen Beteiligung (16 %). Insgesamt ist festzustellen, dass sich in Mecklenburg-Vorpommern noch keine Erfahrungen mit einem erfolgreichen Abwahlverfahren herausgebildet haben.[227]

Niedersachsen

In Niedersachsen wurde von der Möglichkeit der Abwahl erst einmal Gebrauch gemacht. Bei einer Beteiligung von 61,2 % stimmte eine Mehrheit von 96,7 % für die Abwahl (Zustimmungsquorum 59 %). Der Ratsbeschluss erfolgte einstimmig und beruhte auf politischen bzw. persönlichen Motiven.[228]

Nordrhein-Westfalen

Auch für Nordrhein-Westfalen ist bisher nur ein erfolgreiches Abwahlverfahren bekannt geworden. Bei einer Beteiligung von 58,1 % votierten 84,5 % der Abstimmungsberechtigten für eine Abwahl. Aufgrund der hohen Beteiligung und der eindeutigen Entscheidung wurde ein Zustimmungsquorum von 48,9 % erreicht. Die Motive für die Abwahl sind lt. Presseberichten juristischer Natur.[229]

Darüber hinaus fanden in Nordrhein-Westfalen zwei erfolglose Abwahlverfahren statt. Ein Abwahlprozess (Wuppertal) scheiterte an der Ratsmehrheit, auf Grund der Verweigerung der Partei des Amtsinhabers. Im anderen Fall wurde das Verfahren zwar mit den Stimmen der „Bürgermeisterpartei“ beschlossen, es votierten jedoch 50,7 % der Abstimmungsberechtigten für den Verbleib des Amtsinhabers. Zudem wäre mit 23,4 % das Zustimmungsquorum nicht erreicht worden. So sind beide gesetzlichen Kriterien unerfüllt geblieben, obwohl die eigene Partei die Abwahl unterstützt hat.[230]

Rheinland-Pfalz

Auch in Rheinland-Pfalz ist bisher nur eine Abwahl zu verzeichnen. An der Abwahl des parteilosen Bürgermeisters nahmen 68,1 % der Abstimmungsberechtigten teil. Es stimmten 60,6 % gegen und 39,4 % für den Amtsinhaber. Das Zustimmungsquorum (30 %) wurde deutlich übertroffen. Der Gemeinderat stimmte aufgrund persönlicher Verfehlungen des Amtsinhabers mit einer eindeutigen Mehrheit für die Einleitung des Abwahlverfahrens.[231]

227 Fuchs, S. 88.

228 Fuchs, S. 71: Der Amtsinhaber hatte keinen Arbeitstag bewältigt.

229 Fuchs, S. 71.

230 Fuchs, S. 89.

231 Fuchs, S. 72.

Sachsen

Die gesetzlichen Voraussetzungen für die Einleitung eines Abwahlverfahrens und an einen erfolgreichen Bürgerentscheid sind in Sachsen relativ hoch einzuschätzen: Das Beschlussquorum erfordert eine 3/4 Mehrheit, das Zustimmungsquorum liegt bei 50 %. Ungeachtet dessen ist festzustellen, dass die Anzahl der erfolgreichen Abwahlverfahren durchaus beachtlich ist, dies gilt insbesondere im Vergleich zu Bundesländern mit geringeren gesetzlichen Vorgaben.

Die vier erfolgreichen Verfahren wurden mit einer fast einstimmigen Mehrheit eingeleitet und verzeichneten eine hohe Beteiligung. Die Teilnahmebereitschaft der Bürgerschaft wird – ebenso wie in Hessen – mit der Bedeutung der Entscheidung begründet.[232] Obwohl in Sachsen die Möglichkeit der bürgerinitiierten Abwahl besteht, wurden alle Verfahren durch den Rat eingeleitet. Als Gründe hierfür werden die bessere Sachkenntnis über das Instrument, die stärkere Artikulation und Mobilisierung von Abwahlstimmen sowie größere personelle und finanzielle Ressourcen der Kommunalvertretung vermutet.[233] Die Begründung für eine Abwahl war in allen Fällen politischer Natur. In allen vier Fällen fand die Beschlussfassung mit den Stimmen der Partei des Amtsinhabers statt, wobei in drei Fällen sogar die eigene Partei das Verfahren initiierte.[234]

Aufgrund der erforderlichen 3/4 Mehrheit im Rat, hätte die Partei des Amtsträgers theoretisch ein Abwahlverfahren blockieren können, da die Oppositionsparteien das erforderliche Quorum nicht erricht hätten. Festzustellen ist jedoch, dass die parteieigenen Ratsmitglieder kein Blockadeverhalten gezeigt haben.[235]

Aufgrund des Zusammenhangs zwischen Beteiligung und Mehrheitsentscheid ist in Sachsen eine erfolgreiche Abwahl nur möglich, wenn überdurchschnittlich viele Abstimmungsberechtigten an der Abstimmung teilnehmen.

Zusammenfassend lässt sich folgendes festhalten:[236]

- Es wurde kein erfolgreiches Verfahren durch Bürgerbegehren initiiert.
- Der Ratsbeschluss hatte meist einstimmigen Charakter.
- Die Initiative wurde zumeist von der eigenen Partei eingeleitet.
- Eine Blockadehaltung der eigenen Partei hätte in allen Fällen einen erfolgreichen Ratsbeschluss verhindert.
- Die Motive waren politischer Natur.
- Die Beteiligung war hoch.
- Die Entscheidung der Bürger war eindeutig.

---

232 Fuchs, S. 72.

233 Fuchs, S. 72f.

234 Fuchs, S. 73.

235 Fuchs, S. 74.

236 Fuchs, S. 75f.

In Sachsen ist auffällig, dass alle gescheiterten Verfahren aufgrund des gesetzlichen Quorums von 50 % fehlgeschlagen sind und nicht aufgrund der Bürgermeinung. Das gesetzliche Zustimmungsquorum ist somit der Auslöser für eine Vielzahl an gescheiterten Verfahren. Im Vergleich zu anderen Bundesländern ist diese hohe gesetzliche Hürde ein Faktor für die geringe Zahl an Abwahlen. Hinzu kommt noch eine geringe Beteiligung, die diesen Effekt unterstützt. Zwar verzeichnen bürgerinitiierte Abwahlverfahren eine deutlich höhere Beteiligung, sie erreichen aber auch das Quorum nicht.[237]

Sachsen-Anhalt

Die Abwahlverfahren in Sachsen-Anhalt betrafen ehrenamtliche Bürgermeister. Seit Einführung des Instruments 1994 findet dieses Instrument in kleinen Städten, Gemeinden und Ortsteilen regelmäßig statt. Die Beteiligung variiert zwischen 45,0 % und 83,3 %, wobei die Beteiligung im Vergleich zu (anderen) Kommunalwahlen als rege zu bezeichnen ist.

Auch in Sachsen-Anhalt erfolgten die Beschlussfassungen vor dem Hintergrund des gesetzlichen Quorums einer 3/4 Mehrheit überwiegend einstimmig. Die Zustimmungsquoren sind sehr unterschiedlich von sehr knapp bis eindeutig.[238] Die Motive der Ratsparteien lagen in persönlichen Verfehlungen in Verbindung mit politischen Mängeln.[239] Für die erfolgreichen Abwahlverfahren in Sachsen- Anhalt ist charakteristisch:[240]

- Die Initiative und der Beschluss des Rats erfolgten einvernehmlich.
- Die Abwahlgründe waren in den meisten Fällen politischer und persönlicher Natur, meist aufgrund beider Motive begründet.
- Die Zusammensetzung des Rats stand nicht in Zusammenhang mit den Chancen einer Abwahl.
- Die Beteiligung und das Zustimmungsquorum waren sehr unterschiedlich.

Seit 1997 ist in Sachsen-Anhalt fast jährlich eine Entscheidung über eine Abwahl gescheitert. Grundsätzlich ist in fast allen gescheiterten Abwahlprozessen eine recht hohe Beteiligung (51,0 % – 77,2 %) zu verzeichnen. In zwei von acht Verfahren war eine Mehrheit für die Abwahl, diese scheiterte aber am Zustimmungsquorum. In den anderen Abstimmungen votierte eine deutliche Mehrheit für den Amtsinhaber.[241]

---

237 Fuchs, S. 89.
238 Fuchs, S. 77.
239 Fuchs, S. 78.
240 Fuchs, S. 79.
241 Fuchs, S. 91.

Schleswig-Holstein
Obwohl in Schleswig-Holstein die Anwendung der direkt-demokratischen Verfahren in Sachfragen durchaus als hoch zu bewerten ist, gilt für die Abwahl genau das Gegenteil. Ein Abwahlverfahren scheiterte bereits im Rat, das andere nach einer eindeutigen Entscheidung des Rats im anschließenden Abstimmungsverfahren. Bei einer Beteiligung von 67,0 % stimmten 54,5 % für und 4,0 % gegen des Verbleib des Amtsinhabers.[242]

Thüringen
In thüringischen Kommunen wurden bisher vier erfolgreiche Abwahlverfahren durchgeführt, davon betraf eines einen ehrenamtlichen Bürgermeister.[243] Lediglich die Einleitung eines Wahlverfahrens (in einer Stadt) war umstritten. Ebenso wie in Sachsen und Hessen war auch in Thüringen eine hohe Beteiligung zu verzeichnen. Für Thüringen wird daraus auf ein lokales Politikverständnis geschlossen, wonach die Besetzung des Bürgermeisterpostens von den Bürgern als wichtige Angelegenheit gesehen wird und demzufolge verstärkt mobilisiert.[244] Die Verfahren in Thüringen wurden überwiegend von politischen Akteuren, meist der Opposition, eingeleitet, Die Motive sind differenziert, liegen aber im Wesentlichen im politischen Bereich.[245]

Die erfolgreichen Abwahlverfahren in Thüringen lassen sich wie folgt kennzeichnen:[246]

- Die Initiative im Rat war sehr differenziert (eigene Partei, einzelne Oppositionsparteien oder ein Zusammenschluss von „parteifremden“ Parteien des Bürgermeisters).
- Der Ratsbeschluss erfolgte entweder einstimmig oder umstritten.
- Die Abwahlmotive waren rein politischer Natur.
- Die Beteiligung der Abwahlberechtigten war hoch und das Ergebnis eindeutiger Natur.

Die Abwahlverfahren in Thüringen scheiterten aufgrund der mehrheitlichen Zustimmung der Bürger. Es war – im Gegensatz zu den erfolgreichen Verfahren – eine überwiegend geringe Beteiligung zu verzeichnen, woraus geschlossen wird, dass die Bürger gegen eine Abwahl waren.[247]

242 Fuchs, S. 92.
243 Die Abwahl ehrenamtlicher Bürgermeister ist seit 2004 möglich.
244 Fuchs, S. 79.
245 Fuchs, S. 80.
246 Fuchs, S. 81.
247 Fuchs, S. 92.

cc) Durch die Bürger eingeleitete Abwahlverfahren

Ergänzend ist ein Blick auf die von den Bürgern initiierten Abwahlverfahren angezeigt, um die bisherigen Erkenntnisse zu vervollständigen.

Generelle Aussagen zu bürgerinitiierten Abwahlverfahren sind nicht möglich, weil in den Ländern Sachsen, Brandenburg und Schleswig-Holstein keine Gemeinsamkeiten zu erkennen sind.[248] Erfahrungen aus Nordrhein-Westfalen liegen aufgrund des Einführungsdatums nicht vor. Hintergrund der Gesetzesänderung in Nordrhein-Westfalen sind auch die gescheiterten Abwahlbemühungen gegen den Oberbürgermeister von Duisburg. Es ist zu vermuten, dass hier in Kürze ein Verfahren eingeleitet wird.[249]

In *Brandenburg* fanden nach Einführung des Instruments im Jahr 1993 – vermutlich begünstigt durch niedrige Quoren – zahlreiche durch Bürgerbegehren initiierte Abwahlverfahren statt. Seit der Erhöhung der gesetzlichen Quoren fanden von 1998 bis 2006 nur vereinzelte Abwahlen statt. Seit 2006 ist wieder eine vermehrte Nutzung dieses direkt-demokratischen Instruments dokumentiert. Insgesamt ist festzustellen, dass die jeweiligen Anteile von Bürger- und Ratsbegehren zur Abwahl bei den erfolgreichen brandenburgischen Abwahlverfahren fast gleich sind; den Amtsinhabern wurden politische und persönliche Fehler vorgeworfen.[250]

In *Sachsen* waren nur zwei Abwahlverfahren bürgerinitiiert und beide erfolglos. Alle erfolgreichen Verfahren wurden demnach durch den Gemeinderat initiiert.[251] Grundsätzlich lässt sich für Sachsen feststellen, dass viele Abwahlprozesse scheiterten. Das hohe gesetzliche Zustimmungsquorum (50 %) wird als Grund für die Vielzahl gescheiterter Verfahren angesehen und für die zunehmende politische Inaktivität der Bürger verantwortlich gemacht.[252]

In *Schleswig-Holstein* wurde bisher noch keine Abwahl durch die Bürgerschaft initiiert. Auch die beiden Ratsbegehren waren nicht erfolgreich.[253] Damit bleibt offen, ob keine Gründe für das direkt-demokratische Instrument der Abwahl vorlagen oder ob die Bürger das Instrument noch nicht für sich entdeckt haben. Erstaunlich ist jedoch, dass ansonsten in diesem Bundesland Bürgerbegehren und -entscheide durchaus häufig praktiziert werden.[254]

248 Fuchs, S. 95.
249 Legal Tribune online, vom 19.05.2011.
250 Fuchs, S. 65f.
251 Fuchs, S. 95.
252 Fuchs, S. 89.
253 Fuchs, S. 95.
254 Fuchs, S. 23.

dd) Generelle Unterschiede und Gemeinsamkeiten der Abwahlverfahren

Die Falldarstellung verdeutlicht die sehr unterschiedliche Praxis von Abwahlverfahren in den Bundesländern. Dies betrifft sowohl die generelle Anzahl der Verfahren als auch deren Erfolgschancen. Im Hinblick auf die Erfolgsabhängigkeit von Abwahlverfahren ist zunächst ganz allgemein zu konstatieren, dass in Bundes-ländern mit einem hohen Anteil an erfolgreichen Abwahlverfahren auch zahlreiche erfolglose Abwahlverfahren zu verzeichnen sind.[255]

Abwahlen finden zudem eher in kleineren Kommunen mit weniger als 20.000 Einwohnern statt, wobei nicht nur ein Zusammenhang zwischen der Gemeindegröße und der Abwahlhäufigkeit besteht, sondern auch der Erfolg des Verfahrens ist von der Größe der Gemeinde abhängig.[256]

Während die Zahl der Abwahlverfahren in kleineren Gemeinden höher liegt als in Städten, gehen die Bürgerentscheide in größeren Städten eher erfolgreich aus als in Kommunen mit weniger als 20.000 Einwohnern.[257]

Dieser Befund ist bemerkenswert. Es wurde bereits dargelegt, dass Untersuchungen zur Anwendungshäufigkeit von Bürgerbegehren zu Sachfragen belegen, dass deren Häufigkeit in großen Städten steigt.[258] In kleineren Gemeinden – so wird vermutet – seien die Einflussmöglichkeiten auf die Politik größer.[259] Somit sind die Erfahrungen im Hinblick auf den Faktor „Gemeindegröße“ bei der Abwahl genau umgekehrt zu denen bei Sachfragen.

Die Erfahrungen weisen jedoch auch markante Gemeinsamkeiten auf: In allen Bundesländern waren die Ausgestaltung der formalen Voraussetzungen und die Haltung des Gemeinderates zur Abwahl von wesentlicher Bedeutung. Eine nicht unerhebliche Anzahl von Initiativen scheiterte bereits an der erforderlichen Beschlussmehrheit im Rat.[260] Vor allem in größeren Städten scheiterte die Beschlussfassung oft an der Mehrheit der Partei des aktuellen Amtsinhabers.[261] Dennoch ist im Gesamtergebnis festzustellen, dass die Zusammensetzung des Rates die Zahl der Abwahlverfahren nicht beeinflusst hat.[262] Ein zustimmendes Votum des Gemeinderates war häufig einmütig – unabhängig von den Mehrheits-

255 Fuchs, S. 82.

256 Die Untersuchungen von Abwahlen zeigen, dass diese eher in Kommunen stattfinden, die kleiner sind als 20.000 Einwohner. In Städten mit mehr als 20.000 Einwohnern lassen sich nur 16,6 % der Abwahlen ausmachen, Böhme, S. 58.

257 Böhme, S. 59; Fuchs, S. 100.

258 B.,I.,3 a).

259 Bogumil, S. 194 (199); BBB 1956-2007, S. 15.

260 Hierbei ist zu berücksichtigen, dass eine Reihe solcher Initiativen wohl nicht dokumentiert ist, weil sie keine unmittelbaren Auswirkungen nach sich zogen; s. Fuchs, S. 84.

261 Fuchs, S. 84f.

262 Böhme, S. 57 mit Tabelle.

verhältnissen. Nicht wenige dieser Verfahren scheiterten allerdings an der fehlenden Zustimmung der Bürger.[263]

Alle erfolgreichen Abwahlverfahren verzeichneten eine recht hohe Beteiligung, wobei dieser Umstand den für einen Erfolg notwendigen Quoren geschuldet ist.[264] Als Beweggründe für Abwahlverfahren wurden überwiegend politische/persönliche Motive ermittelt. Häufigster Grund war ein gestörtes Vertrauensverhältnis zwischen Gemeinderat und Bürgermeister.[265] Ein gestörtes Vertrauensverhältnis zwischen Rat und Bürgermeister kann letztendlich zur Einschränkung des Handlungsspielraums der Kommune führen. Der Bürgermeister als Kommunaler Wahlbeamter erfüllt seine Aufgaben eben nicht unpolitisch, er ist vielmehr von der Unterstützung des Rates abhängig. Insofern steht dem Rat das Instrument der Abwahlinitiative zur Verfügung, sofern Konflikte mit dem Bürgermeister nicht einvernehmlich zu lösen sind. An dieser Stelle kommt der Ursprung der Abwahl als Instrument des Gemeinderates bei fehlender Gleichgestimmtheit mit dem (seinerzeit noch vom Gemeinderat gewählten) Bürgermeister zum Ausdruck.

d) Die Bedeutung der Kommunalordnungen für die unterschiedliche Abwahlhäufigkeit

Die vorstehenden Ausführungen lassen deutlich erkennen, dass bei der Anwendung des Instruments der Abwahl dem Gemeinderat und den jeweils erforderlichen Quoren (sowohl bei der Initiierung als auch bei der Abwahlentscheidung) durchweg besondere Bedeutung zukommt. Im Folgenden wird daher zu überprüfen sein, ob die gesetzlichen Regelungen in den Kommunalverfassungen die Unterschiede in der Anwendungshäufigkeit zwischen den Bundesländern erklären können.[266] Vorrangig betrachtet werden sollen die jeweiligen Quoren: Das Antrags- und das Beschlussquorum im Rat sowie das Initiativquorum im Bürgerbegehren und schließlich das Zustimmungsquorum beim Bürgerentscheid sind in den Ländern jeweils unterschiedlich hoch.

aa) Die Relevanz der Mehrheitserfordernisse beim Ratsbegehren zur Abwahl

Betrachtet man zunächst die gesetzlichen Anforderungen an das Antrags- und Beschlussverfahren im Gemeinderat, so ließe sich vermuten, dass in Bundesländern

263 Böhme, S. 57.
264 Fuchs, S. 96.
265 Böhme, S. 64 mit Tabelle; Fuchs, S. 99.
266 Die fokussierte Betrachtung der Akteure und Motive erfolgt in Teil D. III.

mit vergleichsweise niedrigen Hürden eine größere Anzahl von Initiativen zu verzeichnen ist als in Bundesländern mit relativ hohen Mehrheitserfordernissen.[267]

Diese Vermutung wird jedoch durch die Praxis widerlegt. Es ist vielmehr festzustellen, dass im Saarland, in Rheinland-Pfalz, in Mecklenburg-Vorpommern und in Schleswig-Holstein trotz relativ niedriger Hürden eine sehr geringe Anzahl von Verfahren dokumentiert ist, während in Brandenburg die höchste Anzahl von Abwahlverfahren – im Vergleich zu anderen Bundesländern – zu verzeichnen ist. Auch die Praxis in Bundesländern mit hohen Anforderungen an das ratsinitiierte Verfahren zeigt unterschiedliche Häufigkeiten: Während in Niedersachsen nur ein Verfahren eingeleitet wurde, waren es in Sachsen 10 und in Sachsen-Anhalt 20 Verfahren.[268]

Es ist demnach festzustellen, dass ein Abwahlprozess (weitgehend) unabhängig von den gesetzlichen Antrags- und Beschlussquoren initiiert wird und ein Zusammenhang zwischen der Höhe der Quoren und der Anzahl der Abwahlverfahren nur bedingt zu erkennen ist. Im Ergebnis bedeutet dies, dass weder die Höhe des Antragsquorums noch das Beschlussquorum im Rat die Abwahlpraxis erklären kann.[269]

bb) Die Relevanz des Zustimmungsquorums beim Bürgerentscheid über die Abwahl

Neben gesetzlichen Voraussetzungen an die Antragstellung und Beschlussfassung im Gemeinderat ist auch die vorgegebene Mindesthöhe der zustimmenden Wahlberechtigten (Zustimmungsquorum) beim Bürgerentscheid ein entscheidender Faktor im Abwahlverfahren. Auch hier liegt zunächst die Vermutung nahe, dass ein hohes Zustimmungsquorum die Beteiligten abschreckt und umgekehrt ein relativ niedriges Quorum eher motiviert.

Allerdings kann auch hier kein statistischer Zusammenhang mit der Höhe der Zustimmungsquoren und der Anzahl an Abwahlverfahren belegt werden. In Bundesländern mit „moderatem" Quorum (20 % bzw. 25 %) sind sowohl wenige Verfahren (Schleswig-Holstein, Niedersachsen und Nordrhein-Westfalen) als auch viele Verfahren (Brandenburg) zu verzeichnen. In Mecklenburg-Vorpommern wiederum sind die Verfahren bei einem hohen Quorum gering, während in Sachsen mit einer sehr hohen Hürde von 50 % immerhin 10 (ratsinitiierte) Verfahren stattfanden. Die Vermutung, dass die Anwendungshäufigkeit von Abwahlverfahren mit steigendem Zustimmungsquorum sinkt, kann nicht betätigt werden.[270]

---

267 Böhme, S. 47; Fuchs, S. 59, s. Tabelle II.2.

268 Fuchs, S. 59.

269 Fuchs, S. 59; Böhme, S. 47f.

270 Böhme, S. 49; Fuchs, S. 60f.

Allerdings liegt die Vermutung nahe, dass ein Zusammenhang zwischen der Höhe der Zustimmungsquoren und dem Erfolg bzw. Misserfolg von Abwahlverfahren besteht. Hier ist augenscheinlich, dass in Sachsen-Anhalt und vor allem in Sachsen das Zustimmungsquorum von entscheidender Bedeutung für das Scheitern von Abwahlprozessen war. Insbesondere in Sachsen führte das vergleichsweise hohe Quorum von 50 % zum Scheitern einer Reihe von Abwahlverfahren, obwohl die Bürger mehrheitlich für die Abwahl stimmten.

Für Brandenburg, Thüringen und Hessen ist festzustellen, dass die Verfahren nicht an den Zustimmungsquoren scheiterten. Die Gründe hierfür liegen zum einen an den deutlich niedrigeren Hürden als in Sachsen, aber auch an der festzustellenden hohen Beteiligung. Diese war insbesondere in Hessen und Thüringen hoch. Die etwas geringere Teilnahme der Abstimmungsberechtigten in Brandenburg führte nicht zum Scheitern, dank des vergleichsweise niedrigen Quorums.[271]

Grundsätzlich ist festzustellen, dass i.d.R. eine hohe Beteiligung notwendige Voraussetzung für ein erfolgreiches Abwahlverfahren ist. Bei einer geringen Beteiligung müssen verhältnismäßig mehr Bürger gegen den Verbleib des Amtsinhabers stimmen. Sofern zudem – wie in Sachsen – ein sehr hohes gesetzliches Quorum vorgeschrieben ist, verringert sich die Chance auf ein erfolgreiches Verfahren signifikant.

Als Fazit kann zusammengefasst werden, dass kein Zusammenhang erkennbar ist zwischen der Höhe des Zustimmungsquorums und der Anwendungshäufigkeit, wohl aber ein Zusammenhang zwischen der Höhe der Quoren und dem Erfolg der Abwahl.[272]

cc) Die Relevanz der Einleitung als Rats- oder Bürgerbegehren

Neben den oben bereits erörterten Regelungen in den Kommunalverfassungen kommt auch die Form der Einleitung des Abwahlverfahrens – Rats- oder Bürgerbegehren – als Ursache für die unterschiedliche Ost-West Praxis in Betracht. Festzustellen ist, dass etwa 20 % der Abwahlentscheide auf Initiative der Bürger zurückgehen. Alle diese Entscheide fanden in Brandenburg statt, und zwar vor allem vor der Gesetzesänderung 1998 (Erhöhung der Quoren). Aufgrund dieser Verteilung der Anwendungshäufigkeit wird deutlich, dass die Ratsbegehren die Einleitung von Abwahlen eindeutig dominieren. Die Abwahl stellt sich inzwischen als direkt-demokratisches Instrument dar, welches – trotz der Möglichkeit von Bürgerbegehren in Sachsen, Schleswig-Holstein und Brandenburg[273] – insbesondere von der gewählten Kommunalvertretung genutzt wird. Die Möglich-

271 Fuchs, S. 96.

272 Fuchs, S. 96f.; Böhme, S. 49.

273 Nordrhein-Westfalen kann noch nicht einbezogen werden.

keit der Abwahl durch Bürgerbegehren führt nicht zu häufigeren Abwahlfällen.[274]

dd) Fazit

Als Ergebnis ist festzustellen, dass ein Vergleich der grundlegenden Regelungen der Kommunalverfassungen zur Abwahl des Bürgermeisters keine hinreichenden Erklärungen für die deutlichen Unterschiede in der Abwahlhäufigkeit zwischen den alten und neuen Bundesländern liefert. Die Konzeption der Abwahlregelungen ist demnach nicht als Ursache für die erkennbaren Unterschiede in der Anwendungspraxis auszumachen. Nachdem der systematische Vergleich nicht zu einer schlüssigen Erklärung geführt hat, ist zu vermuten, dass „spezifische" Ursachen für die Unterschiede von Bedeutung sind.

e) Sonstige Gründe für die unterschiedliche Abwahlpraxis

Somit sind neben den rechtlichen Ausgestaltungen der Kommunalverfassungen weitere Faktoren in Betracht zu ziehen, welche die Auffälligkeiten erklären könnten. Hier könnten die Aspekte des Einführungszeitpunkts, die Frage der Anwendungserfahrung mit direkt-demokratischen Elementen, die Größe der Kommune sowie das Bestehen einer „politischen Kultur" als Erklärungsansätze von Relevanz sein.

aa) Der Einführungszeitraum der Direktabwahl

Eine mögliche Erklärung der Ursachen könnte in den unterschiedlichen Einführungszeitpunkten der Abwahlregelungen zu finden sein. So könnten die relativ hohen Fallzahlen in Hessen mit dem sehr frühen Einführungsjahr (1992) und die niedrigen Fallzahlen in Mecklenburg-Vorpommern mit der sehr späten Einführung erklärt werden (1999). Der kurze Anwendungszeitraum mag für Mecklenburg-Vorpommern die Erklärung für die geringe Anwendung sein. Grundsätzlich ist der Anwendungszeitraum jedoch kein maßgebliches Kriterium: Neben Hessen haben auch Rheinland-Pfalz und das Saarland das Instrument früh eingeführt und davon kaum Gebrauch gemacht, während Brandenburg in einem vergleichbaren Zeitraum die höchste Fallzahl aufweist. Die Vermutung, dass der Einführungszeitpunkt der Abwahl die Abwahlpraxis erklären kann, bestätigt sich nicht.[275]

---

274 Böhme, S. 50f.

275 Böhme, S. 53; Fuchs, S. 102f.

bb) Erfahrung mit direkt-demokratischen Instrumenten

Man könnte annehmen, dass die Erfahrungen mit direkt-demokratischen Instrumenten zu Sachfragen einen Einfluss auf die Anwendungshäufigkeit des Instruments der Abwahl haben. Es liegt die Vermutung nahe, dass die Bürger in Bundesländern mit reger Nutzung von Bürgerbegehren und Bürgerentscheiden in Sachfragen eher geneigt sind, diese Instrumente auch in der Personalfrage der Abwahl zu nutzen. Diese Annahme ist jedoch unzutreffend, wie das Beispiel von Schleswig-Holstein zeigt.[276] Es ist weder ein Zusammenhang zwischen der generellen Häufigkeit von Bürgerentscheiden über Sachfragen und Personalfragen zu entdecken noch ist erkennbar, dass der Ausgang von Bürgerentscheiden zu Sachfragen Auswirkungen auf die Durchführung von Abwahlverfahren hat.

cc) Unerfahrenheit der Bürgermeister als mögliche Ursache

Eine mögliche Ursache der unterschiedlichen Anwendungspraxis könnte auch in der Qualifikation des kommunalen Führungspersonals zu Beginn der neunziger Jahre zu sehen sein. Die nach 1990 neu gewählten Bürgermeister hatten bis dahin kaum Erfahrung in der aktiven Politik gesammelt. Viele waren erst in den Jahren 1989 und 1990 als „Quereinsteiger" politisch aktiv geworden. Bürgermeister und Amtsleiter verfügten meist über ein verwaltungsfernes Ausbildungsprofil (technisch-naturwissenschaftlich; medizinisch).[277]

Die fehlenden Kompetenzen des Amtsinhabers und eine enorme Erwartungshaltung der Bürger können als Ursache für zahlreiche Abwahlverfahren in den neuen Ländern – vor allem zu Beginn der neunziger Jahre – gesehen werden. Inzwischen haben diese Argumente allerdings keinen Bestand mehr.[278] Außerdem erklärt dieser Ansatz auch nicht schlüssig, warum in manchen der neuen Bundesländern generell eine relativ niedrige Zahl von Abwahlen zu verzeichnen ist.

dd) Alternative Erklärungsansätze – Fazit

Eine alternative Erklärung für die Unterschiede in den Fallzahlen, sowohl in den neuen wie in den alten Bundesländern, kann in mehreren Komponenten und deren Kombination zu sehen sein. Elemente wie berufliche Ausbildung der Bürgermeister, die wirtschaftliche Situation der Kommune und des Bundeslandes, die politische Einstellung der Bürger, die Person des Bürgermeisters und seine

276 Fuchs, S. 23.
277 Böhme, S. 72.
278 Böhme, S. 73.

Zusammenarbeit mit dem Rat und die Zusammensetzung des Rates können die Anwendung der Abwahl entscheidend beeinflussen.[279]

Speziell die hohe Zahl der Abwahlverfahren in den neuen Bundesländern legt die Vermutung nahe, dass schlechte Voraussetzungen in finanziellen, personellen und strukturellen Fragen eine nicht unwesentliche Rolle gespielt haben. In diesem Kontext bewirken positive Erfahrungen mit dem direkt-demokratischen Instrument der Abwahl möglicherweise eine größere Anwendungsbereitschaft bei den Bürgern.[280]

3. Zusammenfassung

Betrachtet man die rechtliche Ausgestaltung der Abwahlregelungen, so sind Gemeinsamkeiten mit den Bürgerbegehren und Bürgerentscheiden zu Sachfragen zu erkennen. Eine formelle Nähe gilt für die Antragsverfahren im Rat als auch bei bürgerinitiierten Verfahren (sofern vorgesehen), soweit bestimmte Quoren einzuhalten sind.

Im Hinblick auf die Einleitungsbefugnis besteht allerdings ein bedeutender Unterschied. Anders als bei Entscheidungen zu Sachfragen ist bei der Entscheidung über eine Abwahl die Einleitung des Verfahrens durch den Rat die Regel. Die deutliche Abweichung gerade an dieser Stelle ist bemerkenswert, zumal die Abwahl in kausalem Zusammenhang mit einer zuvor von den Bürgern – direkt – getroffenen Personalentscheidung steht. Der Grund, warum den Bürgern in den meisten Bundesländern insoweit nur eine Teilkompetenz, nämlich die über den Verbleib im Amt, zugebilligt wird, ist nicht offensichtlich. Es stellt sich daher die Frage, weshalb ein Unterschied im Initiativrecht zwischen den Ländern Brandenburg, Sachsen, Schleswig-Holstein, Nordrhein-Westfalen und den übrigen Bundesländern besteht.

In den Gesetzgebungsberatungen und -materialien finden sich keine Hinweise auf die Gründe der Übertragung der Initiative auf die Vertretungskörperschaft. Die Abberufung wird bezeichnet als Gegenstück zur volksunmittelbaren Wahl, die nur durch das Volk ausgeübt werden kann. Warum die Bürger die Abwahl nicht initiieren dürfen, bleibt unbegründet. Es ist zu vermuten, dass die Beschränkung dieses Rechts als Instrument des Gemeinderates auf Befürchtungen beruht, das Initiativrecht der Bürger könnte zu einer missbräuchlichen Anwendung verleiten. Nach den bisherigen Erfahrungen mit diesem Instrument erscheint dieses Misstrauen jedoch unbegründet.[281]

279 Böhme S. 71.
280 Fuchs, S. 102.
281 Witte, ZParl 2001, S. 57 (68).

Nachdem die Bürger zur unmittelbaren Wahl aufgerufen sind, erscheint es nur folgerichtig, ihnen auch das Recht zur Initiative über die Einleitung des Abwahlverfahrens einzuräumen. Tatsächlich aber verfügt in den meisten Bundesländern der Gemeinderat (quasi als drittes Organ) über das ausschließliche Recht zur Abberufungsinitiative.

Ein Grund, weshalb in der Mehrzahl der Bundesländer der Gemeinderat über die ausschließliche Einleitungskompetenz für ein Abwahlverfahren verfügt, könnte darin liegen, dass der Rat quasi eine „Filterfunktion" ausüben soll, um zu verhindern, dass Abwahlverfahren wegen Kleinigkeiten eingeleitet werden bzw. der Bürgermeister zum Sündenbock für nicht von ihm zu vertretende Missstände gemacht wird.[282]

Ausschlaggebend für die Gesetzgeber könnte jedoch auch das Interesse am Schutz der Handlungsfähigkeit der kommunalen Organe gewesen sein. Wie die Analyse der Abwahlverfahren offenbart, wurden als ausschlaggebende Gründe von den Gemeinderäten erhebliche Probleme in der Zusammenarbeit mit dem Bürgermeister genannt. Insoweit spielt hier der vor Einführung der Direktwahl diskutierte Aspekt einer gegenseitigen Blockierung der Organe eine Rolle: Ein gestörtes Vertrauensverhältnis zwischen Rat und Bürgermeister behindert letztendlich die Handlungsfähigkeit der Gemeindeverwaltung. Die hohe Zahl der Ratsbegehren, die aus politischen Gründen eingeleitet werden, kommt auch deshalb zustande, weil das Amt des Bürgermeisters nach wie vor stark politisch geprägt ist. Bei der Amtsausübung durch den Bürgermeister handelt es sich eben nicht um eine unpolitische Erfüllung gesetzlicher Aufgaben, vielmehr ist seine Arbeit (und auch deren Effizienz) abhängig von der Unterstützung im Stadtrat.[283] An dieser Stelle kommt das Merkmal der „Gleichgestimmtheit" zwischen Rat und Bürgermeister zum Tragen. Das Fehlen dieses Merkmals begründete seinerzeit die Abwahl direkt durch den Rat. Das Recht des Rates, ein Verfahren auf Abwahl des Bürgermeisters zu initiieren, ist im Wesentlichen damit zu begründen, dass das Vorliegen der Voraussetzung – fehlende Gleichgestimmtheit – nur vom Rat selbst festgestellt werden kann.

Insoweit lässt sich das Initiativrecht des Gemeinderates erklären und nachvollziehen. Gleiches gilt für die Tatsache, dass die Partei des Bürgermeisters nicht selten ihre Sperrminorität im Rat nutzt und das Abwahlverfahren blockiert. Zwischen dem Bürgermeister und der Bürgermeisterpartei besteht eben vom Grundsatz her Gleichgestimmtheit. Wenngleich dies im Rahmen der internen Machtbalance nachzuvollziehen und begründbar ist, stellt dies eine „Schwachstelle" dar.

---

282 Witte, ZParl 2001, S. 57 (68f.).

283 Böhme, S. 64.

Eine repräsentativ demokratische Blockade könnte durch ein (ergänzendes) Initiativrecht der Bürger behoben werden.[284] Bedenken im Hinblick auf einen verantwortungsvollen Umgang der Bürger mit dem Instrument können durch die Erfahrungen in Brandenburg, Sachsen und Schleswig-Holstein entkräftet werden. Dort hat das Instrument nicht zu Problemen geführt, zumal die gesetzlich vorgesehenen Quoren als Regulativ wirken und eine Filterfunktion ausüben. In genau diesem Sinne wurde auch im Zusammenhang mit der Einführung des Bürgerbegehrens zur Abwahl des Bürgermeisters in Nordrhein-Westfalen argumentiert. Danach soll die Abwahl des Bürgermeisters ein Sonderfall bleiben und nicht zum Standardinstrument bei jedweden Vorkommnissen in der Kommune werden.[285] „Der Abwahl durch die Bürger sind im Hinblick auf die Bedeutung der Entscheidung sowie im Interesse einer kontinuierlichen Verwaltungsarbeit hohe Hürden gesetzt; das relativ hohe Quorum soll auch übereilte Entscheidungen vermeiden."[286]

Die vorstehend dargestellte unterschiedliche Anwendungshäufigkeit des Instruments der Abwahl in den Bundesländern weist kein schlüssiges Erklärungsmuster auf. Wie die Analysen der Praxiserfahrungen zeigen, ist das Instrument der Abwahl – trotz formaler Nähe an bestimmten Stellen – mit den Bürgerbegehren und Bürgerentscheiden über Sachfragen nicht vergleichbar. Die sehr unterschiedliche Anwendungshäufigkeit zwischen den Bundesländern weist keine Parallelen mit der Praxis von Verfahren zu Sachfragen auf und lässt den Rückschluss zu, dass die Anwendungshäufigkeit auf spezielle Ursachen zurückzuführen ist. Dies bringt zum Ausdruck, dass es sich bei der Abwahl des Bürgermeisters um einen speziellen „einzelfallbezogenen Prozess" handelt und das Instrument kein übliches und häufiges Instrument der Bürgerbeteiligung darstellt.

Diese Feststellung gilt generell, also auch für Bundesländer, in denen die Abwahl sowohl durch den Rat als auch durch Bürgerbegehren eingeleitet werden kann.

Daher ist im Hinblick auf die Regelungen zur Einleitung des Abwahlverfahrens zu fordern, diese generell – soweit nicht schon vorgesehen – um das Initiativrecht der Bürger zu erweitern.[287]

---

284 Witte, ZParl 2001, S. 57 (69).

285 Landtag Nordrhein-Westfalen: Drucksache 15/1934, vom 13.05.2011, S. 13.

286 Landtag Nordrhein-Westfalen: Drucksache 15/1934, vom 13.05.2011, S. 12.

287 Witte, ZParl 2001, S. 57 (69); Fuchs, S. 104.

III. Die Abwahl des Landrats als direkt-demokratische Entscheidung auf Ebene der Kreise

1. Einführung

Zur Gruppe der Kommunalen Wahlbeamten zählen neben den Bürgermeistern auch die Landräte. In fast allen Bundesländern werden auch diese inzwischen in direkter Wahl durch die Bürger bestimmt und können auch – außer in Bayern und Baden-Württemberg – vor Ende der Amtsperiode von diesen wieder abgewählt werden.

Die Einführung der Direktwahl und Abwahl der Landräte vollzog sich zeitlich zum Teil deutlich später als die Regelungen in den Kommunalordnungen zur Wahl und Abwahl der Bürgermeister[288]; in Brandenburg beispielsweise erst zum 01.01.2011. Anders als im Zusammenhang mit der Einführung der Instrumente auf Gemeindeebene sind keine Diskussionen grundsätzlicher Natur über die Instrumente Direktwahl und Abwahl durch die Bürger auf Kreisebene erkennbar. Dieser Befund ist insoweit bemerkenswert, als es im Hinblick auf die Rechtmäßigkeit des Instruments der Abwahl des Bürgermeisters starke Vorbehalte wegen der Wahrnehmung zugewiesener Aufgaben und der Nahtstelle zwischen Politik und Verwaltung gab.[289] Eine in diese Richtung gehende Diskussion ist für die Kreisebene und die Stellung des Landrates nicht im Ansatz erkennbar.

Es ist daher zu vermuten, dass die Einführung der direkt-demokratischen Instrumente auf Kreisebene über Personalfragen als Fortführung der Ausgestaltung der Instrumente auf Gemeindeebene interpretiert wurde. Es liegt daher die Schlussfolgerung nahe, dass sich dies in der Ausgestaltung der rechtlichen Rahmenbedingungen der Abwahlregelungen widerspiegelt. Dies gilt es im Folgenden näher zu untersuchen.

2. Die Direktwahl und die Abwahl der Landräte

Mit Ausnahme von Baden-Württemberg [290] werden die Landräte inzwischen in allen Bundesländern in direkter Wahl von den Bürgern gewählt.[291] Bereits bei den

288 Knemeyer 1997, S. 183.

289 s. dazu ausführlich Teil D, II, Ziff.2ff.

290 § 39 Abs. 2,3 und 5 BaWüLKrO.

291 § 12 BayLKrO; § 126 BbgKVerf; § 37 HKO; § 116 KV M-V; § 55 NLO; § 44 NRWKrO; § 46 Rh-PfLKO; § 177 SaarlKSVG; § 44 SachsenLKO; § 47 LKO LSA; § 43 Schl-HolKrO; § 106 ThürKO.

direkt-demokratischen Entscheidungen zu Sachfragen und bei der Abwahl des Bürgermeisters wurden Besonderheiten für das Land Baden-Württemberg dargestellt. Die Tatsache, dass der Landrat in Baden-Württemberg nicht direkt gewählt wird, dürfte mit der Interpretation seiner Stellung als „Wahrer übergeordneter Aufgaben“ zu erklären sein.[292] Konsequenterweise kommt demzufolge auch keine Abwahl in Betracht. Die fehlende Abwahlmöglichkeit in Bayern ist als Fortsetzung der Linie bei den Bürgermeistern zu verstehen: „gewählt ist gewählt“.

In allen übrigen Bundesländern können die Landräte auch wieder durch die Bürger im Wege eines Bürgerentscheids abgewählt werden.[293] Bemerkenswert ist, dass im Saarland, in Thüringen und in Brandenburg anstelle einer gesonderten Ausgestaltung der Abwahlreglungen explizit auf die Verfahrensvorschriften zur Abwahl der Bürgermeister verwiesen wird. [294] An dieser Stelle bestätigt sich die oben formulierte Vermutung.

Auch dort, wo die Abwahl gesondert geregelt ist, orientiert sich das Verfahren an den für die Abwahl des Bürgermeisters vorgesehenen Verfahren. In den meisten Bundesländern ist eine Einleitung daher nur durch den Landkreistag möglich. Zunächst sind ein Antrag und sodann ein Beschluss erforderlich. Auch hier gilt es eine entsprechende Mehrheit zu erhalten: Für einen Beschluss zur Einleitung eines Abwahlverfahrens sind in Hessen, Mecklenburg-Vorpommern, Nordrhein-Westfalen, Rheinland-Pfalz, Schleswig-Holstein eine Mehrheit von 2/3 der Mitglieder des Kreistages erforderlich, in Niedersachsen, Sachsen und Sachsen-Anhalt ist eine Mehrheit von 3/4 notwendig. Ein Vergleich mit den entsprechenden Regelungen zur Einleitung eines Verfahrens zur Abwahl des Bürgermeisters zeigt, dass die geforderten Formen, Fristen und Mehrheitserfordernisse exakt übernommen wurden.

Es erstaunt demzufolge nicht, dass die Gesetzgeber in den Bundesländern auch bei den Zustimmungsquoren für den Bürgerentscheid über die Abwahl des Landrates die gleichen Anforderungen wie bei der Abwahl der Bürgermeister zugrunde gelegt haben. Die Bundesländer Brandenburg, Schleswig-Holstein, Sachsen und Nordrhein-Westfalen blieben zudem der Linie treu, die Einleitungsbefugnis nicht nur bei den gewählten Vertretern (hier Mitglieder des Kreistages) zu belassen, sondern auch den Bürgern die Einleitung des Abwahlverfahrens – entsprechend der Verfahren zur Abwahl des Bürgermeisters – zu ermöglichen.

292 Der Landrat ist Organ und Hauptverwaltungsbeamter des Kreises und zugleich unterste staatliche Verwaltungsbehörde.

293 § 116 BbgKVerf; § 49 Abs. 4 HKO; § 110 KV M-V; § 55a NLO; § 45 Abs. 1 NRWKrO; § 49 Abs. 1 Rh-PfLKO; § 177 Abs. 3 SaarlKSVG; § 46 Abs. 6 SachsenLKO; § 50 Abs. 1 LKO LSA; § 47 Abs. 1 Schl-HolKrO; § 106 Abs. 3 ThürKO.

294 § 126 S. 2 BbgKVerfG; § 177 Abs. 3 SaarlKSVG, § 106 Abs. 3 ThürKO.

3. Ergebnis

Im Ergebnis bleibt festzuhalten, dass aus dem Abgleich der Abwahlregelungen keine relevanten neuen Erkenntnisse gewonnen werden können. Die Tatsache, dass zur Regelung der Abwahl des Landrates jeweils auf die Vorschriften zur Abwahl des Bürgermeisters zurückgegriffen wurde, lässt zwei Interpretationen zu: Die Übernahme der Regelungen kann einerseits als Ausdruck der Bestätigung einer bewährten Regelung interpretiert werden oder andererseits als Ausdruck dafür, dass man dem Thema keine besondere Bedeutung zugemessen hat. Den Befund, wonach den Regelungen zur Abwahl des Landrates keine eigenständige Bedeutung zugemessen wird, bestätigen Aufbau und Text der Beschlussempfehlung für das Gesetz zur Einleitung vom Abwahlverfahren von Bürgermeister und Landräten durch Bürgerbegehren in Nordrhein-Westfalen.[295]

Tatsächlich kommt den Regelungen in der Praxis kaum Bedeutung zu. Bereits die Anzahl der Verfahren zur Abwahl von Bürgermeistern ist im Vergleich zu direkt-demokratischen Entscheidungen zu Sachfragen als überschaubar zu bezeichnen. Die Abwahl von Landräten spielt aber gar keine wahrnehmbare Rolle in der Praxis. Dies ist vermutlich damit zu erklären, dass die Landkreisebene den Bürgern etwas ferner ist und der Bürgerzugang und die Bürgerbetroffenheit geringer sind als im örtlichen Bereich.[296]

IV. Sachentscheidungen auf Landesebene

Neben den direkt-demokratischen Instrumenten auf kommunaler Ebene und der Ebene der Kreise haben die Gesetzgeber auch auf Landesebene den Bürgern die Möglichkeit zur direkten Mitwirkung eingeräumt. Im Vorstehenden wurden die Mitwirkungsmöglichkeiten der Bürger bei Sachfragen und bei Personalentscheidungen dargestellt und bewertet. Als markantes Kennzeichen der Instrumente direkter Demokratie auf kommunaler Ebene erwiesen sich hier die formalen und inhaltlichen Regelungen, die sich in der Anwendungspraxis teilweise als Hürden erwiesen haben. Interessant war auch die Feststellung, dass es regionale Unterschiede in der Anwendungspraxis gibt und die Häufigkeit von Begehren in Sachfragen nicht mit der in Personalfragen in Zusammenhang steht. An dieser Stelle interessiert ein Blick auf die direkt-demokratischen Instrumente auf Landesebene und die Frage nach deren Stellenwert.

---

295 Landtag Nordrhein-Westfalen: Drucksache 15/1934, vom 13.05.2011.
296 Knemeyer 1997, S. 79.

1. Die Volksinitiative/Volkspetition

Einige Landesverfassungen[297] sehen Volksinitiativen mit dem (ausschließlichen) Ziel der Behandlung eines Anliegens im Landtag vor. Ziel dieser Volksinitiativen/-petitionen ist die abschließende Behandlung und Entscheidung eines Anliegens im Parlament. Das Instrument der Volksinitiative weist Parallelen zum Bürgerantrag auf kommunaler Ebene auf. Beide erfordern die Erfüllung nicht unwesentlicher formaler und inhaltlicher Voraussetzungen und entfalten materiell keine rechtliche Bindungswirkung: Die Entscheidungskompetenz des Vertretungsorgans wird nicht berührt, sie zwingen allenfalls das Parlament zur Befassung mit einer Fragestellung.

2. Das Volksbegehren/der Volksentscheid

Neben der oben beschriebenen Volksinitiative/-petition, die nur zu einem Anspruch auf Behandlung des Gegenstands im Landtag führt, sehen die Landesverfassungen das Instrument des Volksbegehrens, gerichtet auf einen Volksentscheid, vor.[298] Im Volksbegehren bekunden die Bürger ihren Willen, dass über einen Gesetzentwurf in einer Volksabstimmung (Volksentscheid) entschieden werden soll.

Den Verfahrensregelungen gemeinsam ist, dass sie in allen Bundesländern grundsätzlich dreistufig ausgestaltet sind. Die Voraussetzungen und Verfahrenswege im Einzelnen sind allerdings durchaus unterschiedlich gestaltet:

1. Stufe: obligatorisches Vorverfahren
(Antrag auf Volksbegehren, Zulassung bzw. Volksinitiative)
2. Stufe: Volksbegehren
3. Stufe: Volksentscheid

297 Art. 59 Abs. 1 M-VVerf. i.V.m. §§ 1 Abs. 1, 5, 7-10 VaG M-V; Art. 47 NdsVerf. i.V.m. § 3-11 NVAbstG; Art. 67a Abs. 1 S 1, Abs. 2 NRWVerf. i.V.m. §§ 1-5 VIVBVEG; Art. 80 Abs. 1 S. 1 S-AVerf. i.V.m. §§ 4-9 VabstG S-A; Art 68 Abs. 1 S. 1 ThürVerf. i.V.m. § 1 Abs. 1; 7; 8 ThürBVVG. § 11 Abs. 1, Abs. 2 NVAbstG: Danach entscheidet der Landtag, ob er sich überhaupt mit der Volksinitiative befasst. Bei positiver Entscheidung werden die Vertreter und Vertreterinnen zunächst im zuständigen Ausschuss angehört. Danach entscheidet der Landtag abschließend. Art. 59 Abs. 1 S. 2 M-VVerf.; Art. 67a Abs. 1 S. 2 NRWVerf.; Art. 80 Abs. 1 S. 2 S-AVerf.; Art. 68 Abs. 1 S. 2 ThürVerf. i.V.m. § 7 Abs. 1 S. 2 ThürBVVG.

298 Art. 59 Abs. 1 BaWüVerf.; Art. 74 Abs. 1 S. 1; BayVerf.; Art. 75 BranVerf.; Art. 116 HVerf.; Art 60 Abs. 1 S. 1, 2 M-VVerf.; Art. 48 Abs. 1 S. 1 NdsVerf.; Art. 67a Abs.1 NRWVerf., i.V.m. Abs. 1-5 VIVBVEG; Art. 108 Rh-PfVerf.; Art. 99 SaarlVerf.; Art. 70 Abs. 1 SachsenVerf.; Art. 77 Abs. 2 AVerf; Art. 41 Abs. 1 S. 1 Schl-HolVerf.; Art. 82 Abs. 1 ThürVerf.; siehe auch grundsätzlich: v. Danwitz, DÖV 1992, S. 601 (603).

Bereits auf der Ebene des dem Volksentscheids vorgelagerten Verfahrens sind die Unterschiede in den Regelungen der Bundesländer deutlich ersichtlich. Die Mehrzahl der Bundesländer sieht ein untergliedertes Vorverfahren vor. Dort gibt es ein „Antragsverfahren“[299] und ein „Zulassungsverfahren“[300] für Bürgerentscheide. In den Bundesländern Brandenburg, Rheinland-Pfalz, Schleswig-Holstein sowie Sachsen „genügt“ eine Volksinitiative (Volksantrag), um zu einem Bürgerbegehren zu kommen.[301]

a) formale und inhaltliche Anforderungen an Volksbegehren

Sofern ein Volksbegehren zustande gekommen ist, muss der Landtag sich mit dem Anliegen befassen. Wenn er nicht binnen einer bestimmten Frist dem Gesetzentwurf zustimmt, kann – basierend auf der Gesetzgebungsinitiative – ein Volksentscheid herbeigeführt werden.[302] Die Entscheidungsfristen für den Landtag sind unterschiedlich ausgestaltet.[303]

In der weiteren Vorgehensweise ist zu differenzieren: Wird das erforderliche Quorum erreicht, findet in Rheinland-Pfalz, Sachsen und Schleswig-Holstein ohne weitere Behandlung im Landtag ein Volksentscheid statt.[304] In Brandenburg ist das Anliegen wiederum im Landtag zu behandeln. Bei erneuter negativer Entscheidung ist ohne weitere Voraussetzung ein Volksentscheid herbeizuführen.[305] Ebenso wie bei den direkt-demokratischen Sachentscheidungen auf kommunaler Ebene sind die den Volksentscheiden zugänglichen Themenbereiche beschränkt.

Zusammengefasst handelt es sich hierbei um Gegenstände, die den Landeshaushalt, öffentliche Abgaben, Dienst- und Versorgungsbezüge und Personalfragen zum Gegenstand haben.[306]

---

299 § 25 Abs. 4 VAbstG BaWü; Art. 63 Abs. 1 LWG; § 2 Abs. 2b VBVEG Hess; § 7 Abs. 1 S. 2 VIVBVEG; Art. 59 Abs. 2 S. 1 M-VVerf. i.V.m. § 7 Nr. 2 VaG M-V; § 19 Abs. 1 S. 1 NVAbstG; Art. 99 Abs. 2 S. 2 SaarlVerf; § 10 Abs. 2 Nr. 2 VabstG S-A; Art. 82 Abs. 3 S. 1 ThürVerf.

300 Art. 74 Abs. 1 BayVerf; Art. 59 Abs. 2 BaWüVerf; § 12 Abs. 1 S. 1 GüVBuVEHess; Art. 68 Abs. 1 S. 7 NRWVerf; Art. 60 Abs. 1 S. 3 M-VVerf; Art. 48 Abs. 3 NdsVerf; Art. 99 Abs. 2 S. 3 SaarlVer; § 18 Abs. 3 S. 1 VAbstG S-A; Art. 82 Abs. 5 S. 2 ThürVerf.

301 Art. 76 Abs. 1 S. 3 BranVerf. Art. 108a Abs. 2 S. 1 Rh-PfVerf. Art. 41 Abs. 1 S. 3 Schl-HolVerf i.V.m. § 6 Abs. 2 Nr. 2 VAbstG Schl-Hol. Art. 70 Abs. 1 S. 2 SachsenVerf.

302 mit Ausnahme von Sachsen-Anhalt, dort ist die Volksinitiative mit Gesetzesvorbehalt nach Behandlung und Entscheidung durch den Landtag „erledigt“, s. § 9 VabstG S-A.

303 Art. 77 Abs.1 BranVerf.: Frist vier Monate; Art. 108a Abs. 3 S. 3 Rh-PfVerf.: Frist drei Monate; Art. 42 Abs. 1 S. 1 Schl-HolVerf.: Frist 4 Monate.

304 Art. 109 Abs. 4 S. 1 Rh-PfVerf.; Art. 72 Abs. 2 SachsenVerf. i.V.m. § 26 VVVG; Art. 42 Abs. 2 Schl-HolVerf.

305 Art. 78 Abs. 1 BranVerf.

306 Art. 124 S. 2 HVerf.: nicht über Haushaltsplan, AbgabenG., BesG; Art. 60 Abs. 2 S.1 M-VVerf.: nicht über HaushaltsG, AbgabenG, BesG; Art. 48 Abs. 1 S. 3 NdsVerf.: nicht über Landeshaus-

Neben den Anforderungen an Zustimmungsquoren sehen die gesetzlichen Vorgaben für Volksentscheide – vergleichbar mit den Regelungen zu Bürgerbegehren/ Bürgerentscheiden – weitere Verfahrensregelungen[307] und besondere Anforderungen vor.[308]

b) Mehrheitserfordernisse bei Volksentscheiden

Unterschiede bestehen auch im Hinblick auf die Voraussetzungen für die Annahme eines Volksentscheides. Teilweise fehlt über die bloße Anwendung der Mehrheitsregelung hinaus jegliche weitere Regelung über die einzuhaltenden Quoren. Im Übrigen liegen die Anforderungen zur Annahme einfacher Gesetze zwischen der Hälfte und einem Viertel der Stimmen der Stimmberechtigten.[309]

Auch die Zustimmungserfordernisse für den Volksentscheid sind unterschiedlich.[310]

---

halt, öffentliche Abgaben, Dienst- und Versorgungsbezüge; Art. 68 Abs. 1 S. 4 NRWVerf.: nur über Gegenstände der Gesetzgebungsgewalt des Landes, nicht über: Finanzfragen, AbgabenG und BesoldungsG; Art. 109 Abs. 3 S. 3 Rh-PfVerf.: nicht über Finanzfragen, AbgabenG, BesO; Art. 99 Abs. 1 SaarlVerf.: nicht über finanzwirksame Gesetze, insbesondere über Abgaben, Besoldung, Staatsleistungen und Staatshaushalt; Art. 73 Abs. 1 S. 1 SachsenVerf.: nicht über Abgaben-, Besoldungs- und HaushaltsG; Art. 81 Abs. 1 S. 3 S-AVerf.: nicht über HaushaltsG, AbgabenG, BesoldungsO; Art. 82 Abs. 2 ThürVerf.: nicht zu Landeshaushalt, Dienst- oder Versorgungsbezügen, Abgaben und Personalentscheidungen.

307 Eintragung in amtliche Listen: Baden-Württemberg, Bayern, Hessen, Nordrhein-Westfalen, Rheinland-Pfalz, Saarland, Schleswig-Holstein.

308 Ausgearbeiteter und mit Gründen versehener Gesetzentwurf als Pflicht: Art. 59 Abs. 2 S. 1 BaWüVerf.; Art. 74 Abs. 2 BayVerf.; Art. 124 Abs. 2 S. 2 HVerf.; Art. 60 Abs. 1 S. 2 M-VVerf.; Art. 12 Abs. 1 S. 2 NdsVerf.; Art. 68 Abs. 1 S. 2 NRWVerf.; Art. 109 Abs. 2 S. 2 Rh-PFVerf.; Art. 99 Abs. 2 S. 1 SaarlVerf.; Art. 71 Abs. 1 S. 3 SachsenVerf.; Art. 81 Abs. 1 S. 2 S-AVerf; „Kann-Vorschrift" gem. Art. 76 Abs. 1 S. 2 BranVerf.; Art. 41 Abs. 1 S. 2 Schl-HolVerf.; Art. 68 Abs. 1 S. 2 ThürVerf.

309 So in Art. 60 Abs. 5 BaWüVerf.; Art. 100 Abs. 4 SaarlVerf; Art. 40 Abs. 2 Schl-HolVerf.

310 60 Abs. 5 BaWüVerf.: Mehrheit der abgegebenen Stimmen, wenn mindestens 1/3 der Stimmberechtigten zustimmt; Art. 78 Abs. 2 BranVerf.: Mehrheit, mindestens jedoch 1/4 der Stimmberechtigten; Art. 124 Abs. 3 S. 2 HVerf.: Es entscheidet die Mehrheit der abgegebenen Stimmen; Art. 60 Abs. 4 S. 1 M-VVerf.: Mehrheit, mindestens 1/3 der Wahlberechtigten; Art. 49 Abs. 2 S. 1 NdsVerf.: Mehrheit, mindestens aber 1/4 der Wahlberechtigten; Art. 68 Abs. 4 S. 2 NRWVerf.: Mehrheit, wenn diese mindestens 15 % der Stimmberechtigten beträgt; Art. 109 Abs. 4 S. 3 Rh-PfVerf.: Mehrheit der abgegebenen Stimmen, mindestens 1/4 der Stimmberechtigten; Art. 100 Abs. 3 SaarlVerf.: mehr als die Hälfte der Stimmberechtigten; Art. 72 Abs. 4 S. 2 SachsenVerf.: Mehrheit der abgegebenen Stimmen; Art. 81 Abs. 3 S. 2: Mehrheit der gültigen Stimmen, mindestens jedoch 1/4 der Wahlberechtigten; Art. 42 Abs. 4 S. 1 Schl-HolVerf.: Mehrheit, jedoch mindestens 1/4 der Stimmberechtigten; Art. 82 Abs. 7 S. 3 ThürVerf.: Mehrheit der abgegebenen Stimmen, mindestens jedoch 1/4 der Stimmberechtigten.

In der Regel lautet die Formulierung: „ …die Mehrheit, mindestens aber….“. Lediglich die Länder Bayern, Hessen und Sachsen verzichten auf ein bestimmtes Zustimmungsquorum. Hier entscheidet die einfache Mehrheit.

c) Erfahrungen mit den Instrumenten direkter Bürgerbeteiligung auf Landesebene im Vergleich zur kommunalen Ebene

In den Jahren von 1949 bis Ende 2008 fanden insgesamt 266 direkt-demokratische Verfahren auf Landesebene statt. Davon handelte es sich in 222 Fällen um Anträge auf Volksbegehren bzw. Volksinitiative und in 44 Fällen um Volkspetitionen. Eine deutliche Steigerung direkt-demokratischer Verfahren ist seit 1992 zu verzeichnen. Während in den Jahren 1949 bis 1991 insgesamt 25 Verfahren gezählt wurden (also jährlich 0,5 Verfahren) wurden in den Jahren von 1992 bis 2008 insgesamt 241 Verfahren, also jährlich durchschnittlich rd. 15 Verfahren, neu eingeleitet.[311]

Betrachtet man die Häufigkeit von Volksinitiativen/Anträgen auf Volksbegehren seit Einführung des Instruments, so nutzen in den Flächenländern die Bürger Brandenburgs mit 20 Anträgen seit 1992 und Mecklenburg-Vorpommerns mit 16 Anträgen seit 1994 und Schleswig-Holsteins mit 20 Verfahren seit 1990 die direkt-demokratischen Verfahren am häufigsten. Einschränkend ist jedoch festzustellen, dass in Mecklenburg-Vorpommern noch nie ein Volksbegehren und in Brandenburg noch nie ein erfolgreiches Volksbegehren stattgefunden hat.[312]

Was die Anzahl von Volksbegehren und Volksentscheiden – also die zweite und dritte Stufe der Verfahren anbelangt – ist Bayern mit 16 Volksbegehren und 5 Volks-entscheiden seit 1946 der Spitzenreiter. Ansonsten fanden neben Bayern nur in den Flächenländern Schleswig-Holstein (2), Sachsen (1) und Sachsen-Anhalt (1) von der Bevölkerung beantragte Volksentscheide statt. In drei Bundesländern fand noch kein einziges Volksbegehren statt. Dies betrifft Baden-Württemberg, Mecklenburg Vorpommern und das Saarland. In Hessen und Rheinland-Pfalz fanden trotz langjährigem Vorhandensein[313] entsprechender Regelungen nur je ein Verfahren auf Volksbegehren statt.[314]

311 VBB 2008, S. 9.
312 VBB 2008, S. 10.
313 Hessen seit 1946; Rheinland-Pfalz seit 1947.
314 VBB 2008, S. 11.

3. Ergebnis

Die vorstehende Darstellung zur geringen Häufigkeit der Verfahren belegt, dass direkt-demokratische Instrumente auf Landesebene allenfalls als ein Indiz für die Idee von „mehr" Bürgerbeteiligung dienen können.

Betrachtet man die Regelungen zu direkt-demokratischen Sachentscheidungen auf Landes- und Kommunalebene, so findet sich durchgängig eine Gemeinsamkeit: Die Instrumente sind je nach Bundesland unterschiedlich ausgestaltet, die jeweiligen Grundstrukturen der Regelungen sind allerdings vergleichbar. Dies gilt für das Bestehen formaler Anforderungen wie Zulassungsvoraussetzungen und für geforderte Quoren. Auch die inhaltlichen Anforderungen sind vergleichbar. Insgesamt gesehen sind hier wie dort formale Kriterien häufig verantwortlich für das Scheitern, wobei die jeweiligen Quoren als Erfolgsbremse zu bezeichnen sind. In diesem Kontext ist zudem von Relevanz, dass – unabhängig von der Ebene – die Abstimmungsbeteiligung im Vergleich zu regulären Wahlen relativ niedrig ausfällt.

Von besonderem Interesse ist weiterhin die Feststellung, dass die Anwendungspraxis auf Landesebene den Befund für die Gemeindeebene bestätigt, wonach eine „rege" Anwendung direkt-demokratischer Instrumente zu Sachfragen keine Rückschlüsse auf die Verfahren über die Abwahl zulässt. Die Bürger in Brandenburg, Mecklenburg-Vorpommern und Schleswig-Holstein nutzten die Verfahren für Volksinitiativen/Anträge. In Schleswig-Holstein fanden sogar zwei Volksentscheide statt. In Mecklenburg-Vorpommern und vor allem in Schleswig-Holstein spielt aber die Abwahl in der Anwendungspraxis kaum eine Rolle.

V. Zusammenfassung

Nachdem inzwischen vielfältige Instrumente direkter Demokratie, insbesondere auf der Ebene der Kommunen (und auch in den Kreisen), verankert wurden, ist festzustellen, dass in den neunziger Jahren das Interesse der Bürgerinnen und Bürger, sich – neben Wahlen – direkt an der Politik zu beteiligen, stark zugenommen hat. [315] Die Bürger können entsprechend den gesetzlichen Vorgaben zwischen den Wahlen ihren Willen, sowohl bezogen auf Sach- als auch Personalfragen, artikulieren. Dies ermöglicht es den Repräsentanten, „Probleme" bereits im Vorfeld aufzugreifen, sich damit auseinanderzusetzen, diese öffentlich zu thematisieren und ggf. konsensuale Lösungen zu erarbeiten und umzusetzen.[316] Wie

315 VBB 2008, S. 32.
316 so auch Weber, DÖV 1985, S. 178 (181f.).

die Erfahrungen der Praxis belegen, erledigen sich nicht wenige Begehren, indem ihre „Anliegen“ von den entsprechenden Vertretungsorganen übernommen werden. Die Instrumente bieten insofern die Chance, die vielfach beklagte Kluft zwischen Volk, Parteien und Regierung zu reduzieren. Ungeachtet der theoretisch vielfältigen Beteiligungsmöglichkeiten ist jedoch in der Praxis zu konstatieren, dass Bürger, welche die Instrumente Bürger-/Volksbegehren oder Abwahl nutzen wollen, nicht selten durch bürokratische Hürden behindert oder gar abgeschreckt werden: Häufiger Ausschluss von Initiativen in sachlicher Hinsicht, eine restriktive Rechtsprechung, hohe Hürden bei Bürger-/Volksbegehren und hohe Zustimmungsquoren lassen die Instrumente in vielen Ländern ins Leere laufen.[317] Die rechtliche Einräumung einer Mitwirkungsmöglichkeit bleibt ein „stumpfes Schwert“, wenn die Hürden entsprechend hoch gelegt werden.

Die Einführung der Direktwahl durch die Bürger hat dem Bürgermeister eine besondere Legitimation sowie eine (potentiell) starke Stellung eingeräumt. Diese Konstellation birgt allerdings vielfältiges Konfliktpotential in sich. Dies gilt sowohl im Hinblick auf die Bürger, die an „ihren“ Bürgermeister besondere Erwartungen knüpfen, als auch im Hinblick auf den Gemeinderat, der mit dem Bürgermeister zusammenarbeiten soll. Unter bestimmten Voraussetzungen kann in diesen Fällen das Instrument der Abwahl zum Tragen kommen, um den Bürgermeister vor Ablauf der regulären Amtszeit abzulösen. Bei der Abwahl zeigen sich jedoch sowohl in der rechtlichen Ausgestaltung als auch in den Praxiserfahrungen relevante Besonderheiten. So ist zunächst grundsätzlich zu konstatieren, dass sich die Direktwahl des Bürgermeisters nach den allgemeinen Wahlregeln der repräsentativen Demokratie richtet. Die Wahlbeteiligung spielt für das Ergebnis keine maßgebliche Rolle. Bei den Verfahren zur Abwahl hingegen ist die Beteiligung aufgrund der Zustimmungsquoren von entscheidender Bedeutung.

Betrachtet man direkt-demokratische Entscheidungen zu Sachfragen im Vergleich, so geht bei diesen die Initiative in der Regel von den Bürgern aus und die Ratsinitiative spielt eine eher untergeordnete Rolle. Die gesetzlichen Regelungen der meisten Bundesländer zur Abwahl des Bürgermeisters legen hingegen die Einleitung eines Abwahlverfahrens ausschließlich in die Hände des Gemeinderates; die Abwahlinitiative durch die Bürger bildet die Ausnahme. Sie ist in Brandenburg, Schleswig-Holstein, Sachsen und in Nordrhein-Westfalen vorgesehen und wurde – mit Ausnahme von Brandenburg – selten genutzt.

Die Ausgestaltung der Verfahrensregeln dahingehend, dass dem Gemeinderat eine entscheidende Stellung bei der Einleitung von Abwahlverfahren zukommt, ist auch auf die Vergangenheit des Instruments (als ausschließliches Instrument des Gemeinderates) zurückzuführen. Das Einleitungsverfahren durch den Ge-

317 VER 2007, S. 4ff; VBB 2008, S. 16; zur Rechtsprechung: Jung, Grundsatzfragen, S. 312 (338); ders. ZRP 2000, S. 433 (440).

meinderat an sich ist bereits mit erheblichen formalen Regeln verbunden. Die Notwendigkeit wiederholter Abstimmungen und hoher Mehrheitserfordernisse soll übereilten und stimmungsgeladenen Abwahlinitiativen entgegenwirken. Die formalen Hürden sollen sowohl eine Initiative des Gemeinderates als auch einen Beschluss der Bürger aus geringfügigem Anlass verhindern. Die Verfahrensvorschriften und hohen Quoren betonen den Ausnahmecharakter des Instruments, quasi als wohlüberlegte letzte Möglichkeit. Anders als Entscheidungen zu Sachfragen, die als Ergänzung zu Ratsbeschlüssen angesehen werden können, sollen Abwahlen offenkundig nur ausnahmsweise stattfinden.

Die in den letzten Jahren eingeführten Abwahlregelungen für die Landräte orientieren sich sehr stark an den bereits geltenden und praktizierten Verfahren zur Abwahl der Bürgermeister. Dies lässt den Schluss zu, dass die Landesgesetzgeber mit den bisherigen diesbezüglichen Erfahrungen zufrieden waren und auf Kreisebene keine weitere Öffnung praktizieren wollten. Dieser Befund trifft auch auf die Praxis der Bürgerbeteiligung auf Landesebene zu. Ebenso wie direkt-demokratische Entscheidungen über die Abwahl des Bürgermeisters oder Landrates auf Kommunal- bzw. Kreisebene sollen auf Landesebene direkt-demokratische Entscheidungen über Sachfragen nur in Ausnahmefällen stattfinden können.

Die Erfahrungen der Praxisanwendungen zeigen die Abwahl des Bürgermeisters als eher selten genutztes Instrument direkter Demokratie in der Kommune. Dies gilt sowohl für Verfahren, die nur durch den Gemeinderat eingeleitet werden können als auch für Verfahren, die durch Bürgerbegehren eingeleitet werden können. Dies entspricht vermutlich der Absicht der Gesetzgeber. Dennoch sollte – aufgrund der vorangegangenen Direktwahl ohne Bedeutung der Wahlbeteiligung – die Konzeption der Regelungen zu den Zustimmungsquoren für die Abwahl durch die Bürger überarbeitet werden. Vor allem aber sollten die Regelungen zum Initiativrecht grundsätzlich hinterfragt und im Ergebnis um das Initiativrecht der Bürger ergänzt werden.

C. Direkt-demokratische Verfahren im Wertesystem des Grundgesetzes

Wie bereits dargestellt, erfolgte im Zusammenhang mit der Wiedervereinigung Deutschlands eine (im Vergleich zu früheren Jahren) deutlich stärkere rechtliche Verankerung bürgerlicher Partizipationsmöglichkeiten durch direkt-demokratische Mitwirkungs- und Entscheidungsinstrumente auf der Ebene der Länder und Kommunen. Insbesondere der Freistaat Bayern verankerte weitreichende direkt-demokratische Mitwirkungsformen in der Bayerischen Gemeinde- und Landkreisordnung.[318] Die daraus resultierenden juristischen Auseinandersetzungen machten – unabhängig von ihrem Ausgang – deutlich, dass die Einführung und Ausgestaltung direkt-demokratischer Instrumente nicht nur spezifische landesverfassungsrechtliche Fragestellungen, sondern auch Verfassungsfragen von grundsätzlicher Natur aufwerfen.

Daher ist es von Interesse, welche Position das Grundgesetz zu Formen direkt-demokratischer Entscheidungsfindung einnimmt. Dies betrifft sowohl Entscheidungen über Sachfragen auf Bundes-, Landes- und Kommunalebene als auch Personalentscheidungen auf kommunaler Ebene, wie die direkte Wahl und Abwahl hier insbesondere des Bürgermeisters. Legt sich das Grundgesetz auf ein System ausschließlich mittelbarer Demokratie fest, wonach das Volk darauf beschränkt ist, Repräsentanten und Organe zu wählen, die für das Volk Entscheidungen treffen (Abschnitt I)? Bestehen Freiräume für Elemente direkter Demokratie, in deren Rahmen die Bürger direkt entscheiden können? Und wenn ja: Welche Rahmenbedingungen und Grenzen gilt es zu beachten? Diese Fragen stellen sich insbesondere für die Ebene der Länder und Kommunen (Abschnitt II). Im Kern der Problematik geht es darum, welche Schranken, aber auch welcher Spielraum sich aus dem Grundgesetz für die Länder in ihrer grundsätzlichen Verfassungsautonomie ergeben, insbesondere in Hinblick auf die kommunale Selbstverwaltung (Abschnitt III). Abschließend wird die Frage zu klären sein, wie das Instrument der (Wahl und) Abwahl im demokratischen System der Bundesrepublik Deutschland einzuordnen ist (Abschnitt IV).

318 Gesetz zur Einführung des kommunalen Bürgerentscheids vom 27.10.1995; Weixner, S. 29 (33f.).

I. Die Grundsätze des Art. 20 GG und ihre Bedeutung für Instrumente unmittelbarer Demokratie

Ansatzpunkt zur Beantwortung der oben dargelegten Fragestellung ist Art. 20 GG. Art. 20 Abs. 1 und Abs. 2 GG regelt als Grundsatznorm die in der Bundesrepublik Deutschland geltenden demokratischen Prinzipien, dies allerdings nicht im Sinne eines „vollständigen und vollkommenen Modells“, sondern nur in Grundzügen. Das Grundgesetz legt unabdingbare Regeln für die demokratische Ordnung fest und versucht, die Grundlagen und Grundstrukturen dieser Ordnung zu sichern. Innerhalb dieses Rahmens werden die konkreten Inhalte von „Demokratie“ bestimmt als Ergebnis politischer Auseinandersetzungen. Auf dieser Grundlage besteht Raum für die Verwirklichung unterschiedlicher Vorstellungen.[319] In diesem Kontext bewegt sich die Frage nach der grundsätzlichen Vereinbarkeit direkt-demokratischer Entscheidungen in Sach- und Personalfragen mit den Festlegungen des Art. 20 GG. Welches Spannungsverhältnis zeigt sich hier zu den Regeln und Grundstrukturen des demokratischen Systems?

1. Die Bedeutung und Stellung des politischen Willens der Bürger nach dem Grundgesetz

Direkt-demokratische Verfahren sind eine besondere Ausdrucksform des politischen Willens der Bürger, die auf eine unmittelbare Entscheidung über Sach- und Personalfragen zielen. Dies erfordert eine Klärung, wie sich das Grundgesetz zur Bedeutung und Stellung des politischen Willens der Bürger äußert. Zentraler Ansatzpunkt hierfür ist Art. 20 Abs. 2 GG. Art. 20 Abs. 2 GG lautet: „Alle Staatsgewalt geht vom Volke aus. Sie wird vom Volk in Wahlen und Abstimmungen und durch besondere Organe der Gesetzgebung, der vollziehenden Gewalt und der Rechtsprechung ausgeübt.“

Hieraus wird hergeleitet, dass sich das Grundgesetz zunächst zum Prinzip der Herleitung aller Staatsgewalt vom Staatsvolk bekennt.[320] Die vom Grundgesetzgeber gewählte Form impliziert aber auch, den Bürger darauf zu beschränken, im Rahmen der Verfassung (und mittelbar auch auf Grund dieser Verfassung ergehender Gesetze) feste Ämter oder Organe zu schaffen, die sodann – grundsätzlich wiederum vom Volk selbst durch Wahlen – mit bestimmten Personen

319 Hesse, S. 51; so auch Katz, § 9, Rdnr. 157; Stern, StaatsR, Bd. I, § 18 II Nr. 1, S. 599ff; Badura, D, Rdnr. 2f.; Preuß, ZRP 1993, S. 131 (135).

320 Herzog, in: Maunz/Dürig, GG, Bd. III, Art. 20, (Abschn. II) Rndr. 2; Robbers, in: BK, Art. 20, Rdnr 571; Badura, D, Rdnr. 6.

besetzt werden (Art. 20 Abs. 2, S. 2 GG).[321] Insoweit wird unterschieden zwischen Trägerschaft und Ausübung der Staatsgewalt, wobei dem Volk zunächst die originäre Trägerschaft zukommt. Die Staatsgewalt an sich wird jedoch durch demokratisch legitimierte Organe ausgeübt.[322]

Das Grundgesetz regelt zudem die demokratischen Grundsätze, nach denen die Besetzung der besonderen Organe erfolgt. Es zählen hierzu die Bestellung des politischen Führungspersonals durch Wahlen, die ihrerseits allgemein, gleich, frei und geheim sein müssen. Ein weiterer wesentlicher Grundsatz ist das Mehrheitsprinzip als Instrument der Entscheidungsfindung.[323] Dieses Prinzip besagt einerseits „Demokratie ist die Herrschaft der Mehrheit“[324], andererseits verpflichtet es aber auch zur Gewährleistung von Minderheitsrechten. Dies ist erforderlich, um ein Gleichgewicht der politischen Kräfte zu erhalten, damit die Chance der Minderheit besteht, Mehrheit zu werden.[325] Die oben dargestellten Zusammenhänge und Schwerpunkte zeigen auf, dass Instrumente direkter Demokratie nicht als selbstverständlicher Bestandteil des demokratischen Systems zu sehen sind.

a) Der Grundsatz der demokratischen Repräsentation und Instrumente direkter Demokratie

Nach der Besetzung von Organen entsprechend der oben dargestellten Logik gilt der Grundsatz, dass die Staatsgewalt an sich nach dem Repräsentationsprinzip durch die gewählten Vertreter ausgeübt wird, die allerdings mit einem freien Mandat ausgestattet sind.[326] Die demokratische Repräsentation legitimiert sich organisatorisch und praktisch in der nach den demokratischen Grundsätzen zustande gekommenen Berufung (und Abberufung) sowie in der Kontrolle derjenigen Personen, die die Staatsgewalt ausüben.[327] Das Grundgesetz befasst sich in seinen Vorgaben mit den Anforderungen und Regeln einer verfassungsgemäßen Repräsentation. Die Einhaltung von Regeln ist Voraussetzung dafür, dass einer Repräsentation, also dem Handeln für andere, vom Grundsatz her Berechtigung

---

321 Robbers, in: BK, Art. 20 Abs. 1, Rdnr. 571; Herzog, in: Maunz/Dürig, GG, Bd. III, Art. 20, (Abschn. II) Rdnr. 18; in diesem Sinne auch Obst, S. 14; Katz, § 9 Rdnr.141; Schmidt-Glaeser, VVdStRL 31, S. 179 (210ff).

322 Herzog, in: Maunz/Dürig, GG, Bd. III, Art. 20, (Abschn. II) Rdnr. 3, Robbers, in: BK, Art. 20 Abs. 1, Rdnr. 572.

323 Herzog, in: Maunz/Dürig, GG, Bd. III, Art. 20, (Abschn. II) Rdnr. 19.

324 Herzog, in: Maunz/Dürig, GG, Bd. III, Art. 20, (Abschn. II) Rdnr. 14.

325 BVerfGE 70, S. 324 (362ff.); Robbers, in: BK, Art. 20 Abs. 1, Rdnr. 651; Fromme, DÖV 1970, S. 518; Hesse, VVdStRL 17 (1959), S. 11 (20).

326 Fromme, DÖV 1970, S. 518 (519); Katz, § 9, Rdnr. 139f. 159f.; Badura, D, Rdnr.5ff.

327 Robbers, in: BK, Art. 20 Abs. 1, Rdnr. 580; Badura, D, Rdnr. 6.

und Akzeptanz zukommt. Allein die Beachtung formaler Kriterien genügt jedoch nicht, wie sich an Kritik und Diskussionen im Zusammenhang mit dem politischen System der Bundesrepublik in der Vergangenheit und in der Gegenwart verdeutlicht.

aa) Die formale Repräsentation

Die „Legitimationskette"[328] vom Volk über die Volksvertretung zu den mit staatlichen Aufgaben betrauten Personen und die Befugnis der Vertretungsorgane, durch ihre Entscheidungen das Volk zu verpflichten, begründen zunächst nur eine formale Repräsentation.[329] Die so zustande gekommene Repräsentation ist unabdingbar für die demokratische Legitimation der zu treffenden Entscheidungen. Allerdings versteht sich formale Repräsentation losgelöst vom Handeln und Entscheiden der Vertretungsorgane als reine Delegation des Volkswillens. Nach dieser Definition erfolgt die sich nach den Vorschriften des Grundgesetzes begründende (formale) Repräsentation ohne Bezug zu politischen Inhalten.

Dies kann jedoch nicht Wille und Ziel der auf dem Gedanken der Demokratie gründenden Regelungen des Grundgesetzes sein. Eine als demokratisch verstandene Repräsentation kann sich – weder theoretisch noch praktisch – allein auf eine formale Legitimation begründen.

bb) Die inhaltliche Repräsentation

Aus den Voraussetzungen der formalen Repräsentation, insbesondere aus der Volkswahl, ergibt sich eine Verbindung zu einer auch inhaltlichen Repräsentation.

Der Gedanke der inhaltlichen Repräsentation stellt nämlich darauf ab, dass in einem vom Volk autorisierten und legitimierten Handeln inhaltlich dessen Wille zum Ausdruck kommt. Repräsentation begründet sich demnach auch darin, dass Handeln und Entscheiden der Vertretungsorgane Ziele und Interessen des Volkes widerspiegeln. Dies bedeutet, dass – ungeachtet von Meinungsverschiedenheiten und Auffassungsunterschieden – anstehende Fragen des Zusammenlebens durch die Repräsentanten so verhandelt und ausbalanciert werden, dass das Volk sich mit der Art der Behandlung und der Entscheidung identifizieren kann bzw. eine Akzeptanz entsteht.[330] Diese im Grundgesetz nicht explizit genannten Anforderungen einer inhaltlichen Repräsentation sind jedoch ihrem Wesen nach erfor-

---

328 Badura, D, Rdnr. 11.

329 Bockenförde, in: Isensee/Kirchhof, HdBStR, Bd. II, § 30, Rdnr. 18.

330 Kriele, VVdStRL, 29, S. 46 (52); Bockenförde, in: Isensee/Kirchhof, HdBStR, Bd. II, § 30, Rdnr. 18; Rossnagel, ZParl 1986, S. 587 (592).

derlich für die demokratische Legitimationskraft des Handelns repräsentativer Organe.

cc) Die Einflussmöglichkeiten der Bürger auf die demokratische Repräsentation

Die vom Grundgesetz vorgesehene Repräsentation darf somit nicht nur als formaler Legitimitäts- und Zurechnungszusammenhang zwischen dem Handeln der Leitungsorgane und dem Volk verstanden werden, sondern parallel hierzu muss vielmehr eine inhaltliche Repräsentation gewährleistet sein. Im System der repräsentativen Demokratie sind derzeit weniger Probleme mit der formalen, wohl aber mit der inhaltlichen Legitimation ersichtlich. Festzustellen ist, dass es in der politischen Praxis häufig nicht gelingt, einen gesellschaftlichen Konsens herzustellen. Problematisch wird dies im Ergebnis dann, wenn empfundene Ohnmacht gegenüber Entscheidungen zu nachhaltiger politischer Entfremdung und Apathie der Bürger führt und so die Integrationskraft des Gemeinwesens geschwächt wird.[331] Auf Bundesebene besteht derzeit für die Bürger lediglich die Möglichkeit, bei Verlust der inhaltlichen Repräsentation und Legitimation im Rahmen von Wahlen mit dem Entzug der formalen Legitimation zu reagieren. Eine Einflussnahme durch direkt-demokratische Instrumente ist nicht möglich. Anders sieht dies auf der Ebene der Länder und der Kommunen aus. Dort besteht u.a. wegen des regionalen, örtlichen und auch inhaltlichen Bezugs der Bürger eine größere Nähe zu den zu treffenden Entscheidungen als auf Bundesebene. Daher ist zu vermuten, dass in der politischen Praxis auf Landes- und Kommunalebene die inhaltliche Legitimität von Repräsentation besonders wichtig ist.

Dieser Hintergrund indiziert, dass den direkt-demokratischen Instrumenten auf Landes- und Kommunalebene im System der demokratischen Repräsentation eine besondere Rolle zukommt. Daher bedarf die verfassungsrechtliche Einordnung der Instrumente zur direkten Äußerung des Volkswillens einer näheren Betrachtung.

b) Der Grundsatz der Volkssouveränität

Auch aus der Perspektive des verfassungsrechtlichen Grundsatzes der Volkssouveränität stellt sich die Frage, ob bzw. inwieweit dem Volk durch das Grundgesetz die Möglichkeit eingeräumt wird, außerhalb von Wahlen seine Interessen zur Geltung zu bringen. Im Kern geht es um die Frage, welche Bedeutung und welcher Stellenwert den Instrumenten unmittelbarer Demokratie im System des Grundgesetzes zukommen. Ansatzpunkt zur Beantwortung ist die Bedeutung

331 Rossnagel, ZParl 1986, S. 587 (593); Kost, S. 7ff.

der in Art. 20 Abs. 2 GG genannten „Wahlen und Abstimmungen“ in Verbindung mit der Formulierung „durch besondere Organe“. Das Spannungsverhältnis zwischen der Volkssouveränität gem. Art. 20 Abs. 2 S. 1 GG und den „Wahlen und Abstimmungen“ des Art. 20 Abs. 2 S. 2 GG ließe sich dahingehend „auflösen“, dass der Schwerpunkt bei der direkten Legitimation durch die Bürger zu sehen ist. Andererseits ist in Art. 20 Abs. 2, S. 2 GG ausdrücklich formuliert, dass die Staatsgewalt auch „durch besondere Organe“ ausgeübt wird; dies könnte für die umgekehrte Priorität sprechen. Der Text des Grundgesetzes lässt keine eindeutige Schlussfolgerung zu. Es bedarf daher einer Analyse, was sich aus Art. 20 Abs. 2 GG als Wesensgehalt des Demokratieprinzips von unmittelbarer Demokratie im Verhältnis zu repräsentativer Demokratie ergibt. Hierzu sind intensive Interpretationsdiskussionen dokumentiert. Dabei wurde das demokratische Prinzip (außer aus dem Wortlaut) aus der genetischen historischen Auslegung interpretiert und in seinem systematischen Zusammenhang beleuchtet.[332] Wenngleich sich diese Debatten inhaltlich und sachlich mit der Deutung für die Ebene des Bundes befassen, erscheinen sie auch aufschlussreich für die Beurteilung der Verfassungslage auf Landes- und Kommunalebene.

c) Die Festlegung auf mittelbare Demokratie aus dem Wortlaut des Art. 20 GG

Bei der Auslegung des Art. 20 Abs. 2 GG wird dessen Formulierung – nach verbreiteter Auffassung – dahingehend interpretiert, dass sie den repräsentativen Charakter (im Sinne einer rein mittelbaren Demokratie) des Demokratieprinzips im Grundgesetz festschreibt.[333] Die verschiedenen Analyseansätze unterscheiden sich jedoch hinsichtlich ihrer formalen als auch inhaltlichen Schwerpunkte. Der Blick auf die unterschiedlichen Akzente erleichtert u.U. die Einschätzung der Voraussetzungen für den Geltungsbereich von Instrumenten direkter Demokratie und sollen im Folgenden skizziert werden.

---

332 Kriele, VVdStRL 29, S. 46f.; Stober 1982, S. 28; Jürgens, S. 263f.; Degenhart, StaatsR I, § 1, Rdnr. 5; dieser weist jedoch darauf hin, dass nach der Rechtsprechung des Bundesverfassungsgericht der Entstehungsgeschichte einer Norm keine ausschlaggebende Rolle zukommt, sondern vielmehr der objektive Wille des (Verfassungs-)Gesetzgerbers zu ermitteln ist.

333 Herzog, in: Maunz/Dürig, GG, Bd. III, Art. 20, (Abschn. II) Rdnr. 19, 38; Hamann/Lenz, GG, Art. 20, Anm. 6; Schnapp, in: v. Münch/Kunig, GG, Bd. 2, Art. 20, Rdnr. 18; Sommermann, in: v. Mangold/Klein/Starck, GG, Bd. 2, Art. 20 Abs. 2, Rdnr. 157; Katz, Rdnr. 144; Degenhart, § 1, Rdnr. 24; Kriele, VVdStRL 29, S. 46 (60); Fromme, S. 222f.; Stern, StaatsR, Bd. I, § 18, S. 608; Jürgens, S. 263; Erbguth, DÖV 1995, S. 793 (796); Weber, in: FS für Hugelmann, S. 765 (769); die h. M. zusammenfassend auch Hohm, DuR 1983, 406 (407).

aa) Die Interpretation aus dem ersten Satzteil

Eine Interpretationslinie leitet die Festlegung des Grundgesetzes auf die repräsen-tative Demokratie bereits aus dem ersten Satzteil des Art. 20 Abs. 2 S. 2 GG ab.[334] Begründet wird dies mit der Nennung von „Wahlen", die gewissermaßen zwischen der mittelbaren und der unmittelbaren Demokratie stünden. Der Wahlakt selbst stelle zwar eine Form der unmittelbaren Beteiligung dar, er sei jedoch darauf gerichtet, ein bestimmtes Organ mit einer (oder mehreren) Personen zu besetzen.[335] Soweit aus der Nennung von „Wahlen" ein Hinweis auf unmittelbare Demokratie zu interpretieren sei, könne das nur dahingehend verstanden werden, dass zwar der Wahlakt an sich eine unmittelbare Willensäußerung darstellt, aber der Zweck der Wahlen darauf gerichtet sei, ein bestimmtes Organ mit einer (oder mehreren) Person(en) zu besetzen.[336] Die Wahl stelle immer eine Personalentscheidung dar, keine Sachentscheidung.[337] Insoweit sei die Wahl durch die Bürger als Bestandteil der repräsentativen Demokratie zu verstehen.[338]

bb) Die Interpretation aus dem Kontext

Eine zweite Interpretationslinie kommt mit leicht modifiziertem Ansatz und Schwerpunkt zu dem gleichen Ergebnis. Die Argumentation konzediert, dass das Grundgesetz in Art. 20 Abs. 2 S. 2 GG die unmittelbare Komponente der Demokratie („in Wahlen und Abstimmungen") und die mittelbare Demokratie („durch besondere Organe der Gesetzgebung...") scheinbar gleichgewichtig regelt. Der Kontext der Vorschrift belege aber, dass das Grundgesetz den Formen der mittelbaren Demokratie, d.h. der Ausübung durch Staatsorgane, den Vorzug gebe.[339] Aufgrund absichtsvollen Handelns des Parlamentarischen Rates komme den „Abstimmungen" als eine der beiden in Art. 20 Abs. 2 GG vorgesehenen Möglichkeiten der unmittelbaren Ausübung der Staatsgewalt durch das „Volk" neben dem Instrument des „Staatshandelns durch besondere Organe" eher eine untergeordnete Rolle zu.[340] Der Wortlaut wird daher dahingehend interpretiert, dass die Staatsgewalt zum einen vom Volk in Wahlen und Abstimmungen, zum

334 Schunck/De Clerck, S. 234f.; Schneider, AK-GG, Bd. 2, Art. 38, Rdnr. 38; Jürgens, S. 267.

335 Ritterbach, S. 42; Jürgens, S. 267.

336 Ritterbach, S. 42; Jürgens, S. 267.

337 Kühne, S. 21; Ritterbach, S. 42; Jürgens, S. 267.

338 Fell, S. 5; Jürgens, S. 268.

339 Herzog, in: Maunz/Dürig, GG, Bd. III, Art. 20, (Abschn. II) Rdnr. 38; Stober 1982, S. 28, geht davon aus, dass das Volk als Träger der Staatsgewalt unmittelbar grundsätzlich nur durch Wahlen und Abstimmungen mitwirkt.

340 Ebsen, S. 4.

anderen aber durch besondere Organe ausgeübt werde.[341] Die Staatsgewalt gehe zwar vom Volk aus, ihre Ausübung werde aber durch die Nennung der „besonderen Organe“ in Satz 2 diesen übertragen.[342]

Die Interpretationslinie, die von einer Dominanz der Organe ausgeht, argumentiert, dass Art. 20 Abs. 2 S. 2 GG nicht von ungefähr die Ausübung der Staatsgewalt durch „besondere Organe“ der Gesetzgebung, der vollziehenden Gewalt und der Rechtsprechung vorsehe. Dieser Passus enthält nach dieser Auffassung eine Verfassungsentscheidung nicht nur zugunsten der mittelbaren Demokratie, sondern darüber hinaus auch zugunsten der Institutionen „Amt“ bzw. „Organschaft“. [343]

cc) Die Argumentation des „Regel-Ausnahmeverhältnisses“

Die Vertreter der Auffassung, das Grundgesetz sei restriktiv auszulegen bezüglich weit reichender Einführung direkt-demokratischer Elemente, begründen dies zudem damit, dass in den „Ausführungsbestimmungen“ zu Art. 20 Abs. 2 S. 2 GG plebiszitäre Elemente nur in besonderen Ausnahmefällen zugelassen würden.[344] Der Parlamentarische Rat habe sich bewusst auf die im Grundgesetz vorgesehenen Abstimmungsfälle festgelegt und weitergehende Vorstöße abgelehnt.[345]

Für die Interpretation des Art. 20 Abs. 2 S. 2 GG wird daraus geschlossen, dass das Staatsvolk die von ihm ausgehende Staatsgewalt nur als Ausnahmefall selbst ausübt. Als Normalfall sei vorgesehen, dass die Bürger die ihnen „zustehende“ Staatsgewalt durch gewählte Staatsorgane im Sinne einer mittelbaren Demokratie ausüben lassen.[346] Anders ausgedrückt: Art. 20 Abs. 2 S. 2 GG formuliere ein Regel-Ausnahmeverhältnis[347]: Die Ausübung der Staatsgewalt durch besondere Organe sei die Regel[348], die unmittelbare Ausübung der Staatsgewalt durch das

---

341 Katz, § 9, Rdnr. 144; Fuß, AÖR 83, S. 383 (394); Jürgens, S. 264.

342 Schneider, AK-GG, Bd. 2, vor Art. 38, Rdnr. 1; Doehring, S. 109 (die Staatsgewalt wird vom Volk auf die Staatsorgane delegiert); Schmidt-Glaeser, VVdStRL 31, S.179 (211); Jürgens, S. 26; a.A. Obst S. 60f., nach seiner Ansicht enthält der Wortlaut des Art. 20 Abs. 2 nichts, was auf ein Übergewicht der „besonderen Organe“ gegenüber „Wahlen und Abstimmungen“ hindeutet.

343 Herzog, in: Maunz/Dürig, GG, Bd. III, Art. 20, (Abschn. II) Rdnr. 18f.

344 Herzog, in: Maunz/Dürig, GG, Bd. III, Art. 20, (Abschn. II) Rdnr. 42; Badura, D, Rdnr. 12; Huber, AöR 126, S. 165 (184).

345 Ebsen, AöR 110, S. 2 (4); Kriele, VVdStRL 29, S. 46 (60f.).

346 Herzog, in: Maunz/Dürig, GG, Bd. III, Art. 20, (Abschn. II) Rdnr. 17.

347 Katz, § 9, Rdnr. 144; Jürgens, S. 264.

348 Herzog, in: Maunz/Dürig, GG, Bd. III, Art. 20, (Abschn. II) Rdnr. 3; Weber, in: FS für Hugelmann, S. 765 (773f., 776); Steinberg, Die Verwaltung 1983, S. 465; Pfeiffer, DÖV 1949, S. 263 (264); Jürgens, S. 264; Schwacke, S. 86.

Volk komme nur in den im Grundgesetz ausdrücklich bestimmten Fällen in Frage. Die geringe Zahl und die inhaltliche Begrenzung dieser Ausnahmebestimmungen sprächen dafür, dass das Grundgesetz andere Formen der unmittelbaren Demokratie zumindest auf Bundesebene ausschließe.[349]

d) Die Gleichbehandlung mittelbarer und unmittelbarer Demokratie

Die skizzierten Verfassungsinterpretationen sind – wie oben angemerkt – im Hinblick auf die Frage einer prinzipiellen Zulässigkeit direkt-demokratischer Verfahren auf Bundesebene erarbeitet worden.

Dabei setzte sich als herrschende Meinung durch, dass dies nach derzeitiger Verfassungslage nicht möglich sei. Eine Ergänzung des Grundgesetzes durch Einfügung von auf das ganze Volk bezogenen, direkt-demokratischen Instrumenten sei allerdings mittels Verfassungsänderung zulässig.[350] Unabdingbare Maßgabe bleibe jedoch, dass der in Art. 20 Abs. 2 S. 2 GG postulierte wesentlich repräsentative Charakter der Demokratie nicht angetastet werde.[351] Im Hinblick auf das generelle Verhältnis zwischen mittelbarer und unmittelbarer Demokratie entspricht es der herrschenden Lehre, dass Art. 20 Abs. 2 GG die mittelbare und die unmittelbare Demokratie im Prinzip gleichberechtigt behandelt.[352] Aus dem Wortlaut des Grundgesetzes könne – so wird argumentiert – ein Vorrang der besonderen Organe, welcher Abstimmungen des Volkes generell ausschlösse, nicht abgeleitet werden.[353]

e) Folgerungen

Aus der Auslegung des Wortlautes des Art. 20 Abs. 2 GG lässt sich eine eindeutige Festlegung des Grundgesetzes zu den Grenzen direkter Demokratie auf

349 Herzog, in: Maunz/Dürig, GG, Bd. III, Art. 20, (Abschn. II) Rdnr. 43f.; Krause, in: Isensee/Kirchhof, HdBStR, Bd. II, § 39, Rdnr. 14, Stern, StaatsR, Bd. I, § 18, S. 607; Bd. III, § 25, S. 14; Fromme, S. 150; Kriele, VVdStRL, 29, S. 46 (60f.); Rossnagel, ZParl 1986, S. 587 (591); a.A.: Meyer, VVdStRL 33, S. 115, These 28.

350 Schnapp, in: v. Münch, GG, Bd. 2, Art. 20, Rdnr. 18; Stein, AK-GG, Bd. 1, Art. 20 Abs. 1-3, Rdnr. 40; Hamann/Lenz, Art. 20, Rdnr. 6; Krause, in: Isensee/Kirchhof, HdBStR, Bd. II, § 39, Rdnr. 13, 15.

351 Starck, in: v. Mangoldt/Klein, GG, Bd. 2, Art. 20 Abs. 2, Rdnr. 161f.; Herzog, in: Maunz/Dürig, GG, Bd. III, Art. 20, (Abschn. II) Rdnr. 42; Huber, AöR 126, S. 165 (183ff.).

352 Herzog, in: Maunz/Dürig, GG, Bd. III, Art. 20, (Abschn. II) Rdnr. 42; Hamann/Lenz, GG, Art. 20, Anm. B 6; Degenhart, StaatsR, Bd. I, Rdnr. 8; Ebsen, AöR 1985, S. 2 (5ff); Rossnagel, ZParl 1986, S. 587 (591); Obst, S. 62ff.; Katz, § 9, Rdnr. 144; Jürgens, S. 274 (287); Schliesky, ZG 1999, S. 91 (92).

353 Obst, S. 63; Schmidt Glaeser, VVDStRL 31, S. 179 (227); Rossnagel, ZParl 1986, S. 587 (591).

Bundesebene herleiten. Dies gilt jedoch nicht umstandslos auch für Formen und Inhalte direkt-demokratischer Instrumente auf den nachgeordneten Ebenen. Es ist jedoch davon auszugehen, dass eine mögliche „Offenheit" des Grundgesetzes keine weitreichende Freiheit für die Ausgestaltung von alternativen Verfahren der politischen Entscheidungsfindung durch die Bürger beinhaltet. Es bleibt Klärungsbedarf, wie die Aussagen des Grundgesetzes bezogen auf die Ebenen der Länder und Kommunen zu interpretieren sind. Für die Landes- bzw. Kommunalebene ergeben sich daraus zwar gewisse Rückschlüsse, allerdings sind hier auch die spezifische Stellung der Länder im föderativen System der Bundesrepublik Deutschland und die sich daraus möglicherweise ergebenden Besonderheiten zu beachten. Vor diesem Hintergrund ist zu prüfen, ob sich aus dem historischen Kontext weitere Anhaltspunkte zur Beantwortung der hier interessierenden Fragestellung ergeben.

2. Die Erfahrungen aus der Geschichte und ihre Einflüsse auf die Festlegungen des Grundgesetzes für die gliedstaatliche Verfassung

Gegen die generelle Einführung bzw. den Ausbau direkt-demokratischer Mitwirkungsmöglichkeiten wurde immer wieder das Argument vorgebracht, man habe in Deutschland mit Formen unmittelbarer Demokratie schlechte Erfahrungen gesammelt. Dementsprechend habe auch der Parlamentarische Rat die Einführung von Volksbegehren und Volksentscheid abgelehnt.[354] Daher wird das Grundgesetz als „prononciert antiplebiszitär" gekennzeichnet.[355]

Eine sehr große Mehrheit im Parlamentarischen Rat sei sich dahingehend einig gewesen, das neue Staatswesen solle vom Grundsatz der Demokratie im Sinne eines „klassischen" Demokratiebegriffes geprägt sein. Hierzu zählen insbesondere die Grundsätze der Repräsentativität und der Gewaltenteilung als bestimmende Prinzipien für die zur staatlichen Machtausübung berufenen Organe sowie das parlamentarische Regierungssystem als Art der Bestellung der Exekutive

354 Meißner, S. 161 (168f.); Bleckmann, JZ 1987, S. 217; Frotscher, DVBl. 1989, S. 541 (548); Kriele, VVdStRL 29, S. 46 (60f.); v. Danwitz, DÖV 1992, S. 601 (602); Fromme, S. 149ff.; Schiffers, in: v. Arnim, S. 51.

355 v. Danwitz, DÖV 1992, S. 601 (602); Stern, StaatsR, Bd. I, § 18, S. 608; Spies, S. 55. Diese Ansicht ist aber nicht einhellig; unter Hinweis auf die Beratungen des Parlamentarischen Rates: v. Danwitz, DÖV 1992, S. 601 (602); zurückhaltender formulieren Klages/Paulus, S. 148: der Parlamentarische Rat habe eine äußerste Zurückhaltung gegenüber direkt-demokratischen Elementen geübt; so auch Knemeyer 1997, S. 26; Krause, in: Isensee/Kirchhof, HdBStR, Bd. II, § 39, Rdnr. 11.

durch die Gewählten und der Bindung der Exekutive an den Willen der Repräsentanten.[356] Für den Parlamentarischen Rat sei maßgeblich gewesen, dass er nach den Erfahrungen von 1933 bis 1945 dem deutschen Volk die politische Reife nicht zutraute, die seiner Überzeugung nach notwendig wäre, um in großem Umfang direkt-demokratische Elemente in die Verfassungsordnung des Grundgesetzes aufzunehmen.[357] Art. 20 Abs. 2 S. 2 GG und die zu seiner Konkretisierung erlassenen Verfassungsartikel seien geprägt vom Zeitgeist der unmittelbaren Nachkriegsjahre und dem Ziel grundlegender Neuorientierungen.[358]

Im Wesentlichen habe demnach ein Konsens bestanden, das repräsentative Prinzip ohne die „plebiszitären" Zutaten zu verwirklichen, welche die Weimarer Verfassung enthalten hatte.[359] Diese Sichtweise wurde lange Zeit unkritisch tradiert. Sie hatte, wenn auch nicht immer offenkundig, so doch unterschwellig, jahrzehntelang Einfluss auf die politischen Diskussionen über direkte Demokratie in Deutschland und prägte die Einstellungen der Entscheidungsträger. Daher ist es von Interesse, die angeblich schlechten Erfahrungen und ihre Wirkungen näher zu reflektieren.

a) Die Erfahrungen mit direkt-demokratischen Verfahren in der Weimarer Republik und im Dritten Reich sowie ihre Wirkungen

Die Weimarer Reichsverfassung war durch verschiedene Elemente direkter Volksentscheidung geprägt, insbesondere die Volkswahl des Reichspräsidenten als personalplebiszitäres Element, die Referendumsinitiative des Reichspräsidenten und das Volksgesetzgebungsverfahren. Hintergrund der Implementierung dieser Instrumente war seinerzeit der Gedanke, ein Korrektiv zur parlamentarischen Demokratie und ein Gegengewicht gegen die „Parlaments-Allmacht" zu schaffen.[360]

Die rückblickend vielfach als Negativfaktoren herangezogenen direkt-demokratischen Verfahren, Volksbegehren und Volksentscheide, bildeten in der Verfassungspraxis der Jahre 1922-1932 jedoch eher einen Nebenschauplatz der politischen Auseinandersetzungen. Von insgesamt acht beantragten Volksbegehren auf Reichsebene wurden nur vier zugelassen.[361] Entgegen der mit der Einführung

356 Fromme, DÖV 1970, S. 518 (522).

357 Weber, in: FS für Hugelmann, S. 765 (770); Herzog, in: Maunz/Dürig, GG, Bd. III, Art. 20, (Abschn. II) Rdnr. 39; Streinz, Die Verwaltung 1983, S. 291 (307).

358 Herzog, in: Maunz/ Dürig, GG, Bd. III, Art 20, (Abschn. II) Rdnr. 39; Schiffers, in: Schiller/ Mittendorf, S. 65 (75); Jung, in: Kost, S. 312 (315), Jung verweist auch auf die Motivation des Schutzes vor dem Kommunismus während des Kalten Krieges.

359 Fromme, DÖV 1970, S. 518 (522), Frotscher, DVBl. 1989, S. 541 (542).

360 Badura, Teil E, Rdnr. 12.

361 1. Fürstenenteignung; 2. Aufwertung der in festen Geldbeträgen angelegten Vermögenswerte nach der Inflation; 3. Panzerkreuzerverbot für ein Bauprogramm für vier Panzerkreuzer im

der Instrumente verbundenen Erwartung entfaltete die Möglichkeit der direkten Sachentscheidung nicht größere Integrationswirkung, sondern führte vielmehr zu Entzweiung und Destabilisierung.[362]

Erheblich größeren Agitations- und Mobilisierungsspielraum boten die Wahlen von Reichspräsidenten, Reichstag und Landtagen. Insbesondere die Direktwahl Hindenburgs im Jahre 1925 führte zu einer Diskreditierung des Volkswillens, weil nach Auffassung vieler seinerzeit eine politische Fehlentscheidung bei einer Personalfrage mit fatalen Folgen getroffen wurde. Vor allem aber die von Hitler initiierten Plebiszite gelten als Beleg, dass auf den in unmittelbaren Volksabstimmungen geäußerten Volkswillen kein Verlass (im Sinne einer demokratieförderlichen Entscheidungsfindung) sei.[363]

Allerdings waren in der Zeit der Weimarer Republik auf kommunaler Ebene Formen unmittelbarer Demokratie etabliert, von denen offenbar nicht selten Gebrauch gemacht wurde, ohne dass destabilisierende Wirkungen erkennbar gewesen wären. Diesen Umstand blendeten die Erwägungen der Entscheidungsträger nach dem Ende des Krieges jedoch offensichtlich aus. Die Diskussionen wurden ausschließlich beherrscht von Wahrnehmungen und Interpretationen der direkten Beteiligung an der Entscheidungsfindung oberhalb der Gemeindeebene.[364]

b) Die Konsequenzen aus den Erfahrungen für die Verfassungsgeber

Ausgangspunkt ist die Prämisse, das Grundgesetz negiere aufgrund der negativen historischen Erfahrungen mit direkt-demokratischen Instrumenten jede Form unmittelbarer Volksvoten. Bei der Artikulation des Volkswillens komme demgegenüber den seither zu festen Institutionen und politischen Herrschaftsträgern entwickelten Parteien eine besondere Stellung zu: Der politische Volkswille werde – von den Parlamentswahlen abgesehen – ausschließlich von den politischen Parteien zur Geltung gebracht. Diese beeinflussten im Sinne der von ihnen mitgeformten Meinung des Volkes die Entscheidungen der Verfassungsorgane, insbesondere die Beschlüsse der Parlamente und wirkten auf die Bildung des Staatswillens ein.[365] Die besondere Rolle der Parteien komme u. a. darin zum

Wert von 5000 Mio. Mark; 4. Volksbegehren gegen den „Young-Plan" mit dem Ziel der Revision des Versailler Vertrages; s. Fell, S. 30ff.; Obst, S. 104ff.; Frotscher, DVBl. 1989, S. 541 (544f); Schiffers, in: v. Arnim, S. 51 (53ff.); Schiffers, in: Schiller/Mittendorf, S. 65 (67); Krause in: Isensee/Kirchhof, HdBStR, Bd. II, § 39, Rdnr. 8f.; Maurer, S. 11.

362 Weber, in: FS für Hugelmann, S. 765 (769ff.), Maurer, S. 10f.

363 Weber, in: FS für Hugelmann, S. 765 (770); Fell, S. 32ff.; Stern, StaatsR, Bd. 2, § 25, S. 11; Krause, in: Isensee/Kirchhof, HdBStR, Bd. II, § 39, Rdnr. 11.

364 Meißner, S. 161 (172f.).

365 BVerfGE 20, S. 56 (99).

Ausdruck, dass das Grundgesetz den Parteien die Auswahl des Bundespräsidenten übertrage und grundsätzlich eine Parlamentsauflösung während der Wahlperiode des Bundestages verwerfe.[366] Von den in der Weimarer Reichsverfassung verankerten Instrumenten direkter Beteiligung des Volkes habe man sich bewusst gelöst und zu einer ungemischten Verwirklichung des repräsentativen Prinzips gefunden. Demzufolge sei auch das „plebiszitäre" Element (mit Ausnahme der Art. 29 und 118 GG) nicht mehr in die Verfassung aufgenommen worden. [367]

c) Der Hintergrund der Formulierung „Abstimmungen" in Art. 20 GG

Unabhängig von dem angeblich bedeutenden Einfluss der „schlechten Erfahrungen von Weimar" auf die grundsätzliche Haltung der Verfassungsgeber stellt sich die Frage, welche Bedeutung der Aufnahme der Formulierung „Abstimmungen und Wahlen" im Rahmen der Verfassungsgebung zukommt. Denn trotz der behaupteten skeptischen bzw. ablehnenden Haltung gegenüber direkt-demokratischen Beteiligungsformen für die Bundesebene wurde die Formulierung Bestandteil des Art. 20 GG. Da das Instrument „Abstimmungen" im Gegensatz zu „Wahlen" eine unmittelbare Entscheidung anstehender Fragen impliziert, verdient dieser Textbestandteil besondere Betrachtung. Konsequent wäre es gewesen, jegliche Form direkter Entscheidungsformen, (wie „Abstimmungen") auszugrenzen und es bei der Strukturentscheidung zugunsten von „Wahlen" zu belassen. Neuere Untersuchungen über den Entscheidungsprozess und die Hintergründe der Aufnahme der Formulierung in das Grundgesetz erscheinen auch für Aspekte direkter Demokratie auf der Ebene unterhalb des Bundes aufschlussreich.

aa) Der historische Kontext des Art. 20 Abs. 2 S. 2 GG

Die vorliegenden rechtshistorischen Studien zeigen auf, dass die Aufnahme des Begriffs „Abstimmungen" in Art. 20 GG dem Bemühen um innere Stimmigkeit der künftigen Verfassung entsprang.[368] In einer früheren Fassung des Grundgesetztextes waren direkt-demokratische Elemente wie Volksgesetzgebung, Verfassungs- referendum und Gründungsplebiszit vorgesehen.[369] Die explizite Aufnahme dieser Instrumente in den Verfassungstext war jedoch alsbald umstritten.

Allerdings wurde ein Problem darin gesehen, dass ohne die Aufnahme von „Abstimmungen", Elemente der direkten Demokratie generell ausgeschlossen

366 Weber, in: FS für Hugelmann, S. 765 (770).
367 Fromme, DÖV 1970, S. 518 (522); Weber, in: FS für Hugelmann, S. 765 (769).
368 Jung, in: Kost, S. 312 (316); Obst, S. 89f.
369 Jung, in: Kost, S. 312 (318).

gewesen wären. Das Volk hätte dann ausschließlich über „besondere Organe" handeln könnte. Dies stünde aber im Gegensatz zur zunächst beabsichtigten (dann aber nicht erfolgten) Implementierung direkt-demokratischer Elemente und war nicht gewollt. Hintergrund der Aufnahme von „Abstimmungen" war zunächst, diese als Grundlage zu verankern, auf die sich weitere konkrete Formen direkter Demokratie im Grundgesetz beziehen sollten. [370]

Obwohl im Laufe der nachfolgenden Verhandlungen des Parlamentarischen Rates, fast alle direkt-demokratischen Elemente keine Verankerung im Grundgesetz fanden, wurde der Zusatz „Abstimmungen" nicht gestrichen. Vielmehr entschied sich der Parlamentarische Rat dafür, einerseits Abstimmungen des Bundesvolkes als Mittel der direkten Ausübung der Staatsgewalt zuzulassen, andererseits aber fast alle Formen unmittelbarer Entscheidungsverfahren auf Bundesebene abzulehnen.[371]

bb) Der Einfluss der Entwicklung in den Bundesländern

Diese zunächst widersprüchlich anmutende Lösung macht jedoch deutlich, dass die Verfassungsgeber nicht nur die Ebene des Bundes im Blick hatten. Die Entscheidung war vielmehr ebenfalls geprägt von der Überlegung, dass der Normgehalt des Art. 20 GG auch für die Länder gelten sollte.

Die Mitglieder des Parlamentarischen Rates wollten vermeiden, durch grundgesetzliche Regelungen bereits bestehendes Landesverfassungsrecht bundesrechtswidrig und damit nichtig zu machen. Dieses Bestreben wurde gerade in der Debatte um Art. 28 GG deutlich. Die Formulierung „Wahlen und Abstimmungen" wurde in den Verfassungstext aufgenommen, um die zahlreichen, noch vor Verabschiedung des Grundgesetzes, durch Billigung des Landesvolkes und der jeweiligen Besatzungsmacht entstandenen Landesverfassungen mit direktdemokratischen Elementen als grundgesetzkonform zu integrieren und zu legitimieren.[372] Mit einer „zu eng gefassten" Formulierung des Art. 20 Abs. 2 GG wäre den Ländern hingegen nur ein begrenzter Spielraum für eigene Regelungen verblieben. Dies wiederum wäre allerdings mit den zu diesem Zeitpunkt bereits bestehenden Länderverfassungen mit ihren zahlreichen plebiszitären Verfahren nicht vereinbar gewesen.[373]

---

370 Obst, S. 79ff; Jung, in: Kost: S. 312 (318); in diesem Sinne auch Pestalozza, NJW 1981, S. 733 (734).

371 Jung, in: Kost, S. 312 (319); Jung bezeichnet diese Entscheidung des Parlamentarischen Rates als „plebiszitäre Strukturoption".

372 Weber, DÖV 1985, S. 178 (179); Obst, S. 157, Huber, AöR 126, S. 165 (176); Weixner, S. 29 (32).

373 Obst, S. 89f.; Fell, S. 49f.; zu den plebiszitären Normen des Landesverfassungsrechts, s. Pestalozza, NJW 1981, S 113ff.; Schmidt-Jortzig, Der Landkreis 1994, S. 11 (12); Meißner, S. 175ff.

d) Folgerungen

Das Grundgesetz legt sich für die Ebene des Bundes deutlich auf ein System der repräsentativen Demokratie fest, in dem insbesondere den Parteien eine wichtige Rolle bei der Entscheidungsfindung der Staatsorgane zukommen soll. Die Entstehungsgeschichte zeigt aber – ungeachtet des behaupteten Einflusses negativer Erfahrungen mit direkt-demokratischen Instrumenten in der Weimarer Republik –, dass sich die Verfassungsgeber bewusst nicht gegen Formen unmittelbarer Demokratie für die Ebene unterhalb des Bundes entschieden haben. Dies belegt die Entscheidung des Parlamentarischen Rates, die Formulierung „Abstimmungen" in den Text des Grundgesetzes aufzunehmen, um bereits bestehende Instrumente direkter Demokratie in den Landesverfassungen in das demokratische System des Grundgesetzes zu integrieren.

3. Zusammenfassung

Für die Bundesebene ist demnach festzuhalten, dass die Entstehungsgeschichte des Art. 20 Abs. 2 S. 2 GG noch heute für die Auslegung relevant ist. Das Fehlen von Regelungen über Volksabstimmungen außerhalb des Art. 20 Abs. 2, 29 und 118 GG lässt sich als eine bewusste verfassungspolitische Entscheidung des Parlamentarischen Rates für das Prinzip mittelbarer Demokratie interpretieren. Die Zurückhaltung gegenüber Volksabstimmungen und die Beschränkung von Volkswahlen auf den Bundestag sind wichtige Hinweise, die zu einer Qualifizierung der durch das Grundgesetz konstituierten Ordnung als besonders reine Form repräsentativer bzw. mittelbarer Demokratie geführt haben.[374] Auf dieser Basis geht die herrschende Meinung von einer Grundentscheidung für das Prinzip der repräsentativen Demokratie aus und leitet daraus ein Verbot von in der Verfassung nicht ausdrücklich vorgesehenen direkt-demokratischen Verfahren her.[375] Für die juristische Auslegung ist nach dieser Auffassung entscheidend, dass die im Grundgesetz vorgesehenen Abstimmungsfälle auf Bundesebene zunächst erschöpfend sein sollten.[376] Die herrschende Meinung bestreitet jedoch nicht, dass auf Grundlage einer Gesetzesänderung auch jenseits der Art. 19, 118, 118a und 146 GG selbst auf Bundesebene weitere Formen plebiszitärer Mitwirkung eingeführt werden könnten. Die Erwähnung von „Abstimmungen" in Art. 20 Abs. 2 S. 2 GG gibt insoweit zu erkennen, dass die Einführung solcher Plebis-

374 Ebsen, AöR 110, S. 2 (5).

375 Stern, StaatsR, Bd. 2, § 25, S. 11; Ebsen, AöR 110, S. 2 (5); Fromme, 1960, S. 150ff.; Kriele, VVdStRL 29, S. 46 (60).

376 Kriele, VVdStRL 29, S. 46 (61).

zite jedenfalls nicht an Art. 79 Abs. 3 GG scheitern würde.[377] Das Prinzip der repräsentativen Demokratie ist für derartige balancierende und korrigierende Elemente der Kompetenzen repräsentativer Leitungsorgane offen.[378] Selbst bei einer Erweiterung der plebiszitären Elemente durch Verfassungsänderung müsste aber der Schwerpunkt der politischen Entscheidungsfindung in der Bundesrepublik bei den Staatsorganen bleiben.[379]

Seine gegenwärtig wichtigste und für den hier besonders interessierenden Kontext maßgebliche Bedeutung gewinnt die Formulierung „Abstimmungen“ in Art. 20 Abs. 2 S. 2 GG jedoch daraus, dass es auch den an das Demokratieprinzip im Sinne des Grundgesetzes gebundenen Ländern (Art. 28 Abs. 1 S. 2 GG) die Möglichkeit gibt, kraft ihrer Verfassungsautonomie Formen direkter Demokratie einzuführen oder beizubehalten, sei es auf Landes-, Kreis- oder Gemeindeebene. Durch die Erwähnung der „Abstimmungen“ legitimiert Art. 20 Abs. 2 S. 2 GG nicht nur die wenigen direkt-demokratischen Elemente, die das Grundgesetz enthält, sondern auch und vor allem jene, die ihre Grundlage in landesverfassungsrechtlichen Bestimmungen finden.[380] Das Grundgesetz eröffnet somit Gestaltungsraum zwischen repräsentativer und direkter Demokratie, der unterschiedliche Konkretisierungen zulässt, wie die Praxis in den Ländern zeigt.[381]

II. Direkt-demokratische Instrumente auf Landes- und Kommunalebene im System der repräsentativen Demokratie

Vor dem Hintergrund der oben skizzierten, eher restriktiven Haltung des Grundgesetzes gegenüber direkter Demokratie auf Bundesebene stellt sich die Frage der Einordnung direkt-demokratischer Instrumente auf kommunaler Ebene. Welche Auswirkungen haben die Grundsatzentscheidungen des Grundgesetzes auf die Gesetzgebung der Länder und deren Ausformung des Kommunalrechts?

---

377 Krause, in: Isensee/Kirchhof, HdBStR, Bd. II, § 39, Rdnr. 15; Huber, AöR 126, S. 165 (176); Maurer, S. 17.

378 Bockenförde, in: Isensee/Kirchhof, GG, Bd. III, § 30, Rdnr. 16; Degenhart, § 1, Rdnr. 25.

379 Herzog, in: Maunz/Dürig, GG, Bd. III, Art. 20, (Abschn. II) Rdnr. 42; Badura, D, Rdnr. 12; Huber, AöR 126, S. 166 (184).

380 Huber, AöR 126, S. 165 (176); Jung, in Kost, S. 312 (313ff.); Obst, S. 89f.; Streinz, Die Verwaltung 1983, S. 293 (300).

381 v. Arnim, DÖV 1990, S. 85 (86); Streinz, Die Verwaltung 1983, S. 293 (301); Huber, AöR 126, S. 165 (177).

Mit anderen Worten: Inwieweit begrenzt das Grundgesetz die Landesgesetzgeber bei der Einführung direkt-demokratischer Elemente in den Kommunalverfassungen? Denn nur im Rahmen der Vorgaben des Grundgesetzes sind die Länder hinsichtlich der Ausgestaltung der Kommunalverfassung frei. Unter welchen Voraussetzungen sind Formen der Bürgerbeteiligung – außerhalb von Wahlen – mit der vom Grundgesetz vorgegebenen repräsentativen Struktur vereinbar?[382] Insbesondere gilt es zu untersuchen, inwieweit Instrumente direkter Demokratie auf Landes- und Kommunalebene als eigenständige Legitimationsformen im System der repräsentativen Demokratie integriert sind. Von Interesse ist auch die Frage, inwieweit direkt-demokratische Instrumente eine Erweiterung demokratischer Legitimation darstellen können, ohne das System zu beeinträchtigen[383], bzw. durch welche Mechanismen mögliche Beeinträchtigungen verhindert werden können.

1. Die Bedeutung des Demokratieprinzips nach dem Grundgesetz für die Landes- und Kommunalebene

Der Demokratiebegriff und seine inhaltliche Prägung durch Art. 20 GG gehören zu den zentralen Entscheidungen des Verfassungsgesetzgebers von 1948/49. Der demokratische Charakter der Bundesrepublik, den die Regelung des Art. 28 Abs. 1 GG auch auf die Länder und (spezifizierter) auf die Gemeinden ausdehnt, zählen zu den Bestimmungen, die nach Art. 79 Abs. 3 GG nicht vom verfassungsgebenden Gesetzgeber abgeändert werden können.[384] Das demokratische Prinzip repräsentiert somit – wie bereits festgestellt – Fundamentalaussagen des Grundgesetzes zum Staatsaufbau und zur Willensbildung der Bundesrepublik Deutschland.[385]

Nach Art. 28 Abs. 1 S. 2 GG ist eine gewisse Homogenität zwischen der Verfassungsordnung des Bundes und dem Selbstverständnis anderer Hoheitsträger im Staatsgebiet unverzichtbar.[386] Über diese Homogenitätsklausel sind die Länder auch bei ihrer kommunalen Verfassungsgesetzgebung an die Vorgaben des Grundgesetzes gebunden. Da das Grundgesetz nicht von der „Landesverfassung" spricht, sondern von der „verfassungsmäßigen Ordnung in den Ländern", zielen dessen Vorgaben auf das gesamte Landesrecht, unabhängig von seinem Rang in

382 Spies, S. 55, Huber, AöR 126, S. 165 (183).
383 Meißner, S. 161 (175).
384 Fromme, DÖV 1970, S. 518.
385 Herzog, in: Maunz/Dürig: GG, Art. 20, (Abschn. II) Rdnr. 1; Erbguth, DÖV 1995, S. 793 (796).
386 Herzog, in: Maunz/Dürig, GG, Art 20, (Abschn. I) Rdnr. 30.

der Normenhierarchie.[387] Es stellt sich die Frage, was dies für die Einbindung von Instrumenten unmittelbarer Demokratie auf Landes- und Kommunalebene bedeutet. Aus dem Wortlaut allein ist keine unmittelbare Verbindung zu erkennen.

2. Inhalt und Wirkung des Homogenitätsprinzips nach Art. 28 Abs. 1 GG

Das Homogenitätsprinzip nach Art. 28 Abs. 1 S. 1 und 2 GG besagt, dass die verfassungsmäßige Ordnung der Länder den Grundsätzen des republikanischen, demokratischen und sozialen Rechtsstaates i.S. des Grundgesetzes entsprechen muss.

Art. 28 Abs. 1 GG steht im Abschnitt „Der Bund und die Länder“ und betrifft das bundesrechtliche Verhältnis der Länder zum Bund. Als Homogenitätsgebot wirkt Art. 28 Abs. 1 GG für die Länder und nicht in ihnen. Er sichert die Homogenität der verfassungsmäßigen Ordnung, indem er den Ländern Pflichten gegenüber dem Bund auferlegt. In der Konsequenz verpflichtet Art. 28 Abs. 1 GG die Länder deshalb auch nur in ihrem Verhältnis zum Bund, die dort genannten Verfassungsprinzipien zu verwirklichen. Der Wortlaut bringt dies insbesondere durch die Verwendung der Prädikate „muss“ und „haben“ zum Ausdruck.[388]

Der Bund hingegen gewährleistet die verfassungsmäßige Ordnung.[389] Nach Art. 28 Abs. 1 GG hat er nicht nur das Recht, sondern auch die Pflicht, gegen ein Land vorzugehen, das den durch das Homogenitätsgebot gezogenen Rahmen verlässt.[390]

Zu untersuchen ist, was die Deutung und Handhabung des Demokratieprinzips auf Bundesebene für den verfassungsmäßigen Gestaltungsrahmen der Länder impliziert.

a) Inhalt und Wirkung des Homogenitätsgebotes

Das Homogenitätsgebot zielt darauf ab, das „Funktionieren“ des Bundesstaates sicherzustellen; d.h. politische und rechtliche Spannungen sowie innere Konflikte zu vermeiden. Dies gilt unabhängig davon, wie die inhaltliche und formale Ausgestaltung auf der Ebene der Landesverfassung erfolgt, durch einfaches Gesetz

387 Huber, AöR 126, S. 165 (170); Dreier, BayVBl. 1999, S. 513 (514); Stern in: BK, Art. 28, Rdnr. 20.

388 BVerfGE 1, S. 208 (236); 36, S. 342 (362); Huber, AöR 126, S. 165 (170).

389 BVerfGE 1, S. 208 (236).

390 Maunz, in: Isensee/Kirchhoff, HdBStR, Bd. IV, § 95, Rdnr. 20; Huber, AöR 126, S. 165 (170).

oder durch untergesetzliche Rechtsvorschriften.[391] Zu Inhalt und Bedeutung des Homogenitätsgebotes hat das Bundesverfassungsgericht mehrfach ausdrücklich betont, dass Art. 28 Abs. 1 S. 1 und 2 GG lediglich ein Mindestmaß an Homogenität, nicht aber Uniformität oder Konformität erstrebe.[392]

Ausgehend von der grundgesetzlich gewährten Verfassungsautonomie der Länder zielt Art. 28 Abs. 1 GG nur auf Strukturgleichheit von Bund und Ländern. Er will den Ländern insoweit für ihre verfassungsmäßige Ordnung keine weitergehenden Bindungen auferlegen als der verfassungsändernden Gewalt des Bundes selbst. Dies entspricht dem Umstand, dass Bund und Länder im bundesstaatlichen Gefüge des Grundgesetzes Staatsqualität besitzen. Sie stehen dort, wo der Bundesverfassungsgeber dies angeordnet hat, unabhängig und gleichberechtigt nebeneinander.[393]

Gleiches gilt auch mit Blick auf das Demokratieprinzip.[394] Dessen in Art. 20 Abs. 1 und 2 GG verankerten Grundsätze sind nicht nur Mindestanforderungen für die Bundesebene. Sie gelten in gleichem Maße auch für die verfassungsmäßigen Ordnungen der Länder,[395] wie das Bundesverfassungsgericht deutlich gemacht hat.[396]

b) Fazit

Aus der Feststellung, dass das Wesen des Homogenitätsgebotes nicht Uniformität, sondern vielmehr ein Mindestmaß an Übereinstimmung von Grundgesetz und Landesverfassungen verlangt, wird gefolgert, dass die Länder die Grundsätze, die Art. 20 Abs. 1, 2 und 3 GG dem Bund und durch Art. 28 Abs. 1 S. 1 GG den Ländern auferlegen, nicht identisch auf ihre Verfassungssysteme übertragen müssen.[397]

Daraus resultiert nach übereinstimmender Meinung, dass das Demokratiegebot des Art. 28 Abs. 1 S. 1 GG in den Ländern zwar grundsätzlich eine repräsentative Demokratie verlange.[398] Allerdings seien sie bei der Ausgestaltung

391 Maunz, in: Maunz/Dürig, GG, Bd. IV; Art. 28, Rdnr. 1, 20; Huber, AÖR 126, S. 165 (172).

392 BVerfGE 1, S. 208 (236); 9, S. 268 (279); 24, S. 367 (390); 27, S. 44 (55); 36 , S. 342 (361); 83, S. 37 (58); Krause, in: Isensee/Kirchhof, HdBStR, Bd. II, §,39, Rdnr. 20; Stern, in: BK, Art. 28, Rdnr. 42; Streinz, Die Verwaltung 1983, S. 291 (300); Weber, DÖV 1985, S. 178 (179); Engelken, DÖV 2000, S. 881 (887).

393 BVerfGE 1, S. 14 (51); 13, S. 54 (78); Huber, AöR 126, S. 165 (173).

394 Dreier, in: Dreier, GG, Bd. II Art. 28, Rdnr. 62ff.; Huber, AöR 126, S. 165 (173).

395 Robbers, in: BK, Art. 20 Abs. 1, Rdnr. 465; Dreier, in: Dreier, GG, Bd. II, Art. 28, Rdnr. 62; Obst, S. 153; Huber, AöR 126, S. 165 (174).

396 BVerfGE 9, S. 268 (281); 83, S. 60 (71); 93, S. 37 (66); Huber, AöR 126, S. 165 (174).

397 Kersten, DÖV 1993, S. 896 (899).

398 Maunz, in: Isensee/Kirchhof, HdBStR, Bd. IV, § 95 Rdnr. 4; Kersten DÖV 1993, S. 896, S. 897.

derselben nicht zur „Kopie" des parlamentarischen Regierungssystems des Grundgesetzes verpflichtet.[399] Den Grundsätzen des Art. 28 Abs. 1 S. 1 GG sei keine grundsätzliche Entscheidung für eine *rein* repräsentative Demokratie zu entnehmen und ebenso wenig ein Ausschluss direkt-demokratischer Elemente, die es auf Bundesebene nicht gibt.[400] Art. 28 Abs. 1 S. 2 des GG steht direkt-demokratischen Elementen auf Landesverfassungsebene grundsätzlich nicht entgegen.[401] Er enthält weder eine Festlegung für noch gegen Formen unmittelbarer Demokratie auf der Ebene von Ländern, Kreisen und Gemeinden. Er lässt diese Frage vielmehr offen.[402]

Für den vorliegenden Kontext bedeutet dies zunächst, dass aus der vorwiegend repräsentativen Ausgestaltung des demokratischen Prinzips auf Bundesebene nicht präzise Gestaltungsvorgaben für die Landes- oder Kommunalebene abgeleitet werden können bzw. müssen.[403] Die Entscheidung des Verfassungsgebers, auf Bundesebene weitgehend auf Abstimmungen zu verzichten, bedeutet keine Verpflichtung für die „nachgeordneten" Ebenen, dies ebenfalls zu tun.[404] Der Anspruch des Homogenitätsgebotes, die Identität der Verfassungsordnung zu wahren, zugleich aber den Ländern ein hohes Maß an Verfassungsautonomie zu belassen, sowie die über Jahrzehnte unangefochtene Praxis unmittelbarer Demokratie in den Ländern belegen vielmehr das Gegenteil. Dementsprechend haben die Länder überwiegend die Homogenitätsklausel nicht im Sinne einer strikt repräsentativen Demokratie ausgelegt und umgesetzt.[405]

3. Die Bedeutung der Vorgaben des Grundgesetzes für das Verhältnis von repräsentativer und direkter Demokratie auf kommunaler Ebene

Die Feststellung der generellen Zulässigkeit direkt-demokratischer Mitwirkungsmöglichkeiten durch das Grundgesetz bedeutet jedoch – wie oben angemerkt –

399 BVerfGE 27, 44 (56); Stern, in: BK, Art. 28 Rdnr. 27; Kersten, DÖV 1993, S. 986, S. 900; in diesem Sinne auch Streinz, Die Verwaltung 1983, S. 293 (299f.).

400 Krause, in: Isensee/Kirchhof, HdBStR, Bd. II, § 39, Rdnr. 20; Jürgens, S. 271; Obst, S. 151; Ebsen, AöR 110, S. 2 (3); Weber, DÖV 1985, S. 178 (179, 181); Pestalozza, S. 12.

401 Krause, in: Isensee/Kirchhof, HdBStR, Bd. II, § 39, Rdnr. 2; Weber, DÖV 1985, S. 178 (179); Erbguth, DÖV 1995, S. 793 (796).

402 Huber, AöR 126, S. 165 (178).

403 Erbguth, DÖV 1995, S. 793 (796); Krause, in: Isensee/Kirchhof, HdBStR, Bd. II, § 39, Rdnr. 20 m.w.N.; Huber, AöR 126, S. 165 (177).

404 Huber, AöR 126, S. 165 (177).

405 Weber, DÖV 1985, S. 178 (179); Obst, S. 149; s. auch Maunz, in: Maunz/Dürig, GG, Bd. IV, § 28, Rdnr. 17.

nicht unbegrenzte Gestaltungsfreiheit für Instrumente direkter Demokratie auf kommunaler Ebene. Vielmehr ist zu prüfen, ob dem Grundgesetz Vorgaben zum Verhältnis von repräsentativer und direkter Demokratie zu entnehmen sind, die sich auf das Kommunalverfassungsrecht auswirken. Dabei ist zu klären, ob dem Prinzip der repräsentativen Demokratie ein Vorrang im Verhältnis zu direkt-demokratischen Entscheidungsverfahren zukommt und ob ggfls. ein solcher Vorrang zu den „Grundsätzen des demokratischen Rechtsstaats im Sinne des Grundgesetzes“ (Art. 28 Abs. 1 S. 1 GG) zählt. Diese Fragen stellen sich unabhängig davon, dass direkt-demokratische Entscheidungen auf Landes- und Kommunalebene als systemkonform angesehen werden. Die Prüfung des Verhältnisses soll vielmehr Aufschluss darüber geben, welche Rahmenbedingungen bei der Ausgestaltung von unmittelbaren Entscheidungsformen für die Bürger zu berücksichtigen sind.

a) Die Begründung eines Vorrangs der repräsentativen Demokratie aufgrund des „prononciert antiplebiszitären“ Charakters des Grundgesetzes

Angesichts des „prononciert antiplebiszitären“ Charakters des Grundgesetzes wird teilweise in der Literatur schon aus der Ausgestaltung des Demokratieprinzips auf Bundesebene ein Vorrang des repräsentativ-demokratischen Systems für alle staatlichen Ebenen abgeleitet.[406] Die Begründung eines solchen Vorrangs lässt sich jedoch – wie bereits festgestellt – allein aus Art. 20 Abs. 2 GG nicht herleiten. Die Nennung von Wahlen und Abstimmungen kann zwar dahingehend interpretiert werden, dass die repräsentative Demokratie unverzichtbarer Bestandteil des demokratischen Prinzips im Sinne des Grundgesetzes ist. Die Formulierung rechtfertigt jedoch nicht die Schlussfolgerung, dass den Formen und Institutionen der repräsentativen Demokratie auch ein *genereller* Vorrang zukommen muss.[407] Gegen eine solche Folgerung spricht bereits der Wortlaut des Art. 28 Abs. 1 S. 4 GG, der es den Gemeinden offen lässt, anstelle der Vertretung der Gemeindebürger eine Gemeindeversammlung treten zu lassen.

---

406 Schmidt Glaeser, DÖV 1998, S. 824 (828f.); s. auch Huber, AÖR 126, S. 165 (183f.).

407 Löwer, in: Münch/Kunig, GG, Bd. 2, Art. 28, Rdnr. 19; Weber, DÖV 1985, S. 178 (179); Pestalozza, S. 12; Obst, S. 63; Jürgens, S. 266; Huber, AöR 126, S. 165 (185).

b) Die Begründung eines Vorranges aus der Entstehungsgeschichte und dem Kontext von Art. 28 Abs. 1 S. 4 GG

Die Formulierung des Art. 28 Abs. 1 S. 4 GG wird vielfach dahingehend interpretiert[408], dass im Unterschied zur Bundesebene direkt-demokratische Instrumente auf kommunaler Ebene eindeutig zulässig sind und der Landesgesetzgeber weitgehende Wahlfreiheit in der Ausgestaltung der Kommunalverfassung hat.[409] Ohne die Vorschrift des Art. 28 Abs. 1 S. 4 GG angesichts ihres historischen Hintergrundes überzubewerten, kann die Regelung zunächst als Indiz für die grundsätzliche Vereinbarkeit von Elementen unmittelbarer Demokratie mit dem Selbstverwaltungsmodell des Grundgesetzes angesehen werden.[410] Einer weitergehenden Interpretation im Sinne von weitestgehender Gestaltungsfreiheit stehen jedoch sowohl die Entstehungsgeschichte des Art. 28 Abs.1 S. 4 GG als auch dessen Wortlaut in Verbindung mit dem des Art. 28 Abs. 1 S. 2 GG entgegen.

Zum Zeitpunkt der Verabschiedung des damaligen Art. 28 Abs. 1 S. 3 (jetzt S. 4) GG bestand bundesweit eine Vielzahl kleinster Gemeinden, welche die Verfasser des Grundgesetzes im Auge gehabt haben dürften.[411] Dem muss man bei der Interpretation Rechnung tragen und darf die Formulierung nicht überbewerten. Auch ein genauer Blick auf den Wortlaut relativiert die Bedeutung der Formulierung. Der Wortlaut des Art. 28 Abs. 2 S. 4 GG besagt, dass in den Gemeinden an die Stelle der gewählten Vertretung eine Gemeindeversammlung treten kann. Allerdings besagt Art. 28 Abs. 1 S. 2 GG ausdrücklich, dass in den Ländern, Landkreisen und Gemeinden das Volk eine aus allgemeinen, unmittelbaren, freien, gleichen und geheimen Wahlen hervorgegangene Vertretung haben muss. Dieser textliche Zusammenhang spricht deutlich für ein „Regel – Ausnahme – Verhältnis“ zugunsten des Prinzips der Repräsentation: Gewählte Repräsentativorgane auf der Ebene der Länder, Kreise und Kommunen sind die Regel (Satz 2) und eine Ersetzung durch direkt-demokratische Formen der Willensbildung, die Gemeindeversammlung, sind als Ausnahme zu werten (Satz 4).

Wortlaut und der Kontext der Vorschrift sprechen für die Schlussfolgerung, dass das Grundgesetz die repräsentative Kommunalverfassung als Regelfall vorgibt[412] und dem Art. 28 Abs. 1 GG insoweit ein Vorrang der repräsentativen Demokratie zu entnehmen ist.[413]

---

408 v. Arnim, DÖV 1990, S. 85 (91); ders. DÖV 1992, S. 330 (333); Meißner, S. 176; Waechter, Rdnr. 271.

409 Spies, S. 56f.

410 Schliesky, ZG 1999, S. 91 (94); Dreier, in: GG, Bd. II, Art. 28, Rdnr. 71.

411 Löwer, in: v. Münch/Kunig, GG, Bd. 2; Art. 28, Rdnr. 32; Stern, in: BK, Art. 28, Rdnr. 52; Spies,S. 56.

412 Huber, AöR 126, S. 165 (175); Rehn, in: FS für von Unruh, S. 305 (319).

413 Löwer, in: v. Münch/Kunig, GG, Bd. 2, Art. 28, Rdnr. 20; Tettinger, in: v. Mangold/Klein, GG, Bd. 2, Art. 28 Abs. 1, Rndr. 97; Schmidt-Jortzig, Der Landkreis 1994, S. 11 (13); Streinz, Die

c) Folgerungen

Bei der Ausgestaltung direkt-demokratischer Entscheidungsformen sind die Länder insoweit gebunden, als sie dem grundsätzlich repräsentativen System des Grundgesetzes Rechnung tragen müssen. Formen direkter Demokratie auf Landesebene dürfen diesem System nicht widersprechen bzw. es gefährden. Sofern der Vorrang der repräsentativen Demokratie beachtet und die Geltung der grundlegenden demokratischen Verfassungsregeln gewährleistet wird, ist eine Ergänzung repräsentativer Entscheidungsstrukturen durch direkt-demokratische Instrumente unbedenklich.

4. Die freiheitlich demokratische Grundordnung und ihre Bedeutung für direkt-demokratische Mitwirkungsformen

Wenn nun einerseits die Landes- und Kommunalverfassungen der Länder am Leitbild der repräsentativen Demokratie ausgerichtet sein müssen, aber andererseits auch die Einführung direkt-demokratischer Instrumente grundsätzlich im Einklang mit Art. 28 Abs. 1 S. 1 und 2 GG stehen, entsteht ein gewisser Spannungsbogen. Es stellt sich daher die Frage, welche weiteren der freiheitlich demokratischen Grundordnung immanenten Grundsätze für die Ausgestaltung direkt-demokratischer Instrumente von Bedeutung sind. Welche Freiräume und Begrenzungen ergeben sich hieraus im Zusammenhang mit dem Grundsatz des Vorrangs der repräsentativen Demokratie? Vor dem Hintergrund offenkundiger Unzufriedenheit mit der klassischen Parteiendemokratie stellt sich zudem die Frage nach einer möglicherweise systemstabilisierenden Funktion direkt-demokratischer Instrumente und den Anforderungen hierfür.

a) Die Bedeutung und der Einfluss des Prinzips der Menschenwürde auf direkt- demokratische Verfahren

Von wesentlicher Bedeutung für die Beurteilung direkt-demokratischer Instrumente ist das Demokratieprinzip nach dem Grundgesetz. Dieses wirkt nicht nur auf die Staatsorganisation im Hinblick auf Formen, Verfahren und Strukturen, sondern basierend auf dem Grundgedanken der Würde des Menschen, auch auf

---

Verwaltung 1983, S. 293 (300f.); Spies, S. 57; Huber, AöR 126, S. 165 (184); a. A. Meißner, S. 176.

den einzelnen Bürger und dessen Stellung in der demokratischen Ordnung. Zwischen dem demokratischen Prinzip im Sinne des Grundgesetzes (Art. 20 Abs. 1 und 2, Art. 28 Abs. 1 S. 1 GG), den „Status activus“ begründenden Mitwirkungsmöglichkeiten des Einzelnen (Art. 5, 8, 9, 38, 118, 118a, 146 GG) und der Würde des Menschen (Art. 1 GG) besteht ein enger Zusammenhang. Dahinter steht die Vorstellung, dass Demokratie und die mit ihr verbundenen Partizipationsformen dem Einzelnen die Möglichkeit eröffnen sollen, seinen Lebensentwurf durch Einflussnahme auf den politischen Prozess abzusichern.[414] In diesem Sinne hat sich auch das Bundesverfassungsgericht deutlich geäußert.[415] Dem Menschen, als einer mit der Fähigkeit zu eigenverantwortlicher Lebensgestaltung begabten „Persönlichkeit“, müsse um seiner Würde willen eine möglichst weitgehende Entfaltung seiner Persönlichkeit gesichert werden. Für den politischen Bereich hat das Gericht ausdrücklich erklärt, dass es nicht genüge, „... wenn sich eine Obrigkeit bemüht, noch so gut für das Wohl der „Untertanen“ zu sorgen“. Der Staat habe die Aufgabe, dem Einzelnen den Weg zu öffnen, in möglichst weitem Umfange verantwortlich an den Entscheidungen für die Gesamtheit mitzuwirken.[416]

Stellt man insoweit ab auf die individuelle Beteiligung am politischen Prozess und deren Effizienz, zeigt die direkte Form der Demokratie unter diesem Blickwinkel größere Nähe zur Werteordnung des Grundgesetzes als die repräsentative.[417]

Es kann auch behauptet werden, dass dem Gedanken der staatsbürgerlichen Mündigkeit, dem Kern des demokratischen Prinzips, direkt-demokratische Mitwirkungsformen grundsätzlich besser Rechnung tragen als Wahlakte, die zur Bildung von Repräsentativorganen führen. Im Unterschied zur Wahl kann der Einzelne mit seiner Stimmabgabe auf eine konkrete Entscheidung Einfluss nehmen. Während er im repräsentativen System über zwei Repräsentationsstufen – die Summe der Wähler und das Parlament – hinweg mediatisiert wird, ist es bei direkt-demokratischen Formen der Entscheidungsfindung lediglich eine. Hier erfolgt die Repräsentation nur durch das Volk als Abstimmungskörper.[418]

---

414 Badura, in: Isensee/Kirchhoff, HdBStR, Bd. I, § 23, Rdnr. 30ff. zu Wahlrecht und Grundrechten, kritisch zu fundamentaldemokratischen Mitwirkungsformen; Huber AöR 126, S. 165 (178).

415 BVerfGE 5, S. 85 (205); zur Demokratie auf kommunaler Ebene: BVerfGE 91, S. 228 (238); 79, S. 127 (150).

416 BVerfGE 5, S. 85 (S. 204f.).

417 v. Arnim, DÖV 1990, S. 85 (91); Bockenförde, in: Isensee/Kirchhoff, HdBStR, Bd. II, § 30, Rdnr. 16; Muckel, NVwZ 1997, S. 223 (228), Huber, AöR 126, S. 165 (179).

418 Dreier, BayVBl. 1999, S. 513 (520f.); Huber, AöR 126, S. 165 (186).

b) Die Bedeutung der inhaltlichen Repräsentation für direktdemokratische Instrumente

An dieser Stelle ist nochmals die Bedeutung der inhaltlichen Repräsentation hervorzuheben. Zwischen der oben dargelegten Bedeutung der Partizipation des Einzelnen für das Demokratieprinzip des Grundgesetzes und dem ebenfalls im Demokratieprinzip enthaltenen Anspruch an eine inhaltliche Legitimation der Repräsentation besteht im Hinblick auf die Stellung und Bedeutung direkt-demokratischer Instrumente ein enger Zusammenhang. Unbestritten ist eine ordnungsgemäße formal-technische Legitimationskette erforderlich, um zunächst sicherzustellen, dass staatliche Entscheidungen auf die vom Volk gewählten Vertreter zurückgehen. Dies allein genügt jedoch nicht, um dem Anspruch an eine demokratische Staatsform zu genügen. Soll sich Demokratie auch als Ausdruck bürgerschaftlicher Selbstbestimmung verstehen und dieser Ansatz nicht ad absurdum geführt werden, muss zur formalen auch die inhaltliche Repräsentation hinzukommen.[419] Insoweit ergänzen sich der Gedanke der Partizipation und die eine inhaltliche Legitimation begründenden Faktoren als Argumente aus dem Demokratieprinzip zugunsten unmittelbarer Demokratie.

aa) Das schwierige Verhältnis von Partizipation und Repräsentation

Als wesentliches Kennzeichen der repräsentativen Demokratie besteht die unmittelbare Partizipationsmöglichkeit der Bürger darin, dass sie ihren Willen in periodisch wiederkehrenden Wahlen zum Ausdruck bringen. Den vom Volk gewählten Repräsentanten steht danach für die Wahlzeit ein weisungsunabhängiges Mandat zu. Eine gebundene Vertretung durch die Gewählten findet nicht statt. Die Volksvertreter sollen lediglich dem eigenen Gewissen unterworfen entscheiden. Hier setzt der Gedanke der Repräsentation zum einen voraus, dass die Volksvertreter für die Dauer der Wahlperiode ihre Entscheidungen am Gemeinwohl orientieren, und zum anderen, dass das – von den Politikern definierte – „Gemeinwohl" in der Regel mit dem hypothetischen Volkswillen deckungsgleich ist.[420] Ungeachtet von daraus möglicherweise resultierenden Akzeptanzdefiziten ist der Grundsatz der Unabhängigkeit der Gewählten untrennbar verknüpft mit dem Wesen der Repräsentation.[421] Dies kommt durch die verfassungsrechtliche Absicherung des Grundsatzes des freien Mandats zum Ausdruck. Für die Bundesebene wird das

---

419 Bockenförde, in: Isensee/Kirchhoff, HdBStR, Bd. II, § 30, Rdnr. 18; Stern, StaatsR, Bd. I, § 22 II, S. 959f; Rossnagel, ZParl 1986, S. 587 (592f.); Schmidt Glaeser, DÖV 1998, S. 824 (826); Spies, S. 63.

420 Stern, StaatsR, Bd. III, § 26 I, S. 39; Spies, S. 61.

421 Stern, StaatsR, Bd. I, § 22 II, S. 963; Spies, S. 61.

freie Mandat durch Art. 38 Abs. 1 S. 1 GG garantiert. Der Grundsatz gilt über das Homogenitätsgebot auch für die Landes- und Gemeindeebene.[422] Hervorzuheben ist aber, dass er, möglicherweise als Ausdruck des besonderen Stellenwerts, in den Gemeindeordnungen der Bundesländer – mit Ausnahme des Freistaats Bayern – jeweils nochmals ausdrücklich geregelt ist.[423]

Repräsentative Demokratie bedeutet demnach in der Konsequenz, dass die vom Volk durch Wahl bestimmten Repräsentanten, gleich auf welcher Ebene, bei ihren Entscheidungen nicht an einen vermuteten oder jeweils feststellbaren Volkswillen gebunden sind.[424] Während der Wahlperiode besteht kein Erfordernis auf Dissonanzen einzugehen und auch auf Seiten der Bürger keine Möglichkeit der Revidierung der getroffen Wahlentscheidung.

bb) Das Demokratieverständnis und die Bindung an den Volkswillen

An dieser Stelle ist jedoch auch festzustellen, dass das Bild vom weitreichend abgekoppelten, da vom Wähler rechtlich unabhängigen, Repräsentanten nicht mit der Konzeption des Grundgesetzes und auch modernem Demokratieverständnis in Einklang steht. Dies wird auch dadurch deutlich, dass das Grundgesetz in Art. 21 Abs. 1 GG den Parteien die Aufgabe zuweist, an der politischen Willensbildung des Volkes mitzuwirken. Mit dieser Regelung kommt zum Ausdruck, dass sich der Willensbildungsprozess nach der Vorstellung des Grundgesetzes von unten nach oben vollzieht. Die gewählten Repräsentanten stehen lediglich an der Spitze dieses Willensbildungsprozesses. Mit der verfassungsrechtlichen Garantie ihrer rechtlichen Unabhängigkeit soll sichergestellt werden, dass sie in der Lage sind, in einer pluralistischen Gesellschaft mit unterschiedlichen, teilweise gegenläufigen Interessenlagen ausgleichend und integrierend zu wirken und zu entscheiden.[425]

Daher muss auch in der repräsentativen Demokratie das vorrangige Ziel darin bestehen, die Identifikation zumindest der Mehrheit der Bürger mit den Entscheidungen der von ihr gewählten Repräsentanten sicherzustellen. Dies erfordert unabhängig vom Grundsatz des freien Mandates eine ständige Kommunikation mit dem Volk und die Rückbeziehung der Politik der Gewählten auf das Volk.[426]

---

422 Frowein in: HdbKWP, Bd. II, S. 87; Trute, in: v. Münch/Kunig, GG, Bd. 2, Art. 38, Rdnr. 106; Klein, in: Maunz/Dürig, GG, Bd. IV, Art. 38, Rdnr. 79; Rehn, in: FS für von Unruh, S. 305 (306); Spies, S. 61.

423 § 32 Abs. 3 BaWüGO; § 37 Abs. 1 BranGO; § 35 Abs. 1 HGO; § 23 Abs. 3 KV M-V; § 39 Abs. 1 NGO; § 43 Abs. 1 NRWGO; § 30 Abs. 1 Rh-PfGO; § 30 Abs. 1 SaarlKSVG; § 35 Abs. 3 SachsenGO; § 42 Abs. 1 GO LSA; § 32 Schl-HolGO; § 24 Abs. 1 ThürKO.

424 Herzog, in: Maunz/Dürig, GG III, Art. 20, (Abschn. II) Rdnr. 62.

425 Spies, S. 63.

426 Magiera, in: Sachs, GG, Art. 38, Rdnr. 26; Spies, S. 64.

Es genügt nicht, die inhaltliche Repräsentation lediglich auf einen hypothetischen Volkswillen abzustellen, den die gewählten Vertreter ohne jeglichen inhaltlichen Diskurs mit der in der Bevölkerung erkennbaren Auffassung definieren. Dies entspricht nicht dem Prinzip einer Repräsentation, die den Anspruch erhebt, demokratisch zu sein und dem Gedanken der Volkssouveränität Rechnung zu tragen. Wie das Bundesverfassungsgericht zum Ausdruck gebracht hat, darf es in einem demokratischen Staatswesen nicht der „Obrigkeit" überlassen werden, völlig losgelöst vom empirischen „Volkswillen" zu bestimmen, was dem wirklichen, am Gemeinwohl orientierten Willen des Volkes entspricht, und sei es auch nur im wohlverstandenen Interesse des Volkes.[427] Es bedarf einer ständigen Rückbeziehung der Repräsentanten auf das Volk.[428]

Nur wenn im politischen Prozess die gesellschaftliche Auseinandersetzung zum Ausdruck kommt und Entscheidungen diese widerspiegeln, wird Repräsentation einem materiellen Demokratieverständnis gerecht.[429]

cc) Die Bedeutung der Parteien

In diesem Zusammenhang ist nochmals die verfassungsmäßige Rolle der Parteien als Mittler zwischen Volk und Volksvertretung hervorzuheben. Den Parteien wurde die unerlässliche Funktion des Bindegliedes in der Legitimationskette zwischen Volk und politischer Führung zugeordnet. Hierzu sollten sie die auf die politische Macht und ihre Ausübung gerichteten Meinungen, Interessen und Bestrebungen zum Ausdruck und zur Geltung bringen.[430] Festzustellen ist jedoch, dass die Parteien dieser Aufgabe in der Verfassungswirklichkeit oftmals nur unzureichend gerecht werden.[431]

Hier scheint sich eine Gefahr realisiert zu haben, die dem Prinzip der repräsentativen Demokratie, das in der Bundesrepublik Deutschland (noch) mit einem recht geschlossenen Parteiensystem gekoppelt ist, innewohnt: eine Entfremdung zwischen den politischen Führungsorganen und dem Staatsvolk.[432]

Die seit Jahren anhaltenden Diskussionen und eine sich manifestierende Partei- und Politikverdrossenheit zeigen in der Verfassungswirklichkeit deutlich eine mangelnde Identifikation der Bürger mit der Politik. Es ist offensichtlich, dass es den Repräsentanten oftmals nicht gelingt, die nötige Integration der Bürger in die Politik und eine Identifikation mit den Repräsentationsorganen zu schaffen

427 BVerfGE 5, S. 85 (205); Spies, S. 64.
428 Bockenförde in: Isensee/Kirchhoff, HdBStR, Bd. II, § 30, Rdnr. 15; Spies, S. 64.
429 Stein, StaatsR, § 9 V, S. 78; Spies S. 64.
430 Robbers, in: BK, Art. 20 Abs. 1, Rdnr. 662; Hesse, VVdStRL 17 (1959), S. 11 (21).
431 Spies, S. 64.
432 Herzog, in: Maunz/Dürig, GG, Bd. III, Art. 20, (Abschn. II) Rdnr. 69.

und einer auftretenden Entfremdung mit den Mitteln des Repräsentativsystems entgegenzuwirken.[433] Das zunehmende Missbehagen der Bürger am Parlamentarismus, d.h. am Parteienstaat, den politischen Parteien, den Politikern und der Politik insgesamt, wiegt schwer.[434] Es wird an manchen Stellen von „fundamentalem Misstrauen" der Bürger gegenüber den Entscheidungen der gewählten Repräsentanten, von „Dissens- und Entfremdungsproblemen" von „Erstarrungserscheinungen" der etablierten Politik u.a. gesprochen.[435]

dd) Die Chancen direkter Demokratie für das repräsentative System

Vor diesem Hintergrund wird die Forderung nach mehr direkter Demokratie verstärkt erhoben, wenngleich ein „Trend zum Plebiszit" nicht erst in den letzten Jahren zu erkennen war. Vielfach wurde und wird in der unmittelbaren Demokratie, der „Königsweg", gewissermaßen die eigentliche Form der Demokratie gesehen und die repräsentative Demokratie als unvollkommene, gleichsam als Demokratie zweiter Wahl.[436] Dieses Konzept der unmittelbaren Demokratie als „eigentliche Form der Demokratie" dürfte jedoch kaum praxistauglich sein. Die Voraussetzungen, die ihm zugrunde gelegt werden, scheinen weitgehend theoretischer Natur und nicht der Realität entsprechend. Dies betrifft die (unzutreffenden) Annahmen über die Bildung und Äußerungsmöglichkeiten des Volkswillens, über die Realitätsform und Handlungsfähigkeit organisierter Menschengruppen, insbesondere politischer Gemeinschaften, und über die Verwirklichungsbedingungen von Demokratie als Volksherrschaft.[437]

Ohne auf die Kritik an diesem Konzept näher einzugehen und eine Grundsatzdiskussion zu führen, stellt sich vielmehr die – pragmatische – Frage, ob bzw. wie den Schwächen und Problemen des repräsentativen Systems mit der Integration direkt-demokratischer Instrumente begegnet werden kann. Eine Lösung könnte darin bestehen, das bestehende System der repräsentativen Demokratie mit seiner weisungsunabhängigen Leitungsgewalt und den selbsthandelnden Repräsentanten zu stabilisieren, indem diese verstärkter demokratischer Legitimation, verbunden mit einem offenen Prozess demokratischer Willensbildung, unterworfen werden. Indem die repräsentativen Organe an Verantwortlichkeit und demokratische Kontrolle gebunden werden, könnte erreicht werden, dass ihr Handeln als autorisiertes Handeln für das Volk und im Namen des Volkes gilt und auch

433 Spies, S. 65f.
434 Schmidt Glaeser, DÖV 1998, S. 824f.
435 Steinberg, Die Verwaltung 16 (1983), S. 465 (469f.); Schmidt Glaeser, DÖV 1998, S. 824f.
436 Schmidt Glaeser, DÖV 1998, S. 824 (825); Bockenförde, in: FS für Eichenberger, S. 301 (305).
437 Bockenförde, in: FS für Eichenberger, S. 301 (306, 326).

sein kann.[438] An dieser Stelle kann direkt-demokratischen Instrumenten eine besondere Aufgabe zukommen. Im Rahmen der grundsätzlich repräsentativen Struktur können Elemente unmittelbarer Demokratie – wie die Abwahl des Bürgermeisters – als balancierendes und korrigierendes Element für das Handeln der repräsentativen Leitungsorgane eingebunden werden.[439] Werden Formen direkter Demokratie dergestalt integriert, dass sie dazu beitragen, die unerwünschte Entfremdung zwischen formal legitimierten Vertretern und Vertretenen, wenn nicht gänzlich zu eliminieren, so doch in ihrem Ausmaß zu begrenzen, ohne die Prinzipien der Repräsentation insgesamt in Frage zu stellen, erübrigt sich die Frage nach ihrer Vereinbarkeit mit dem Wesen des repräsentativen Systems.[440]

c) Folgerungen

Formen direkter Demokratie sind in Zusammenhang zu sehen mit dem vom Grundgesetz postulierten Prinzip des Selbstbestimmungsrechts des Menschen. Dieses zielt auch auf Mitwirkungsmöglichkeiten der Bürger am politischen Prozess und gilt als eine der Grundvoraussetzungen einer funktionierenden Demokratie. Allerdings ist entsprechend der Grundkonzeption des Grundgesetzes und der ausgeübten Praxis in der Bundesrepublik Deutschland die Organisationsform der repräsentativen Demokratie dominierend. Danach legitimieren die Bürger durch Wahlen Repräsentanten, kollektiv bindende Entscheidungen zu treffen.[441]

Den Parteien kommt hierbei die Rolle eines Mittlers im Rahmen der Meinungs- und Entscheidungsfindung zu. Vor dem Hintergrund wachsender Komplexität der politischen Probleme und Herausforderungen ist jedoch eine zunehmende Beeinträchtigung der Legitimation und Lösungskompetenz gewählter Repräsentanten zu konstatieren. Während als Antwort hierauf von manchen die unmittelbare Beteiligung der Bürger als „Königsweg" gesehen und gefordert wurde, stellt sich die direkte Demokratie nach dem Grundgesetz nicht als Gegenentwurf zur repräsentativen Demokratie, sondern als Ergänzung im Prozess politischer Entscheidungsfindung dar.[442] So kann direkte Demokratie unter Beachtung rechtsstaatlicher Grundsätze, formuliert in formalen und inhaltlichen Regelungen, ausgleichend und integrierend das repräsentative System stabilisieren.

---

438 Bockenförde, in: FS für Eichenberger, S. 301 (314).

439 Bockenförde, in: FS für Eichenberger, S. 301, (326).

440 Bockenförde, in: FS für Eichenberger, S. 301 (316); Preuß, ZRP 1993, S. 131 (135f); Spies, S. 66.

441 Kost, S. 7.

442 Henneke, ZG 1996, S. 1 (7).

5. Zusammenfassung

Die grundsätzliche „Offenheit" des Grundgesetzes für direkte Demokratie gilt insbesondere auf der Ebene der Länder und Kommunen. Sie ist jedoch nicht dahingehend zu verstehen, dass damit auch grenzenlose Gestaltungsfreiheit eröffnet wird. Instrumente direkter Demokratie müssen vielmehr das Gebot repräsentativ-demokratischer Strukturen beachten und dürfen nicht wesentlichen Verfassungsprinzipien zuwider laufen.

In diesem vom Grundgesetz aufgezeigten Rahmen sind die Länder frei, direktdemokratische Verfahren in den Landes- und Kommunalverfassungen zu etablieren. Allerdings besteht auch keine grundgesetzliche Verpflichtung für die Länder, unmittelbar-demokratische Mitwirkungsmöglichkeiten einzuführen; ihnen verbleibt ein föderativer Spielraum für die Etablierung unmittelbar-demokratischer Instrumente. Den Ländern wird somit ein Freiraum eröffnet, der in Grenzen eine Übernahme der Strukturen des Grundgesetzes, aber im Sinne eines föderativen Ansatzes auch die stärkere Betonung plebiszitärer Elemente erlaubt.[443] Ob und in welchem Maße die Landesgesetzgeber davon Gebrauch machen, ist eine politische Frage, die – wie die unterschiedlichen Regelungen über Plebiszite in den Landes- und Kommunalverfassungen zeigen – auch unterschiedlich beantwortet wird.[444]

Die Einführung direkter Demokratie in das repräsentative System kann systemstabilisierend wirken. Durch die Möglichkeit unmittelbarer Mitwirkung und Entscheidung für die Bürger kann demokratische Legitimität und Entscheidungsakzeptanz erhöht und insgesamt gesellschaftlicher Konsens gefördert werden.[445] Die Formen direkter Demokratie werden insofern als Ergänzungen und Korrektive angesehen, mit denen auf Entwicklungen im repräsentativen System reagiert werde.[446] Bei der Einführung direkt-demokratischer Instrumente auf Landes- und Kommunalebene ist zu beachten, dass den Repräsentationsorganen die Wahrnehmung der ihnen qua Verfassung zugewiesenen Aufgaben nicht unmöglich gemacht werden darf, dass sie bei der Erfüllung dieser Aufgaben nicht behindert werden dürfen und dass ihr Gewicht als Zentren demokratischer Entscheidungen unangefochten bleibt.[447]

---

443 BVerfGE 60, S. 175 (208); Dreier, in: GG, Art. 28, Rdnr. 62; Muckel, NVwZ 1997, S. 223 (227); Streinz, Die Verwaltung 1983, S. 293 (301); Jung, ZG 1998, S. 295 ff.; Schliesky, ZG 1999, S. 91 (95).

444 Schliesky, ZG 1999, S. 91 (95).

445 Obst, S. 309 ff. ; Steinberg , Die Verwaltung 16, S. 465 (469); Stolleis, VVdStRL 44 (1986); S. 7 (38f.).

446 Henneke, DVBl. 1995, S. 1064 (1068), ders., ZG 1996, S. 1 (7).

447 Huber, AöR 126, S. 165 (189); Streinz, Die Verwaltung 1983, S. 293 (301); Spies, S. 67; Meißner, S. 177.

III. Der Grundsatz der kommunalen Selbstverwaltung und direkte Demokratie

Wie bereits dargestellt, müssen die Länder bei Aufnahme direkt-demokratischer Instrumente neben dem Repräsentationsprinzip weitere Vorgaben des Grundgesetzes beachten. Bei den Instrumenten direkter Demokratie auf kommunaler Ebene handelt es sich dabei insbesondere um die Garantie der kommunalen Selbstverwaltung. Das Grundgesetz stellt durch Art. 20 und 28 GG die Verbindung zwischen Demokratie und Selbstverwaltung her.

Art. 28 Abs. 1 S. 2 GG postuliert in Konkretisierung der in Art. 28 Abs. 1 S. 1 GG geregelten Verpflichtung der Länder zur Wahrnehmung republikanischer, demokratischer und sozialer Grundsätze, dass auch auf der Ebene der Kommunen das Volk eine aus allgemeinen und freien Wahlen hervorgegangene Vertretung haben muss. Allerdings besagt Art. 28 Abs. 2 S. 1 GG, dass die Gemeinden das Recht haben, alle Angelegenheiten der örtlichen Gemeinschaft im Rahmen der Gesetze in eigener Verantwortung wahrzunehmen.

Daraus ergibt sich als Anforderungen an die kommunale Selbstverwaltung, dass diese eine (jedenfalls im Grundsatz) repräsentativ-demokratische Binnenstruktur aufzuweisen hat.[448] Es bedeutet aber auch, dass sich neben Freiräumen auch Grenzen für die Integration direkt-demokratischer Entscheidungsformen ergeben. Es interessiert zunächst grundsätzlich das Verhältnis zwischen Aufgabenzuweisung und Erfüllung von Aufgaben durch die Repräsentationsorgane und dem Gestaltungsrahmen von direkt-demokratischen Entscheidungsformen sowie hier insbesondere dem Instrument der Abwahl des Bürgermeisters.

1. Die Bedeutung von Art. 28 Abs. 2 GG im Gefüge des Grundgesetzes

Unter den Rahmenbedingungen von direkt-demokratischen Elementen auf kommunaler Ebene kommt neben Art. 28 Abs. 1 GG dem Art. 28 Abs. 2 GG eine besondere Stellung zu. Hier ist insbesondere die Bedeutung der Garantie der kommunalen Selbstverwaltung von Interesse. Die Wahrnehmung der von dieser Bestimmung erfassten kommunalen Aufgaben der örtlichen Gemeinschaft legt das Grundgesetz ausweislich des Zusammenhangs von Art. 28 Abs. 1 Satz 2 und

448 Frotscher, ZParl 1976, S. 494 (497); Streinz, Die Verwaltung 16 (1983), S. 293 (300); Stern, in: BK, Art. 28, Rdnr. 30f., 47; Pagenkopf, KommR, Bd. 1, S. 205; Schmidt-Jortzig, KommR, Rz. 68; Spies, S. 54.

Art. 28 Abs. 2 GG in die Hände der – demokratisch gewählten – Gemeinderäte und Kreistage.[449]

Dem Art. 28 Abs. 2 GG kommt bereits im Hinblick auf die Wirkungen grundgesetzlicher Regelungen auf das Verfassungsrecht der Länder eine besondere Bedeutung zu. Wie oben argumentiert, sind für die Beurteilung direkt-demokratischer Verfahren auf kommunaler Ebene auch die in das Verfassungsrecht der Länder hineinwirkenden Bestimmungen des Grundgesetzes zu berücksichtigen.[450] Dies betrifft insbesondere Art. 28 Abs. 2 GG. Anders als das Homogenitätsgebot des Art. 28 Abs. 1 GG gilt die Garantie der kommunalen Selbstverwaltung nämlich nicht nur *für* die Länder, sondern *in* ihnen. Art. 28 Abs. 2 GG ist als sog. „Durchgriffsnorm" auch in den Ländern unmittelbar geltendes Recht.[451] Daraus resultiert, dass es den Ländern verwehrt ist, die grundgesetzliche Garantie der kommunalen Selbstverwaltung einzuschränken. Die Direktionskraft von Art. 28 Abs. 2 GG steht gewissermaßen als Mindestgarantie neben den landesverfassungsrechtlichen Gewährleistungen.[452]

2. Die Wirkung von Art. 28 Abs. 2 GG auf die Rahmenbedingungen direkter Demokratie

Von Interesse sind die Rahmenbedingungen für Instrumente unmittelbarer Demokratie auf kommunaler Ebene also auch für die Abwahl des Bürgermeisters, die sich aus Art. 28 Abs. 2 GG ergeben.

Art. 28 Abs. 2 GG wirkt zweifach: Er beinhaltet die institutionelle Garantie der kommunalen Selbstverwaltung und er gewährt in der Konsequenz auch Schutz gegen eine Beseitigung oder substantielle Aushöhlung der Funktionsfähigkeit der Kommunen.[453] Bei der Beurteilung des Art. 28 Abs. 2 GG steht weniger das Verhältnis von repräsentativen und plebiszitären Zügen des kommunalen Organisationsgefüges im Vordergrund; es geht vielmehr darum, dass eine Kommunalverfassung nicht so ausgestaltet sein darf, dass Gemeinden und Landkreise die Fähigkeit zur Erfüllung der ihnen durch Verfassung und Gesetz zugewiesenen Aufgaben insgesamt verlieren. Aus Art. 28 Abs. 2 GG folgt insoweit ein Gebot

449 Huber, AöR 126, S 165 (188).

450 BVerfGE 1, S. 208 (232); 27, S. 44 (55); 36, S. 342 (360f.); 60, S. 175 (203f.); Grawert, NJW 1987, S. 2320 (2331); Huber, AöR 126, S. 165 (171).

451 BVerfGE 1, S. 167 (174f.); Dreier, in: Dreier, GG, Bd. II, Art. 28, Rdnr. 49; Schmidt-Assmann, BesVerwR, 1. Kap, Rdnr. 9; Huber, AöR 126, S. 165 (172).

452 Dreier, in: GG, Bd. II, Art. 28, Rdnr. 57; Stern, StaatsR, Bd. I, § 12 II, S. 419; Huber, AöR 126, S. 165 (172).

453 Stern, StaatsR, Bd. I, § 12 II, S. 409; Huber AöR 126, S. 164 (194).

aufgabenadäquater Organisationsstruktur.[454] Wie immer die Entscheidungsträger das Spannungsverhältnis zwischen repräsentativer und unmittelbarer Demokratie moderieren, Art. 28 Abs. 2 GG soll Regelungen verhindern, die zu einer Entscheidungsblockade führen.[455] Vorgenannte Kriterien sind insbesondere dort von Relevanz, wo mittels direkt-demokratischer Entscheidungen über Sachfragen in der Kommune entschieden werden sollen. Im Hinblick auf die Regelungen der Abwahl des Bürgermeisters durch die Bürger ist die Problematik einer Entscheidungsblockade eher weniger zu erwarten. Hier ist vorrangig die Problematik der Effizienz zu vermuten, wenn beispielsweise die Zusammenarbeit zwischen Bürgermeister und Gemeinderat nicht mehr funktioniert.

3. Die Grenzen direkter Demokratie durch die Garantie der Selbstverwaltung

Welche Schlussfolgerungen legen die oben skizzierten Grundsätze für Instrumente direkter-Demokratie auf kommunaler Ebene nahe? Wenngleich das Instrument der Abwahl aufgrund der bisher eher geringen Anwendungshäufigkeit[456] nicht geeignet erscheint, die Grundlagen der kommunalen Selbstverwaltung zu erschüttern, sind die grundsätzlichen Rahmenbedingungen – auch im Hinblick auf eine mögliche Weiterentwicklung des Instruments – zu klären. Der Orientierungsrahmen für die Gestaltung reicht vom Grundsatz der repräsentativen Ausgestaltung des Kommunalrechts über die als Kernbereich geschützte Funktionsfähigkeit der gemeindlichen Selbstverwaltung bis zur vom Verfassungsgeber gewünschten aktiven Beteiligung der Bürger an der Regelung ihrer eigenen Angelegenheiten. Es stellt sich in diesem Zusammenhang die Frage, welches Maß an direkt-demokratischen Elementen mit einer repräsentativen Demokratie kompatibel sind, d.h. ihr Grund- und Regelsystem nicht beeinträchtigen.[457] Mit grundsätzlichen Fragestellungen zur Ausgestaltung direkt-demokratischer Instrumente hat sich der bayerische Verfassungsgerichtshof intensiv befasst.[458] Wenngleich nur für den Freistaat Bayern entschieden, haben dessen grundlegende Ausfüh-

454 Hesse, § 13, Rdnr. 488; Huber, AöR, 126, S. 164 (194).

455 Nierhaus, in: Sachs, GG, Art. 28, Rdnr. 44; BayVerfGH, BayVBl. 1997, S. 622 (625f.); VerfGH NW, NJW 1979, S. 1201; Huber, AöR 126, S. 164, S. 194.

456 s. dazu ausführlich Kapitel B.

457 Schmidt Glaeser, DÖV 1998, S. 824 (827).

458 Etwa zwei Jahre nach Erlass des bayerischen Gesetzes zur Einführung des kommunalen Bürgerentscheids wurde der Bayerische Verfassungsgerichtshof mit der Verfassungsmäßigkeit der Neuregelung befasst. Anzumerken ist, dass die Rechte zur Bürgerbeteiligung im angegriffenen Gesetz sehr weit gefasst waren.

rungen über Bayern hinaus Bedeutung für die Befugnis und Grenzen des (einfachen) Gesetzgebers bei der Regelung von Formen und Inhalten unmittelbarer Mitwirkungsmöglichkeiten der Bürger auf kommunaler Ebene.

a) Der Spannungsbogen zwischen Selbstverwaltungsrecht und direkter Demokratie auf kommunaler Ebene

Wie oben dargestellt, besteht ein essentieller Bestandteil des Selbstverwaltungsrechts darin, dass die verfassungsmäßigen Organe der Gemeinde funktionsfähig und in der Lage bleiben müssen, selbständig und selbstverantwortlich über die Angelegenheiten der Gemeinde zu entscheiden.[459] Daher ist die Ausgestaltung direkt-demokratischer Verfahren an der kommunalen Selbstverwaltungsgarantie und insbesondere an der Funktionsfähigkeit der verfassungsmäßigen Organe der Kommune zu orientieren. Das Selbstverwaltungsrecht ist zwar nur im Rahmen der Gesetze gewährleistet, so dass die Einzelausgestaltung ihres Inhalts und Umfangs der Entscheidung des Gesetzgebers unterliegt. Dieser hat aber Wesensgehalt und Kernbereich zu wahren. Hierbei sind das Gebot der Sachgerechtigkeit ebenso wie das Willkürverbot und der Grundsatz der Verhältnismäßigkeit zu beachten. Zwischen den Belastungen oder Beeinträchtigungen der gemeindlichen Selbstverwaltung und den dafür maßgebenden, am öffentlichen Wohl orientierten, hinreichenden sachlichen Gründen muss jeweils eine Abwägung erfolgen.[460]

Das so beschriebene Selbstverwaltungsrecht gilt nicht nur für den kommunalen Aufgabenbestand, sondern bestimmt auch die Anforderungen an die Regelung der Kommunalverfassung, die nicht so ausgestaltet sein darf, dass die ernste Gefahr einer Lähmung der kommunalen Tätigkeit besteht.[461] Diese Thematik ist insbesondere bei der der Ausgestaltung der direkt-demokratischen Instrumente zu Sachfragen zu beachten. Im Zusammenhang mit dem Instrument der Abwahl des Bürgermeisters als direkt-demokratisches Instrument ist die Problematik der Lähmung der kommunalen Tätigkeit weniger zu befürchten. Allerdings ist der Grundgedanke insoweit tangiert, als beispielsweise eine nicht funktionierende Zusammenarbeit zwischen Bürgermeister und Gemeinderat die Effizienz der Selbstverwaltung durchaus erheblich beeinträchtigen kann.

459 BayVerfGH in: BayVBl. 1997, S. 622 (625).

460 BVerfGE 26, S. 172 (180f.); BayVerfGH in: BayVBl. 1992, S. 365 (367); BayVBl. 1997, S. 303 (305), S. 622 (625); Schmidt Glaeser, DÖV 1998, S. 824 (827).

461 BayVerfGH in: BayVBl. 1997, S. 622 (626).

b) Das spezielle Verhältnis zwischen repräsentativer und direkter Demokratie auf kommunaler Ebene

Im Hinblick auf das Verhältnis von repräsentativer und direkter Demokratie auf kommunaler Ebene betont das Gericht ausdrücklich, dass der Gesetzgeber verpflichtet ist, bei der Einführung von Elementen unmittelbarer Demokratie auf kommunaler Ebene das Selbstverwaltungsrecht und die Kommunalverfassung nach wie vor prägenden Elemente der repräsentativen Demokratie[462] so zu verbinden, dass die Handlungsfähigkeit der Gemeinden sichergestellt bleibt. Der Gesetzgeber muss demnach die Regelungen zur unmittelbaren Demokratie auf Gemeindeebene so ausgestalten, dass zum einen die Grundstrukturen des repräsentativen Systems erhalten bleiben und nicht beschädigt werden und zum anderen die Befugnisse der gewählten Vertreterorgane nicht derart beschnitten werden, dass dadurch das Selbstverwaltungsrecht ausgehöhlt wird.[463] Diese Anforderung des Austarierens resultiert daraus, dass Art. 28 Abs. 2 GG auch auf die effektive Erfüllung bestimmter öffentlicher Aufgaben zielt und sich nicht in der Optimierung staatsbürgerlicher Mitwirkungsmöglichkeiten erschöpft.[464] In diesem Sinne spricht der bayerische Verfassungsgerichtshof davon, dass es der Sinn der kommunalen Selbstverwaltungsgarantie sei, „...dass die Gemeinden und Landkreise durch demokratisch gewählte Repräsentanten kontinuierlich verwaltet werden...“.[465]

c) Die besondere Stellung der Gemeinderäte im System der kommunalen Selbstverwaltung

Im Spannungsverhältnis zwischen der institutionellen Garantie des gemeindlichen Selbstverwaltungsrechts und den Instrumenten direkter Demokratie kommt den Gemeinderäten eine besondere Bedeutung zu. Art. 28 Abs. 1 S. 2 GG sieht für die kommunale Ebene eine gewählte Vertretung, eine Vertretungskörperschaft, und damit mindestens ein Repräsentationsorgan vor. Bemerkenswert ist an dieser Formulierung, dass hier für die Gemeindeebene eine mit der Bundesebene vergleichbare Legitimationsstruktur sowie eine vergleichbare Repräsentationsstruktur durch ein „besonderes Organ“ angelegt ist. Wenngleich zwischen Entscheidungsstrukturen auf kommunaler Ebene und staatlichen Legitimations- und Entscheidungsprozessen erhebliche Unterschiede bestehen, bestätigt Art. 28

462 BayVerfGH in: BayVBl. 1984, S. 621 (623); 1997, S. 622 (626).

463 BayVerfGH in: BayVBl. 1997, S. 622 (626); Streinz, Die Verwaltung 1983, S. 293 (307, 316) These 2); Schmidt Glaeser, DÖV 1998, S. 824 (827).

464 Streinz, Die Verwaltung 1983, S. 293 (301); Huber, AöR 126, S. 164 (193f.).

465 BayVerfGH in: BayVBl. 1997, S. 622 (627); Huber, AöR 126, S. 164 (193).

Abs. 1 S. 2 GG einerseits die Geltung des Art. 20 Abs. 2 GG auf der kommunalen Ebene, andererseits aber auch die Vorgabe eines bestimmtes Legitimations- und Herrschaftsmusters.[466] Die Festlegung auf eine vom Gemeindevolk zu wählende Vertretung bedeutet für letztere auch eine Garantie substantieller Aufgabenzuweisung.[467] Aus dieser Garantie ergibt sich eine verbindliche Grenze für unmittelbar-demokratische Bürgermitwirkung: Der Vertretungskörperschaft müssen eigene Aufgaben von hinreichendem Gewicht verbleiben. Wird dieser Anforderung durch die Ausgestaltung direkt-demokratischer Instrumente Rechnung getragen, ist die unmittelbare Bürgermitwirkung nicht nur rechtlich zulässig, sondern auch vom Grundgesetz vorgesehen und als systemimmanent anerkannt. Hier wird der eigenständige verfassungsrechtliche Stellenwert von direkt-demokratischen Instrumenten auf kommunaler Ebene deutlich. Dieser hat zwar die durch den Repräsentationsgedanken gezogenen Grenzen zu respektieren, muss aber bei der rechtlichen Realisierung im Rahmen praktischer Konkordanz gegenüber anderen Verfassungsgütern eine möglichst optimale Geltung erhalten. Im Ergebnis kommt den unmittelbaren Mitwirkungsformen kein höherer Stellenwert zu als den repräsentativen Mitwirkungsformen, allerdings sind sie auch keineswegs nachrangig gegenüber diesen.[468]

d) Folgerungen

Die Grundsätze des demokratischen Repräsentationsprinzips bedeuten im Zusammenhang mit der Garantie des Art. 28 Abs. 2 GG, dass direkt-demokratische Mitwirkungsformen auf kommunaler Ebene die Willensbildung der gewählten Repräsentanten im Einzelfall anstoßen, ergänzen oder auch korrigieren können. Dieses Spektrum ist angesichts der Offenheit des demokratischen Prinzips verfassungsrechtlich unproblematisch.[469] Ihr Einsatz darf jedoch nicht dazu führen, dass den genannten Repräsentationsorganen der Raum zu kraftvoller Betätigung in diesem Aufgabenspektrum genommen wird. Dazu genügt es nicht, dass den Vertretungskörperschaften „eigene Aufgaben von hinreichendem Gewicht verbleiben“. Sie dürfen vielmehr nicht aus den wesentlichen Entscheidungen verdrängt, quasi auf eine Statistenrolle beschränkt werden.[470]

---

466 Schliesky, ZG 1999, S. 91 (94).

467 Schmidt Glaeser, DÖV 1998, S. 824 (828); Schliesky, ZG 1999, S. 91 (94).

468 Dreier, in: GG, Bd. II, Art. 20, Rdnr. 110; Henneke, DVBl. 1995, S. 1064 (1068); Schliesky, ZG 1999, S. 91 (95); a. A. v. Arnim, DÖV 1990, S. 85 (91).

469 Stern, in: BK, Art. 28, Rdnr. 50; Faber, in: AK-GG, Bd. 1, Art. 28 Abs. 1, Rdnr. 66; Schmidt-Assmann, BesVerwR, 1. Kap., Rdnr. 91; v. Arnim, DVBl. 1997, S. 749 (759); Huber, AöR 126, S. 164 (188).

470 Streinz, Die Verwaltung 1983, S. 293 (302); Meißner, S. 177; Huber, AöR 126, S. 164 (189).

Im Hinblick auf direkt-demokratische Instrumente zu Sachfragen wäre das jedoch der Fall, wenn Gemeinderäte und Kreistage nicht mehr in der Lage wären, sich auf rasch wechselnde Gegebenheiten einzustellen und diesen Rechnung zu tragen. Eine Lähmung ihrer Tätigkeit durch Bürgerbegehren und Bürgerentscheide, die ihnen die Möglichkeit nähme, für notwendig erkannte oder gehaltene Beschlüsse zu fassen und entsprechende Rechtsakte zu erlassen, kehrte den Vorrang der repräsentativen Demokratie auf kommunaler Ebene um. Hierzu kann das Bundesverfassungsgericht zusammenfassend zitiert werden: „Das Demokratieprinzip erfordert (m. a. W.) funktionierende Gemeinderäte".[471] Es „.... setzt voraus, dass die Gemeinden über funktionsfähige Organe und Verwaltungen verfügen, die tatsächlich in der Lage sind, eigenständig und selbstverantwortlich zu entscheiden."[472] Die vorstehend beschriebene Problematik ist im Zusammenhang mit Abwahlverfahren allein schon aufgrund der zahlenmäßig geringen Häufigkeit nicht zu befürchten; vielmehr kann das Instrument der Abwahl als Lösungsansatz verstanden werden für den Fall nachhaltiger Probleme (mit Auswirkungen auf die Selbstverwaltung) mit dem direkt gewählten Bürgermeister.

4. Das demokratische Mehrheitsprinzip und seine Geltung bei direkt-demokratischen Entscheidungen auf kommunaler Ebene

Im Hinblick auf die Garantie einer funktionsfähigen Selbstverwaltung können direkt-demokratische Entscheidungen auf kommunaler Ebene dann verfassungsrechtlich problematisch werden, wenn sie durch ihre Qualität und Quantität die Arbeit des Rates zu lähmen drohen. Dies gilt insbesondere dann, wenn Entscheide in einer großen Zahl und ohne Rücksicht auf die Bedeutung der Sache angestrebt werden. Gleiches gilt für grundlegende Fragen, die den Kern der „Regierungspolitik" betreffen, wenn hierzu ergangene Ratsbeschlüsse aufgehoben oder geändert werden. An dieser Stelle besteht die Gefahr, dass die Funktionstüchtigkeit des Rates unterlaufen wird.[473] Dieser verfassungsrechtlichen Problematik kann mit der Festlegung sowohl formaler als auch inhaltlicher Anforderungen an direkt-demokratische Instrumente begegnet werden. Beispielsweise kann ein Beteiligungs- oder Zustimmungsquorum eine geeignete Vorkehrung sein, um

471 BayVerfGH 46, S. 43 (44).

472 BayVerfGH 33, S. 87 (95); BayVerfGH in: BayVBl. 1997, S. 622 (625); 1980, S. 400 (401); BayVGH in: BayVBl. 1998, S. 24 (25); Knemeyer, DVBl. 1998, S. 113 (114); Huber, AöR 126, S. 164 (189).

473 Meißner, S. 177f; Streinz, Die Verwaltung 1983, S. 293 (302).

die von Art. 28 Abs. 1 GG geforderte Gewichtsverteilung zu gewährleisten.[474] Insoweit können Quoren auf der formalen Seite begrenzend wirken. Auf der inhaltlich-materiellen Seite von Sachentscheidungen kann der Problematik durch unterschiedliche Instrumente wie die Beschränkung auf bestimmte Gemeindeangelegenheiten, Negativkataloge oder das Verbot des wiederholten Entscheids in derselben Angelegenheit (Wiedererwägungsbegehren)[475] gegengesteuert werden. Die jeweils geeigneten Mittel auszuwählen, ist Sache des Gesetzgebers.[476]

Dementsprechend sehen die Kommunalverfassungen der Länder in unterschiedlicher Ausgestaltung neben Festlegungen über zulässige Inhalte direkt-demokratischer Sachentscheidungen das Erreichen bestimmter Quoren als regulatives Instrument vor. Insbesondere die Quoren, denen außer für Entscheidungen über Sachfragen auch für die Entscheidung über eine Abwahl eine wesentliche Bedeutung zukommt, sind jedoch nicht allein unter dem Aspekt der Begrenzung zu betrachten. Sie führen im Falle ihres Erreichens zur Legitimation einer direkt-demokratisch getroffenen Entscheidung. Ähnlich wie im repräsentativen Verfahren werden auch die im direkt-demokratischen Verfahren getroffenen Entscheidungen unter dem Aspekt der Legitimation kritisiert. Ein häufig erhobener Vorwurf lautet, im Prinzip dominiere eine Minderheit über die Mehrheit.[477]

In diesem Zusammenhang stellt sich daher vor allem die Frage nach der Bedeutung und Wirkung des Mehrheitsprinzips bei direkt-demokratischen Entscheidungs-findungen. Das Mehrheitsprinzip zählt zu den fundamentalen Prinzipien der Demokratie[478] und ist insoweit untrennbar mit der freiheitlich demokratischen Grundordnung verbunden.[479]

a) Das Problem der Wahlbeteiligung

Ein erstes ganz grundsätzliches Problem, das häufig als Kritikpunkt gegen direktdemokratische Verfahren angeführt wird, bezieht sich auf die Wahlbeteiligung. Unbestritten besteht keine Wahlpflicht für die Bürger.[480] Aus dem Grundsatz, dass das Wesen der Demokratie darin besteht, dem Einzelnen die Möglichkeit politischer Partizipation zu eröffnen, ergibt sich vielmehr im Umkehrschluss das grundsätzliche Recht, von einer Beteiligungsmöglichkeit keinen Gebrauch zu

474 BayVerfGH in: BayVBl. 1997, S. 622 (627); Huber, AöR 126, S. 164 (189).
475 So in der Schweiz: s. Meißner, S. 178.
476 Huber, AöR 126, S. 164 (189f.).
477 Streinz, Die Verwaltung 1983, S. 293 (304f.).
478 Stern, StaatsR, Bd. II, § 18, S. 611; Dreier, BayVBl. 1999, S. 513 (519); BVerfGE 1, S. 299 (315); 29, S. 154 (165).
479 Stern, StaatsR, Bd. II, § 18, S. 611; BVerfGE 2, S. 1 (12f.); 5, S. 85 (140; 198).
480 Engelken, DÖV 2000, S. 881 (884) m.w.N.

machen. Insoweit entspricht dem Recht zur Inanspruchnahme des aktiven und passiven Wahlrechts die Freiheit, nicht zu wählen und sich nicht wählen zu lassen.[481] Das ist unbestritten und stellt die Gültigkeit einer Wahl selbst dann nicht in Frage, wenn weniger als die Hälfte der Wahlberechtigten daran teilnimmt.[482] Diese „Unstrittigkeit" gilt insbesondere für Wahlen im repräsentativen Entscheidungsprozeß. Hier entfaltet das vom Demokratieprinzip umfasste Mehrheitsprinzip keinerlei rechtlich messbaren Partizipationsdruck. Wie alle „Freiheitsangebote" des Grundgesetzes basiert auch das Demokratieprinzip auf der Vorstellung, dass die Berechtigten ihre Möglichkeiten der Einflussnahme auch tatsächlich wahrnehmen.[483] Die Tatsache, dass in der gegenwärtigen Praxis die Wahlbeteiligungen überwiegend „niedrig" ausfallen, wird zwar zur Kenntnis genommen und kommentiert, die Legitimationsfrage wird in diesem Zusammenhang jedoch nicht gestellt.

Hier wird die Funktionsweise des Mehrheitsprinzips akzeptiert, wonach der mehrheitlich gefasste Beschluss mittels einer Fiktion als Wille der Gesamtheit gilt und nach der Idee der freien Selbstbestimmung der Bürger Verpflichtungskraft für alle entfaltet.[484] Anders sieht es aus bei Verfahren der direkten Demokratie. Den aus diesen Verfahren resultierenden Entscheidungen kommt nur Legitimationskraft zu, wenn bestimmte Zustimmungsquoren erreicht werden. Es genügt demnach nicht, dass bei einer Abstimmung die Mehrheit der abgegebenen Stimmen mit „Ja" votiert, vielmehr muss diese zustimmende Mehrheit auch einen bestimmten Prozentsatz – bezogen auf die Gesamtzahl der Abstimmungsberechtigten (und eben nicht nur derer, die sich tatsächlich beteiligt haben) – darstellen (Zustimmungsquorum). Für die Abwahl der Bürgermeister[485] sind die Quorenregelungen in den Bundesländern unterschiedlich ausgestaltet. Die Regelungen der Kommunalordnungen sehen grundsätzlich vor, dass die Abwahl des Bürgermeisters einer Mehrheit der abgegebenen Stimmen bedarf, wobei diese Mehrheit einem bestimmten Zustimmungsquorum entsprechen muss. Die erforderlichen Zustimmungsquoren bezogen auf die Abstimmungsberechtigten variieren zwischen 20 % in Schleswig-Holstein[486], 25 % in Brandenburg, Niedersachsen und Nordrhein-Westfalen,[487] 30 % in Hessen, Rheinland-Pfalz, Saarland,

481 Dreier, Jura 1997, S. 249 (254).

482 Dreier, BayVBl. 1999, S. 513 (520); Engelken, DÖV 2000, S. 881 (884, 888); Huber, AöR 126, S. 165 (179).

483 Dreier, BayVBl. 1999, S. 513 (521); Isensee, in: Isensee/Kirchhoff, HdBStR, Bd. V, § 115, Rdnr. 136ff., 197; Huber, AöR 126, S. 165 (180).

484 Schliesky, ZG 1999, S. 91 (96).

485 Zum Bürgerentscheid über die Abwahl s. auch Teil B, II, 2, b)

486 § 57d Abs. 2 S. 1 Schl-HolGO.

487 § 81 Abs. 1 S. 2 BbgKWahlG; § 45j Abs. 4 NKWG; § 66 S. 5 NRWGO.

Sachsen-Anhalt und Thüringen,[488] in Sachsen muss das Quorum sogar 50 % betragen.[489] In Mecklenburg-Vorpommern bedarf der Bürgerentscheid zur Abwahl einer Mehrheit von 2/3 der Abstimmenden, aber eines Zustimmungsquorums von „nur" 1/3 der stimmberechtigten Bürger.[490]

Ungeachtet der Tatsache, dass die Formulierung von Quoren in den Landes- und Kommunalverfassungen der Länder gängige Praxis ist, wird dies in verschiedener Hinsicht nicht unkritisch gesehen. So werden die Quoren teilweise als mit dem Demokratiegedanken nicht vereinbar erklärt, teilweise aber auch als unabdingbar erachtet.

b) Die Kritik am Erfordernis von Quoren bei direkt-demokratischen Verfahren

Sofern im repräsentativen System der Bundesrepublik das Volk als Wahlkörper handelt, kommt der Erfüllung von Quoren keine Bedeutung zu. Die Verteilung der zu vergebenden Sitze erfolgt allein bezogen auf die Summe der abgegebenen, gültigen Stimmen, unabhängig von der Wahlbeteiligung. Gleiches gilt im Ergebnis für die Direktwahlen.[491] Gewählt ist, wer die Mehrheit der abgegebenen Stimmen erhält, unabhängig von der Anzahl der Wahlberechtigten. Die Wahlbeteiligung stellt weder bei Wahlen zu Repräsentativorganen noch bei Direktwahlen eine relevante Bezugsgröße dar.

Stellt man jedoch auf die Relation von Wählerstimmen zur Gesamtzahl der Wahlberechtigten ab, so kann der Eindruck entstehen, es regierten allenthalben Minderheiten über Mehrheiten. Dass daraus aber nicht der Schluss fehlender Legitimität von Mehrheitsentscheidungen gezogen wird, resultiert im Ergebnis aus dem Gedanken des Repräsentationsprinzips: Zum einen entscheiden die Repräsentationsorgane als Vertreter der Aktivwähler. Die Aktivwähler wiederum haben für die Passivwähler mitgehandelt. Deren Passivität hat sie zwar der Einflussmöglichkeit auf die Zusammensetzung des jeweiligen Organs oder die Auswahl einer bestimmten Person beraubt, nicht aber von der Bindungswirkung repräsentativ gefasster Beschlüsse befreit.[492]

Vor dem Hintergrund dieser gewissermaßen zweistufigen Repräsentation und der fehlenden Bedeutung der Wahlbeteiligung wird das Erfordernis von Quoren als ungerecht problematisiert, wenn das Volk nicht als Wahl-, sondern als Ab-

488 § 76 Abs. 4 S. 2 HGO; § 55 Abs. 1 S. 5 Rh-PfGO; § 58 Abs. 1 S. 3 SaarlKSVG; § 61 Abs. 1 S. 2 LSA, § 28 Abs. 6 S. 2 ThürKO.

489 § 51 Abs. 7 S. 2 SachsenGO.

490 § 20 Abs. 7 S. 3 KV-MV.

491 Jung, BayVBl. 1998, S. 225 (230).

492 Dreier, BayVBl. 1999, S. 513 (520).

stimmungskörper handelt. Es wird darauf hingewiesen, dass unabhängig davon, ob das Volk im Zusammenhang mit einer Wahl oder einer Abstimmung handelt, in beiden Fällen nur der aktive Teil seinen Willen kund tut. Der Mehrheitswille definiert sich aus dem Abstimmungsverhalten derjenigen, die sich aktiv an den Personal- oder Sachentscheidungen beteiligen. Bei „Abstimmungen" entfällt im Unterschied zu „Wahlen" lediglich eine Repräsentationsstufe, da die maßgebliche Entscheidung vom Volk selbst und nicht von seinen Repräsentanten getroffen wird. Es stellt sich auf der Ebene der Bürger also ein vergleichbares Verhältnis dar: Die Abstimmenden handeln in verbindlicher Weise für die Gesamtheit und repräsentieren so auch die Passiven. Die Aktivbürger handeln für das Gesamtvolk und verpflichten dieses so, wie es die Aktivwähler bei der Wahl tun.[493]

Aus dieser Vergleichbarkeit schließen die Kritiker, dass Quoren nicht systemimmanent und vor allem nicht zwingend notwendig sind. Es wird zudem auf den Aspekt verwiesen, dass Quoren, insbesondere wenn sie hoch angesetzt sind, im negativen Sinne demokratiewidrig „instrumentalisiert" werden können. Da der „passive" Teil der Abstimmungsberechtigten zugunsten des Gegners zu Buche schlage, laden Quoren zu Boykottstrategien ein.[494] Dies könne zu einem demokratieschädlichen Effekt führen, wenn in der Folge die Bereitschaft zum politischen Engagement untergraben wird.[495]

c) Die Vereinbarkeit von Quoren mit den Grundsätzen des Mehrheitsprinzips und dem Art. 28 GG

Auch die Befürworter von Quoren sehen als Ansatzpunkt für die Frage nach deren Vereinbarkeit mit den Grundsätzen des Mehrheitsprinzips die Anforderungen an die Höhe der zu erzielenden Mehrheit. Bezugsgröße für Überlegungen zur Höhe der erforderlichen Mehrheitsqualifizierung ist hier zunächst die Gesamtheit, d.h. die Mehrheit der stimmberechtigten Bürger.[496] Für die Legitimität einer für die Gesamtheit verbindlichen Entscheidung wird prinzipiell, über die einfache Mehrheitsregelung hinaus, das Erfüllen eines auf die Gesamtheit bezogenen Ergebnisses als erforderlich erachtet.[497] Daraus kann jedoch nicht geschlossen werden, dass generell für alle Abstimmungsfälle die Mehrheit der Stimmberech-

493 Dreier, BayVBl. 1999, S. 513 (520f.).

494 Hüller, ZParl 2006, S. 821 (829f.); Kampwirth, ZParl 2003, S. 657 (667); Dreier, BayVBl. 1999, S. 513 (521).

495 Dreier, BayVBl. 1999, S. 513 (522); Jung, BayVBl. 1998, S. 225 (229); Streinz, Die Verwaltung 1983, S. 293 (303f.); Schliesky, ZG 1999, S. 91 (100).

496 Preuß, ZRP 1993, S. 131 (132); Engelken, DÖV 2000, S. 881 (886); Schliesky, ZG 1999, S. 91 (99).

497 Engelken, DÖV 2000, S. 881 (887).

tigten (50% plus 1 Stimme) als Bezugsgröße unabdingbar ist.[498] Es wird eine – je nach Bedeutung des Abstimmungsgegenstandes differenzierte – Ausgestaltung von Beteiligungs- und Zustimmungsanforderungen als verfassungsrechtlich geboten erachtet. Dies wird zum einen damit begründet, dass das Mehrheitsprinzip als Bestandteil des demokratischen Prinzips in sich beschränkt ist. Aus dem der Demokratie innewohnenden Grundsatz der Achtung der Menschenwürde und Wahrung der fortdauernden, gleichberechtigten Mitwirkungschancen eines jeden Einzelnen folgt für das Mehrheitsprinzip, dass Minderheiten, die Chance haben müssen, Mehrheit zu werden.[499] Dies entspricht dem Gedanken der Korrekturmöglichkeit staatlicher Entwicklung und der Entwicklungsoffenheit des Demokratieprinzips.[500] Diesem Gedanken muss demzufolge die Ausgestaltung von Quorenregelungen Rechnung tragen. Zum anderen wird den Ländern aus Art. 28 Abs.1 GG Gestaltungsraum im Rahmen ihrer verfassungsmäßigen Ordnungen zugebilligt. Dies bedeutet zwar keine unbegrenzte Regelungsfreiheit, sondern die Notwendigkeit zur Beachtung des o.g. Bezugsrahmens. Allerdings können die Länder bei der Ausgestaltung der entsprechenden Regelungen gewachsene Landestraditionen berücksichtigen, wozu auch die Grundeinstellung des jeweiligen Bundeslandes zu direkt-demokratischen Instrumenten auf staatlicher und kommunaler Ebene gezählt wird.[501]

d) Folgerungen

Zusammenfassend wird erkennbar, dass deutliche Unterschiede bestehen zwischen den rechtlichen Anforderungen an eine im repräsentativen Verfahren zustande gekommene Entscheidung gegenüber den im direkt-demokratischen Verfahren getroffenen Festlegungen.

Der grundsätzlichen Kritik, bezogen auf unterschiedliche Anforderungen an direkt-demokratische Instrumente, insbesondere derjenigen an Quoren, ist ein verfassungsrechtlicher Aspekt entgegenzuhalten: Zwischen Wahlen und Abstimmungen besteht ein relevanter Unterschied. Wahlen finden im Gegensatz zu Abstimmungen in periodisch wiederkehrenden Abständen statt. Wahlen kommt im Hinblick auf staatsbürgerliche Rechte und Pflichten und in der Aufmerksamkeit der Öffentlichkeit ein besonderer Stellenwert zu. Daher wird im Hinblick auf ein fehlendes oder zu niedriges Quorum bei Abstimmungen befürchtet, dass relativ kleine Gruppen durch häufige direkt-demokratische Entscheide auf kommuna-

498 Schliesky, ZG 1999, S. 91 (99); Engelken, DÖV 2000, S. 881 (887).

499 BVerfGE 70 S. 324 (362ff.); Robbers, BK, Art. 20 Abs. 1, Rdnr. 651; Hesse, VVdStRL 17 (1959), S. 11 (20); Fromme, DÖV 1970, S. 518; Katz, § 9, Rdnr. 152.

500 Schliesky, ZG 1999, S. 91 (97).

501 Schliesky, ZG 1999, S. 91 (98f.).

ler Ebene die Mehrheit der Bürger in ihrer Bereitschaft zu aktiver politischer Teilnahme überfordern und so gegen oder ohne deren Willen partielle Interessen durchsetzen.[502] Eine (mögliche) Häufung von Minderheitenentscheidungen widerspricht jedoch dem Grundsatz, dass eine demokratisch legitimierte Mehrheitsentscheidung immer die rechtliche und auch prinzipielle Teilnahmemöglichkeit und -bereitschaft eines gewissen Mindestanteils der Bürger an zu treffenden Entscheidungen voraussetzt.[503] Ansonsten wird der kritisierten „verzerrten Repräsentation von oben" durch direkt-demokratische Verfahren nur eine „verzerrte Repräsentation von unten" entgegengesetzt.[504]

So gesehen können Quoren als Instrumente zur Vermeidung bzw. Begrenzung von Ungleichheiten dienen. Sie sind als Minderheitenschutz in doppelter Hinsicht zu werten: Sie grenzen zum einen den politischen Aktivismus minoritärer Gruppen ein und verhindern im Falle geringer Wahlbeteiligung die Dominanz bestimmter sozialer Gruppen.[505] Der Kritik, Quoren beförderten Boykottstrategien, kann mit einem nicht zu hohen Quorum entgegengetreten werden.[506] Hohe Quoren sind allerdings dann geboten, wenn es um Kernbereiche der demokratischen Ordnung geht. Dies ist aber im Bereich kommunalpolitischer Entscheidungen mit begrenzter Wirkungskraft i.d.R nicht der Fall.[507] Im Hinblick auf die inhaltliche Legitimation direkt-demokratischer Entscheidungen erhöht ein ausgewogen bemessenes Quorum die Akzeptanz einer Sachentscheidung durch die Bürger, während ein zu hohes Quorum aufgrund permanenter Erfolglosigkeit die Akzeptanz des Instruments an sich gefährden kann.[508]

Eine Abweichung vom Grundsatz der Mehrheitsfindung unter Bezug auf die Gesamtheit der Abstimmungsberechtigten ist zwar zulässig,[509] bedarf aber einer sorgsamen Abwägung sachgerechter Gründe. Hierzu zählen Grundeinstellungen des jeweiligen Bundeslandes zu Instrumenten direkter Demokratie auf Landes- und Kommunalebene als Bestandteil der verfassungsmäßigen Ordnung, Erfahrungen zur Wahlbeteiligung, Verfahrenstyp des Instruments und die Wechselwirkung mit jeweils zulässigen Gegenständen und anderen Verfahrensregelungen

502 Hüller, ZParl 2006, S. 823 (827); Streinz, Die Verwaltung, 1983, S. 293 (303); Muckel, NVwZ 1997, S. 223 (227).

503 Streinz, Die Verwaltung 1983, S. 293 (303f.); s. auch Hendler, Der Landkreis 1995, S. 321 (324); Pestalozza, S. 33; Spies, S. 58ff.

504 Hüller, ZParl 2006, S. 823 (827).

505 Muckel, NVwZ 1997, S. 223 (227); Schliesky, ZG 1999; S. 91 (99); Hüller, ZParl 2006, S. 823 (824).

506 Dreier, BayVBl. 1999, S. 513 (521f.); Hüller, ZParl 2006, S. 823 (829f.); Schliesky, ZG 1999, S. 91 (99f.).

507 Schliesky, ZG 1999, S. 91 (99).

508 Schliesky, ZG 1999, S. 91 (100).

509 Herzog, in: Maunz/Dürig/, Bd. III, Art. 20, Rdnr. 16.

u.a.[510] Die Vereinbarkeit eines nicht zu hohen Quorums mit dem Mehrheitsprinzip kann beispielsweise durch ergänzende verfahrensrechtliche Regelungen gewährleistet werden. Dies gilt insbesondere für direkt-demokratische Entscheidungen zu Sachfragen.

Bei Beurteilung der Quoren in den Abwahlverfahren ist allerdings neben dem Gedanken des Minderheitenschutzes auch der Aspekt der Mehrheitsfindung bei der Direktwahl zu berücksichtigen. Die Entscheidung in der Direktwahl erfolgt häufig mit sehr niedriger Wahlbeteiligung.

Vor dem Hintergrund des unmittelbaren sachlichen und personellen Zusammenhangs sollte die Verfahrensdifferenzierung zwischen Wahl- und Abwahlentscheidung auf den Prüfstand gestellt werden. Denkbar wäre in diesem Zusammenhang die Einführung einer einheitlichen Bezugsgröße zur Mehrheitsfindung in der Abstimmung. Beispielsweise könnte die Zustimmungsquote der Bürger bei der Direktwahl für den Amtsinhaber bzw. die Wahlbeteiligung als Bezugsgröße für Zustimmungsquoren zur Abwahl dienen.[511]

5. Zusammenfassung

Instrumente direkter Demokratie auf kommunaler Ebene sind auch vor dem Hintergrund des Art. 28 Abs. 2 GG zu betrachten, wonach der kommunalen Selbstverwaltung besonderer Schutz zukommt. Das Grundgesetz sieht – nach dem Ende des nationalsozialistischen Regimes – die Gemeinden als Keimzelle der Demokratie vor. Die jeweilige Ausgestaltung und Umsetzung des Kommunalverfassungsrechts sollte dem Selbstbestimmungsrecht der Bürger wieder erhöhte Geltung verschaffen und insoweit die Demokratie stärken.

Dieser Ansatzpunkt für Instrumente direkter Demokratie ist jedoch in Ausgleich zu bringen mit dem Erfordernis, die Funktionsfähigkeit der Kommunen zu erhalten. Insoweit darf das Selbstverwaltungsrecht nicht ausgehöhlt werden und Entscheidungsblockaden sind auszuschließen. Für Instrumente direkter Demokratie bedeutet dies, dass sie – unter Beachtung des Selbstverwaltungsrechts – so mit den prägenden Elementen der repräsentativen Demokratie verbunden werden, dass die Handlungsfähigkeit der Kommunen gewahrt und den Vertretungskörperschaften eigene Aufgaben von hinreichendem Gewicht verbleiben.

Es obliegt den Landesgesetzgebern, diese Anforderungen miteinander in Einklang zu bringen. Als Verfahren bieten sich z.B. Themenausschlüsse an oder um-

510 Engelken, DÖV 2000, S. 881 (888); Schliesky, ZG 1999, S. 91 (97ff); grundsätzlich s. Huber, AöR 126, S. 165 (180f.); Knemeyer, 1997, S. 163; Hendler, Der Landkreis 1995, S. 321 (324); Ritgen, NVwZ 2000, S. 129 (130); kritisch Dreier, BayVBl. 1999, S. 513 (521).

511 Witte, ZParl 2001, S. 57 (71); Fuchs, S. 104, Hüller, ZParl 2006, S. 823ff.

gekehrt die Definition von Themen, die direkt-demokratischen Entscheidungen zugänglich sind. Entsprechende Vorgehensweisen werden in unterschiedlicher Ausgestaltung in den einzelnen Bundesländern auch praktiziert. Die gefundenen Formulierungen werden jedoch vielfach als unangemessen restriktiv und damit „prohibitiv" gegen unmittelbare Demokratie kritisiert.[512]

Im Hinblick auf die Entscheidungsfindung bei direkt-demokratischen Verfahren sind Zulassungs- und Zustimmungsquoren Instrumente, die dem Demokratieprinzip Geltung schaffen sollen. Ihnen kommt – trotz grundsätzlicher Kritik – im Spannungsverhältnis von Egalität, Mehrheitsprinzip und Minderheitenschutz eine besondere Rolle zu.[513] Sie sind grundsätzlich zur Begründung von Legitimität und Akzeptanz der in direkt-demokratischen Verfahren getroffenen Entscheidungen geeignet.

Es ist jedoch nicht zu verkennen, dass Quoren auch durchaus destruktive bzw. kontraproduktive Wirkungen entfalten können. Dies gilt zum einen dann, wenn direkt-demokratische Entscheidungen von Verwaltungen und Gegnern totgeschwiegen bzw. mittels Abstimmungsboykott unterlaufen werden[514] und zum anderen dann, wenn Abstimmungen aufgrund hoher Hürden zu häufig zum Scheitern verurteilt sind und daher die Instrumente nicht als wirksames Ausdrucksmittel des Bürgerwillens wahrgenommen werden.

Bei der Festlegung von Quoren sind daher die Gefahren zu hoher Hürden mit den für ein Quorum sprechenden Gründen des Mehrheitsprinzips abzuwägen.[515] Die Bundesländer haben bei der Festlegung der Quoren für den Bürgerentscheid über die Abwahl des Bürgermeisters von ihrem Gestaltungsrahmen unter politischen Gesichtspunkten Gebrauch gemacht und unterschiedlich hohe Quoren (in Sachsen sogar 50 %) vorgeschrieben. Die Höhe der Quoren betont den Ausnahmecharakter des Instruments. Fraglich ist jedoch, ob die derzeitige Höhe und die Ausgestaltung der Quoren (Bezugsrahmen) erforderlich sind, um Instabilität zu verhindern.

512 BBB 1956-2007, S. 24; Kampwirth, ZParl 2003, S. 657 (666).

513 Henneke, ZG 1996, S. 1 (18).

514 Henneke, ZG 1996, S. 1 (19f.); Hüller, ZParl 2006, S. 823 (830).

515 Henneke, ZG 1996, S. 1 (19); Hüller, ZParl 2006, S. 823 (831f.): Hüller schlägt ein antiproportionales Beteiligungsquorum vor.

IV. Die Einordnung der Abwahl im System demokratischer Entscheidungsformen

Instrumente direkter Demokratie, wie sie insbesondere auf kommunaler Ebene praktiziert werden, unterliegen dezidierten Regelungen hinsichtlich Form und (soweit es sich um Sachentscheidungen handelt) Inhalten. Diese dienen dazu, die Ver-einbarkeit dieser Instrumente mit dem – im Kern – repräsentativen Demokratiemodell des Grundgesetzes sicherzustellen. Nachdem vorstehend die grundsätzliche Einordnung von Instrumenten direkter Demokratie in das demokratische System dargestellt wurde, ist es von Interesse, wie sich das Instrument der Abwahl hier einfügt.

1. Besondere Aspekte des Instruments der Abwahl im System direkter Demokratie

Im Vergleich zu den anderen Instrumenten direkter Demokratie auf kommunaler Ebene sind bei der Abwahl markante Besonderheiten zu konstatieren. So lässt sich aus der Bezeichnung „Abwahl" eine Nähe zu Wahlen, aus der Ausgestaltung der Verfahrensabläufe jedoch eine Nähe zu Abstimmungen über Sachentscheidungen vermuten. Im Hinblick auf die Aspekte der inhaltlichen und formalen Legitimation besteht die Besonderheit, dass einem zuvor nach den allgemeinen Wahlgrundsätzen der repräsentativen Demokratie legitimierter Amtsinhaber vor Ablauf der Amtszeit die Legitimation wieder entzogen werden kann. Von Interesse ist auch der historische Kontext des Instruments der Abwahl und dessen Entwicklung zum direkt-demokratischen Instrument. Diese Besonderheiten werfen Fragen zur Stellung des Instruments im System der Demokratie auf kommunaler Ebene auf und sollen im Folgenden eingehender betrachtet werden.

a) Die Abwahl: „ Wahl" oder „Abstimmung"?

Fraglich ist, wie das Instrument der Abwahl im System der direkt-demokratischen Entscheidungen einzuordnen ist. Schon ein erster Blick auf die Entscheidungskonstellation deutet gewisse Besonderheiten an: Die Bürger entscheiden nicht primär über eine sachliche Fragestellung, sondern darüber, ob ein zuvor in direkter Wahl legitimierter Stelleninhaber wieder aus dem Amt entfernt werden soll.

Es stellt sich die Frage, ob diese Entscheidung als „Wahl" oder „Abstimmung" anzusehen ist. Gegen die Einordnung als „Abstimmung" spricht, dass diese im

Sinne einer Entscheidung über eine Sachfrage verstanden wird. Entscheidungen über Sachfragen sind auf Bundesebene insbesondere solche über Länderneu-gliederungen und auf Landesebene Volksentscheide. Der häufigste Fall von Sachentscheidungen findet sich auf kommunaler Ebene in Form von Bürgerentscheiden.

Stellt man ab auf die Terminologie, könnte der Gedanke nahe liegen, die Abwahl als Gegenstück zur Wahl einzuordnen. Die direkte Wahl wird zwar den Instrumenten direkter Demokratie zugeordnet, weil die Bürger über die Besetzung eines Amtes unmittelbar entscheiden können. Ein genauerer Blick zeigt jedoch, dass die Direktwahl große Nähe zur Entscheidungsfindung im repräsentativen System aufweist. Die Bürger wählen aus verschiedenen Bewerbern die Person, die ein bestimmtes Organ – hier das des Bürgermeisters – besetzen soll. Die gewählte Person repräsentiert in ihrer Funktion somit die Wählenden. Eine weitere Gemeinsamkeit mit Wahlen im repräsentativen Sinne besteht darin, dass auch bei Direktwahlen keinerlei Anforderungen an die Wahlbeteiligung gestellt werden. Dies unterscheidet das Instrument der Direktwahl deutlich von dem der Abwahl. Letzteres setzt nämlich die Erfüllung besonderer Verfahrensabläufe und Beteiligungs- und Zustimmungsquoren voraus. Insoweit verbietet sich eine Gleichsetzung beider Instrumente.

Die Tatsache, dass für die Abwahl ebenso wie für „Abstimmungen" die Einhaltung formaler Voraussetzungen in Form von Beteiligungs- und Zustimmungsquoren erforderlich ist, spricht für eine große Nähe zwischen Abwahl und „Abstimmungen". Eine uneingeschränkte Gleichsetzung des Instruments der Abwahl mit „Abstimmungen" ist nicht möglich. Grundsätzlich wird nämlich üblicherweise zwischen „Abstimmungen" gleich Sachabstimmungen und „Wahlen" als Abstimmungen über personelle Fragen unterschieden.[516] Insofern ist es angezeigt, dem Recht der Abwahl im System der Instrumente direkter Demokratie insoweit eine eigenständige Rolle zuzuweisen,[517] sofern sie als ein mit Art. 20 Abs. 2 S. 2 GG konformer „Unterfall" der „Abstimmung" gelten kann.

b) Die Abwahl und die formelle und inhaltliche Repräsentation

Interessant ist auch die Bedeutung und das Verhältnis der Stellung des Volkswillens nach dem Grundgesetz im Hinblick auf das Instrument der Abwahl. Die Wahrnehmung und Umsetzung des Bürgerwillens erfolgt vorrangig im Wege der Repräsentation: Die gewählten Vertreter repräsentieren für die Dauer einer Legislaturperiode den Willen der Bevölkerung unabhängig davon, ob ihr Handeln

516 Sommermann, in: v. Mangold/Klein/Starck, GG, Bd. 2, Art. 20, Rdnr. 157.

517 So auch Kühne, S. 21f.

dem Willen des Volkes entspricht.[518] Den Bürgern wird nur im Rahmen direkt-demokratischer Instrumente ermöglicht, spezielle Entscheidungen selbst zu treffen.

Insbesondere vor dem Hintergrund der inhaltlichen Repräsentation stellt das Instrument der Abwahl eine Besonderheit dar. Generell dienen Instrumente direkter Demokratie dazu, das System der repräsentativen Demokratie punktuell zu ergänzen, indem in der Praxis vorwiegend Sachentscheidungen auf kommunaler Ebene inhaltlich legitimiert werden. Entscheidungen über Personen können, abgesehen von der Direktwahl, weder direkt getroffen noch revidiert werden. Die obersten Repräsentanten auf Bundes- und Landesebene werden durchweg indirekt durch die gewählten Volksvertreter bestimmt. Eine Abwahl im eigentlichen Sinne ist nicht vorgesehen.

Insoweit ist die Stellung des Bürgermeisters durchaus einzigartig in der repräsentativen Demokratie. Zunächst erhält der Bürgermeister durch die direkte Wahl eine Legitimation besonderer Natur. Sowohl personell als auch sachlich hat die Entscheidung der Bürger unmittelbaren Charakter. Die demokratischen Faktoren der formalen und inhaltlichen Repräsentation kommen – personenbezogen – auf direktem Wege zur Geltung.[519] Auch dies ist eine Besonderheit im System der repräsentativen Demokratie. Unter dem durch die Direktwahl zum Ausdruck kommenden Aspekt der inhaltlichen Legitimation ist auch das Instrument der Abwahl zu beurteilen. Dies könnte dahingehend interpretiert werden, dass bei Verlust der durch die Direktwahl begründeten inhaltlichen Legitimation, diese grundsätzlich auf ebenfalls direktem Wege wieder entzogen werden kann. Unter diesem Gesichtspunkt könnte die Abwahl insoweit als Gegenstück zur direkten Wahl angesehen werden. Diese Interpretation kann dadurch ergänzt werden, dass man die Abwahlmöglichkeit als Gegengewicht zur starken Stellung des durch die Direktwahl legitimierten Bürgermeisters versteht.[520] Allerdings sind diese Sichtweisen insoweit zu relativieren, als die Abwahl in der Regel nur durch den Gemeinderat initiiert werden kann. Das heißt, das Recht der Bürger zur unmittelbaren Entscheidung über die Abwahl ist von der „Zulassung“ durch das Repräsentationsorgan Gemeinderat abhängig. Diese Form der „Zulassungsbeschränkung“ ist bei Instrumenten direkter Demokratie einzigartig.

518 s. C., I., 1. a).
519 s. B., II., 1. b).
520 so auch v. Arnim, DVBl. 1997, S. 749 (754).

c) Die Abwahl und der historische Kontext „personalplebiszitärer" Entscheidungen

Auch ein Blick auf die Entwicklung der direkt-demokratischen Instrumente verdeutlicht die ungewöhnliche Rolle des Instruments der Abwahl. Dies betrifft sowohl die Entstehungsgeschichte des Grundgesetzes als auch den in den Folgejahren praktizierten Umgang mit direkt-demokratischen Instrumenten und der letztendlich eingeführten Möglichkeit der Abwahl des Kommunalen Wahlbeamten durch die Bürger.[521]

Die Verfassungsgeber haben für die Bundesebene bewusst auf die Einführung relevanter Elemente direkter Demokratie verzichtet. Deutlich wurde insbesondere, dass bei allen Diskussionen diesbezüglich personenbezogene Instrumente keine Rolle spielten. Die Entscheidung zum Verfahren über die Wahl des Bundespräsidenten bringt diese restriktive Haltung prägnant zum Ausdruck. Wenn man das Grundgesetz als „deutlich antiplebiszitär" bezeichnet, so trifft das unzweifelhaft auf die Ablehnung „personalplebiszitärer" Elemente zu. Das Instrument einer Abwahl hat, soweit erkennbar, keine Rolle gespielt.[522]

In den Formulierungen des Grundgesetzes kommt allerdings auch eine gewisse „Offenheit" für direkt-demokratische Elemente unterhalb der Ebene des Bundes zum Ausdruck. Entgegen der Haltung für die Bundesebene wurde aufgrund der Formulierungen auf diesem Wege inzident auch das Instrument der direkten Personenwahl legitimiert, wie sodann in Baden-Württemberg als auch in Bayern in Form Direktwahl der Kommunalen Wahlbeamten praktiziert.[523]

d) Die Wandlung des Instruments der Abwahl zum Instrument direkter Demokratie

Aufschlussreich ist auch der Blick auf den unterschiedlichen Werdegang der direkt-demokratischen Instrumente. Im Vergleich der Instrumente zeigen sich auch hier Besonderheiten zwischen Direktwahl, Abwahl und direkt-demokratischen Sachentscheidungen auf kommunaler Ebene. Obwohl in Baden-Württemberg und Bayern ohne erkennbare Probleme praktiziert, wurde in den alten Bundesländern über das Thema „Direktwahl" jahrzehntelang grundsätzlich diskutiert. Die Diskussion endete erst durch die grundlegenden Kommunalverfassungsreformen im Nachgang zur deutschen Einheit.[524] Gleiches gilt für die Einführung

521 s. A., IV.

522 s. C.,I., 2.

523 s. C., I., 2., d).

524 s. A., II., 4ff.

von Bürgerbegehren/Bürgerentscheiden zu Sachfragen, die im Ergebnis maßgeblich auf den Einfluss der Bürgerbewegung zurückzuführen sind.[525]

Bemerkenswerterweise existierte das Instrument der Abwahl des Bürgermeisters bereits vor flächendeckender Einführung von Instrumenten direkter Bürgerbeteiligung auf kommunaler Ebene. Allerdings war es mitnichten ein Instrument direkter Demokratie, sondern ausschließlich ein Instrument des Gemeinderates. Dieser konnte das Instrument nutzen, wenn das Vertrauensverhältnis (Gleichgestimmtheit) zum Bürgermeister nachhaltig beschädigt war. Das Instrument der Abwahl durch den Gemeinderat war u.a. wegen der besonderen Stellung des Bürgermeisters rechtlich umstritten.[526]

Interessant ist daher die Tatsache, dass im Zuge flächendeckender Einführung direkt-demokratischer Instrumente auf kommunaler Ebene schließlich das Instrument der Abwahl durch die Bürger gänzlich ohne Bedenken und Diskussionen implementiert wurde. Dies stützt die Vermutung, dass das Instrument der Abwahl durch die Bürger als Komplement zur unmittelbaren Wahl verstanden wurde und trägt zur Erklärung bei, weshalb dem Gemeinderat eine besondere Rolle im Rahmen der Abwahlverfahren zukommt.

e) Fazit

Unterzieht man das Instrument der Abwahl einem Vergleich mit Entscheidungen über Sachfragen, sind einige systematische Besonderheiten augenfällig. Die Terminologie „Abwahl“ indiziert eine Nähe zur „Wahl“. Allerdings: Die Regeln der Direktwahl entsprechen denen einer Wahl im repräsentativen Verfahren, während die Regeln der Abwahl an die von Abstimmungen über Sachfragen angelehnt sind. Eine schematische Gleichsetzung verbietet sich insofern.

Besonderheiten bestehen auch im Hinblick auf die Aspekte der formellen und inhaltlichen Legitimität. Bei Bürgerentscheiden über Sachfragen wird punktuell eine konkrete Sachentscheidung legitimiert. Demgegenüber wird der Kommunale Wahlbeamte in einer Wahl nach den allgemeinen Wahlgrundsätzen gewählt und somit legitimiert. Anders als anderen demokratisch gewählten Repräsentanten kann ihm die Legitimation vor Ablauf der Amtsperiode durch direkt-demokratische Entscheidung wieder entzogen werden.

Bemerkenswert ist zudem, dass die Abwahl als ausschließliches Instrument des Gemeinderates bereits vor Einführung direkt-demokratischer Instrumente in den Kommunalverfassungen der alten Bundesländer (mit Ausnahme von Bayern

---

525 s. A., II., 2ff.
526 s. A., II, 8.

und Baden-Württemberg) verankert war.[527] Im Zuge der Implementierung direktdemokratischer Instrumente zu Sachfragen und der Direktwahl des Kommunalen Wahlbeamten wurde auch die Abwahl durch die Bürger in die Kommunalordnungen aufgenommen. Nach wie vor stellt sich die Abwahl als ein wichtiges Instrument des Gemeinderates dar: In den meisten Bundesländern kann nur dieser das Abwahlverfahren einleiten.

Die oben dargelegten Aspekte verdeutlichen, dass dem Instrument der Abwahl des Kommunalen Wahlbeamten durch die Bürger im demokratischen System auf kommunaler Ebene eine besondere Stellung zukommt.

2. Die Abwahl und die Grundsätze der freiheitlich demokratischen Grundordnung

Bei der Einführung der Abwahl durch die Bürger war die Frage nach der Vereinbarkeit dieses Instruments mit den Grundsätzen der demokratischen Grundordnung nicht von erkennbarer Relevanz. Allerdings werden gerade aus dieser Perspektive besondere Aspekte dieses Instruments deutlich.

a) Das unproblematische Verhältnis der Abwahl zum Homogenitätsgebot

Das Instrument der Abwahl steht dem Homogenitätsgebot nicht entgegen und beeinträchtigt auch nicht das Prinzip des Vorrangs der repräsentativen Demokratie. Anders als bei direkt-demokratischen Verfahren in Sachfragen sind relevante Konflikte in diesem Zusammenhang nicht ersichtlich.

Die bundesstaatliche Einheit bzw. das Funktionieren des Bundesstaates wird nicht tangiert durch die Tatsache, dass auf kommunaler Ebene eine personenbezogene direkt-demokratische Entscheidung getroffen werden kann. Auch nachhaltige Konflikte bzw. Widersprüche im Verhältnis zu Strukturen oder Organen des repräsentativen Systems sind nicht erkennbar. Die Entscheidungen der Landesgesetzgeber, den Bürgern die Möglichkeit zu eröffnen, über die Berufung und Abberufung eines einzigen Organs unmittelbar zu votieren, stellt das Gesamtgefüge der repräsentativen Ordnung nicht in Frage. Das vorwiegend repräsentative System auf kommunaler Ebene wird durch das Instrument der Abwahl insoweit nicht beeinträchtigt. Die Einzigartigkeit der Instrumente von Wahl und Abwahl durch die Bürger auf kommunaler Ebene räumt diesen gewissermaßen eine Sonderstellung im politischen System ein.

---

527 s. A., II., 8.

b) Der Grundsatz der bürgerschaftlichen Mitwirkung nach dem Demokratieprinzip und das Instrument der Abwahl

Von Bedeutung ist in diesem Zusammenhang jedoch die vom Bundesverfassungsgericht betonte Bedeutung der Mitwirkungsmöglichkeit des Einzelnen am politischen Prozess, gerade auf kommunaler Ebene.[528] Diesem kann, wie bereits angesprochen, durch direkt-demokratische Instrumente auf besondere Weise Rechnung getragen werden. Insbesondere bei der Wahl und Abwahl des Kommunalen Wahlbeamten kommt diesem Anliegen unmittelbare Bedeutung zu. Insoweit sind Direktwahl und Abwahl in einem engen Zusammenhang zu sehen: Die Bürger können zunächst durch ihre Entscheidung für einen bestimmten Kandidaten unmittelbar und konkret gestaltend wirken. Darüber hinaus wird ihnen die Möglichkeit eröffnet, nach erfolgter Stellenbesetzung ihre Zustimmung quasi zu widerrufen und dem Stelleninhaber die Legitimation wieder zu entziehen.

Die Bürger können auf diesem Wege – vor dem Hintergrund eines engen Bezugs zu den persönlichen und örtlichen Gegebenheiten – dem in den Aussagen des Bundesverfassungsgerichts zum Demokratieprinzip zum Ausdruck kommenden Anliegen konkret Gestalt geben.

c) Das Instrument der Abwahl im Zusammenhang mit der systemstabilisierenden Wirkung direkt-demokratischer Instrumente

Der Gedanke des unmittelbaren Bezuges zur zu treffenden Entscheidung ist auch unter dem Aspekt der systemstabilisierenden Wirkung direkt-demokratischer Instrumente von Bedeutung. Die Möglichkeit, nachhaltige Unzufriedenheit mit gewählten Repräsentanten praktisch folgenreich werden zu lassen, ist im repräsentativen System der Bundesrepublik Deutschland im Wesentlichen darauf beschränkt, nach Ablauf einer Wahlperiode das frühere Votum zu überdenken bzw. zu korrigieren. Mit Ausnahme von punktueller direkter Mitwirkung in Sachfragen (auf Landes- und Kommunalebene) spielt insbesondere der Aspekt der Persönlichkeit des/der Repräsentanten – respektive die Zufriedenheit der Bürger mit diesen – keine Rolle. Die vielfältig problematisierte Unzufriedenheit der Bürger mit dem politischen System, insbesondere mit den Parteien, steht hierzu in engem Zusammenhang. Denn es sind in der Regel die Vertreter von Parteien, die als Repräsentanten wirken. In den Wahlsystemen des Bundes und der Länder dominieren – auch unter Berücksichtigung der Instrumente des Kumulierens und Panaschierens – die Parteien und die Parteizugehörigkeit der Kandidaten. Die Frage der Parteizugehörigkeit spielt zwar auch bei den Entscheidungen über den

---

528 BVergGE 79, S. 127 (151f.).

Bürgermeister eine Rolle, im Vordergrund stehen jedoch die Persönlichkeit der Kandidaten bzw. Stelleninhaber und die von diesem vertretenen Inhalte. Auch vor diesem Hintergrund wird die Besonderheit des Instruments erkennbar.

d) *Das Instrument der Abwahl im System der kommunalen Selbstverwaltung*

Obwohl zwischen dem Recht auf kommunale Selbstverwaltung und dem Recht der Bürger, den obersten Repräsentanten der Gemeinde selbst zu bestimmen (im Sinne von wählen und abwählen), grundsätzliche Unterschiede bestehen, können diese in einem engen Zusammenhang gesehen werden. Das vom Grundgesetz ausdrücklich garantierte Recht der Gemeinden auf kommunale Selbstverwaltung beinhaltet im Kern die Befugnis, alle Angelegenheiten der örtlichen Gemeinschaft selbst zu regeln. Der weit gefasste Bereich des gemeindlichen Wirkungskreises ist in der Konsequenz dem (rechtlichen) Zugriff des Bundes- und Landesgesetzgebers weitgehend entzogen.

Von besonderer Bedeutung ist, dass sich der Begriff der kommunalen Selbstverwaltung nicht nur auf inhaltliche Festlegungen beschränkt, sondern ergänzt wird durch die grundgesetzlich gewollte Teilhabe der Bürger an der öffentlichen Verwaltung. In diesem Zusammenhang hat das Bundesverfassungsgericht ausdrücklich festgestellt, dass Angelegenheiten der örtlichen Gemeinschaft diejenigen Bedürfnisse und Interessen sind, die in der örtlichen Gemeinschaft wurzeln oder auf sie einen spezifischen Bezug haben, die also den Gemeindeeinwohnern gerade als solchen gemeinsam sind, indem sie das Zusammenleben und -wohnen der Menschen in der (politischen) Gemeinde betreffen.[529]

Sowohl die Frage, welche Persönlichkeit als oberster Repräsentant der Gemeinde gewählt werden soll, als auch die Frage einer möglichen Abwahl derselben, stehen in engem Bezug zu den Gegebenheiten der örtlichen Gemeinschaft. Insoweit können Berufung und Abberufung des Bürgermeisters als „ureigene" Angelegenheit angesehen werden. Insofern kann dem Anliegen, dem Selbstbestimmungsrecht der Gemeindebürger erhöhte Geltung zu verschaffen, gerade durch Direktwahl und Abwahl Rechnung getragen werden.

e) Fazit

Als zusammenfassende Einschätzung kann festgehalten werden, dass das Instrument der Abwahl vereinbar ist mit den Grundsätzen der demokratischen Grundordnung und zu deren Stabilität beiträgt.

---

529 BVerfGE 79, S. 127 (151f.).

Die Grundsätze des Homogenitätsgebotes und der Vorrang der repräsentativen Demokratie werden von der Abwahl nicht in wesentlicher Form tangiert (im Unterschied zu direkt-demokratischen Entscheidungen in Sachfragen), so dass eine Beeinträchtigung des Gesamtgefüges der repräsentativen Ordnung nicht zu befürchten ist; dies resultiert hauptsächlich aus der „Einzigartigkeit" des Instruments. Vielmehr eröffnet das Instrument der Abwahl den Bürgern eine weitere Möglichkeit der unmittelbaren Mitwirkung am politischen Prozess. Mit der Berufung und Abberufung des Bürgermeisters haben die Bürger – über punktuelle Sachentscheidungen hinaus – die Möglichkeit, längerfristig gestaltend zu wirken.

Das Instrument der Abwahl ist jedoch in den meisten Bundesländern dahingehend einschränkend geregelt, dass ein Entscheid der Bürger nur durch einen Beschluss des Gemeinderates herbeigeführt werden kann. Das heißt, der direktdemokratischen Entscheidung der Bürger ist ein „repräsentativer" Filter vorgeschaltet. Wenn schließlich eine Abwahlentscheidung der Bürger stattfindet, kommt dieser eine besondere Bedeutung zu: Die Bürger können mit ihrem Votum ihre Unzufriedenheit mit einem gewählten Repräsentanten zum Ausdruck bringen und diesen sogar vor Ablauf der Amtsperiode aus dem Amt entfernen. Insoweit kommt der Abwahl, als einzigem Instrument dieser Art, eine besondere Stellung zu.

3. Der Vergleich zwischen den Anforderungen an das Verfahren zur Abwahl mit den Anforderungen an direkt-demokratische Sachentscheidungen und die Rückschlüsse daraus

Ungeachtet der Tatsache, dass es sich sowohl bei Bürgerbegehren/Bürgerentscheid, als auch bei Direktwahl und Abwahl des Kommunalen Wahlbeamten um direkt-demokratische Instrumente auf kommunaler Ebene handelt, weisen diese relevante Unterschiede im Hinblick auf ihre rechtliche Ausgestaltung auf. Dies betrifft sowohl die inhaltlichen Anforderungen als auch die zu erfüllenden formalen Kriterien. Der Vergleich des Verfahrens zur Abwahl mit dem der Direktwahl und denen von Bürgerbegehren und Bürgerentscheid verdeutlicht die Einzigartigkeit des Instruments.

a) Das Fehlen sachlicher Voraussetzungen für das Verfahren zur Abwahl

Wie bereits festgestellt, sind die Rahmenbedingungen einer Direktwahl mit denen einer Wahl im repräsentativen Verfahren weitgehend identisch. In beiden Verfahren kommen weder inhaltlichen Anforderungen noch dem Aspekt der Quoren besondere Bedeutungen zu. Dem Umstand, dass es sich bei der Direktwahl um ein Verfahren der unmittelbaren Demokratie handelt, wird nicht durch besondere Regularien Rechnung getragen.[530] Anders sieht es aus bei direkt-demokratischen Entscheidungen in Sachfragen; hier werden neben inhaltlichen Voraussetzungen auch Anforderungen an Beteiligung und Zustimmung der Bürger gestellt.[531]

Vor diesem Hintergrund zeigt der Blick auf das direkt-demokratische Instrument der Abwahl Erstaunliches: Inhaltliche Anforderungen i. S. von Gründen, vergleichbar mit Gegenständen bei Sachentscheidungen, sind nicht Gegenstand gesetzlicher Regelungen.[532] Dies kann dahingehend interpretiert werden, dass sich hierin das Element der Persönlichkeitswahl durch die Bürger widerspiegelt. Wenn also die Gründe für die Entscheidung zugunsten einer Persönlichkeit wegfallen, sich als unrichtig erweisen oder negative Aspekte auftreten, sollen die Bürger die einmal getroffene (Wahl)-Entscheidung grundsätzlich auch vor Ablauf der Amtsperiode revidieren können. Diese Form der vorzeitigen Revision durch die Bürger ist für keine andere demokratische (Personal)entscheidung vorgesehen.

b) Die Rolle der Gemeinderäte im Verfahren der Abwahl

Bemerkenswert ist weiterhin, auf welchem Wege die Bürger zu ihrer „Revisionsentscheidung“ kommen können. Von wenigen Ausnahmen abgesehen, liegt die Einleitung eines Abwahlverfahrens nämlich ausschließlich in den Händen der Gemeinderäte. Das heißt, es obliegt den gewählten Repräsentanten zu entscheiden, ob den Bürgern die Frage der Abwahl unterbreitet wird. Die Einflussmöglichkeiten der Bürger beschränken sich zunächst lediglich auf das Instrument der öffentlichen Meinung.

Interessant sind auch die für die Entscheidung im Gemeinderat vorgesehenen Regularien. In der Regel sind hier nicht unerhebliche Hürden zu bewältigen. Für den Beschluss, den Bürgern die Frage der Abwahl zu unterbreiten, genügt die einfache Mehrheit der Stimmen nicht. In der Konsequenz bedeutet dies, dass eine

530 s. B., II., Einleitung.

531 s. B., I., 2.

532 s. B., II., 2., aa).

Abwahl nicht möglich ist, wenn dazu die erforderliche Mehrheit im Gemeinderat fehlt, selbst wenn eine überwältigende Mehrheit der Bürger den gewählten Bürgermeister abwählen will.[533]

Es stellt sich daher die Frage, wie die Rolle des Gemeinderates im Abwahlverfahren zu interpretieren ist. Ein Ansatzpunkt für die Begründung der besonderen Rolle des Gemeinderates könnte das Anliegen der Sicherung von Kontinuität und Funktionsfähigkeit der kommunalen Selbstverwaltung darstellen. Anders als bei direkt-demokratischen Sachentscheidungen sind bei der Abwahl keine sachlich-inhaltlichen Kriterien zu erfüllen, was sich mit der Besonderheit der Personenbezogenheit der Entscheidung rechtfertigen lässt. Andererseits soll jedoch auch der durch eine demokratische Wahl von den Bürgern legitimierte Stelleninhaber nicht „beliebig" wieder abberufen werden können. Dies kann zum einen mit dem Respekt vor dem Instrument der demokratisch erfolgten Wahl begründet werden. Zum anderen sprechen auch die Kriterien der Funktionsfähigkeit und Kontinuität für gewisse Schutzmechanismen: Nicht jede Disharmonie zwischen den Wählern und dem Gewählten soll mit Abwahl sanktioniert werden können. Dies könnte die durch die Direktwahl gestärkte Position des Kommunalen Wahlbeamten erheblich schwächen.

Das Initiativrecht des Gemeinderates könnte darüber hinaus Ausdruck des Gedankens sein, wonach zwischen Gemeinderat und Bürgermeister im Hinblick auf die Funktionsfähigkeit und Effizienz der Selbstverwaltung ein Mindestmaß an vertrauensvoller Zusammenarbeit möglich sein muss. Wenn demnach eine (gesetzlich vorgegebene) Mehrheit der Gemeinderäte der Auffassung ist, eine Zusammenarbeit mit dem Bürgermeister bis zum Ende der Amtsperiode sei nicht mehr möglich, soll dieses Problem vom Souverän entschieden werden.

Eine mit Sachentscheidungen vergleichbare Situation wird dann erreicht, wenn die Bürger zur Entscheidung über die Frage der Abwahl aufgerufen sind: In dieser Phase kommt das Instrument des Zustimmungsquorums wieder zum Tragen. Wie bereits festgestellt, lassen sich Quoren bei direkt-demokratischen Entscheidungen mit dem Schutz des Mehrheitsprinzips begründen. Grundsätzlich kann diesem Anliegen durch Anforderungen an die Beteiligung und Zustimmung im Rahmen des Abwahlverfahrens Rechnung getragen werden.

c) Fazit

Die Ausgestaltung des Verfahrens zur Abwahl des Bürgermeisters ist Ausdruck seiner besonderen Stellung unter den Instrumenten direkter Demokratie. Anders als für Bürgerbegehren/Bürgerentscheide sind für das Instrument der Abwahl

533 s. B., II., 2., a) mit Tabelle.

keine inhaltlichen Anforderungen (im Sinne einer Begründung) vorgesehen. An deren Stelle treten jedoch sehr differenzierte formale Voraussetzungen, um zu gewährleisten, dass eine Abwahl nur „aus wichtigem Grund" stattfindet. Hier kommt dem Gemeinderat eine wesentliche Rolle zu: In vielen Bundesländern besitzt alleine der Gemeinderat die Kompetenz zur Einleitung eines Abwahlverfahrens. Wobei aufgrund der hohen Mehrheitserfordernisse für einen Einleitungsbeschluss des Rates i.d.R. fraktionsübergreifende Einigkeit hinsichtlich der Abwahl des Bürgermeisters bestehen muss.[534] Die Beschränkung nur auf den Gemeinderat als Sicherungsinstrument ist jedoch nicht zwingend. Dies zeigen die Bundesländer, die ihren Bürgern die Möglichkeit der Einleitung eines Abwahlverfahrens unmittelbar einräumen. Diese Länder erachten Begrenzungen durch Quoren und Quoten analog den Regelungen bei Sachentscheiden offenbar als ausreichend.

4. Zusammenfassung

In der Zusammenschau der unterschiedlichen Aspekte des Instruments der Abwahl, wird dessen besondere Stellung im demokratischen System deutlich. Bereits die Bezeichnung „Ab*wahl*" und die gleichzeitige Charakterisierung als direkt-demokratisches Verfahren weist auf Besonderheiten des Instruments hin. Üblicherweise sind direkt-demokratische Verfahren Abstimmungen über Sachfragen, bei denen (einmalig) über die Legitimation entschieden wird oder es wird im Wege der Direktwahl analog den demokratischen Wahlgrundsätzen ein Kandidat als oberster Repräsentant der Gemeinde legitimiert.

Das Verfahren der Abwahl bewirkt hingegen den Entzug der einmal erteilten Legitimation. Dies weist mehrere Besonderheiten auf: Während sich die Direktwahl nach den Regeln des Wahlrechts im repräsentativen Verfahren richtet, orientieren sich die Vorgaben für die Abwahl an den Anforderungen für Abstimmungen; dies gilt insbesondere für das Zustimmungsquorum. Einmal gewählte Repräsentanten können zudem während der Wahlperiode nicht wieder abgewählt werden; eine Korrektur der einmal getroffenen (Wahl-) Entscheidung ist nicht möglich. Bezogen auf den Bürgermeister besteht dagegen diese Option. Auch die konkrete Ausgestaltung der Abwahlverfahren an sich weisen Besonderheiten auf. Die Verfahrensregelungen sehen in allen Bundesländern vor, dass der Gemeinderat die Abwahl initiieren kann. Anders als bei direkt-demokratischen Verfahren sonst praktiziert, wird den Gemeindebürgern insoweit nur eine direkt-demokratische Teilkompetenz zugebilligt. Nur in Brandenburg, Sachsen, Schleswig-

534 s. B.,II., 2. mit Tabelle.

Holstein und Nordrhein-Westfalen können auch die Bürger ein Abwahlverfahren mittels Bürgerbegehren in die Wege leiten.

V. Ergebnis

Das Grundgesetz beinhaltet eine Grundentscheidung für das Prinzip der repräsentativen Demokratie. Der Wille des Volkes kommt demnach in den nach demokratischen Grundsätzen und dem Mehrheitsprinzip folgenden Wahlen zum Ausdruck. Es werden Repräsentanten gewählt, die damit legitimiert sind, das Volk für die Dauer einer Wahlperiode zu vertreten. In dieser Zeit üben sie ihr Mandat frei und weisungsungebunden aus, d.h. sie sind nicht an einen tatsächlichen oder vermuteten Willen ihrer Wähler gebunden. Auch wenn hierbei Konflikte und Akzeptanzprobleme entstehen, ist es dem Volk nicht möglich, die einmal erteilte Legitimation vorzeitig wieder zu entziehen. Das Repräsentationsprinzip gilt in dieser Form uneingeschränkt für die Ebene des Bundes.

Das Grundgesetz eröffnet jedoch mit der Formulierung des Art. 20 Abs. 2 GG den Ländern die Möglichkeit, im Rahmen ihrer Verfassungsautonomie auch Formen direkter Demokratie vorzusehen. Diese „Offenheit" des Grundgesetzes war eine bewusste Entscheidung des Parlamentarischen Rates vor dem Hintergrund bereits bestehender Landesverfassungen mit direkt-demokratischen Instrumenten. Die Gestaltungsfreiheit der Länder ist jedoch dahingehend begrenzt, dass der im Wesentlichen repräsentative Charakter des Grundgesetzes durch direktdemokratische Verfahren nicht angetastet werden darf.

Im Rahmen des vom Grundgesetz vorgegebenen Spannungsbogens zwischen mittelbarer und unmittelbarer Demokratie sind die Länder gehalten, die repräsentativ-demokratischen Strukturen und wesentliche Verfassungsprinzipien zu beachten. Innerhalb dieses über Art. 28 Abs. 1 S. 2 und 2 GG vorgegebenen Rahmens bestehen jedoch Möglichkeiten für die Ausgestaltung direkt-demokratischer Beteiligungsformen.

Die Integration von Instrumenten direkter Demokratie bietet den Ländern auch die Chance, Nachteile und Schwächen abzufedern, die mit den repräsentativen Grundstrukturen verbunden sind. Dies gilt insbesondere für den Aspekt der inhaltlichen Legitimation: Das rein repräsentative Modell sieht keine Korrektur- oder Mitwirkungsmöglichkeit des Volkes jenseits von Wahlen vor. Dies kann zu Akzeptanzdefiziten und Entfremdungsprozessen führen, da auch die vom Grundgesetz vorgesehene „Moderation" durch die Parteien nicht immer erfolgreich ist. Indem Instrumente direkter Demokratie das repräsentative System punktuell ergänzen, können sie ausgleichend und korrigierend wirken und somit das demokratische System stärken.

Ein wichtiger Aspekt bei der Ausgestaltung direkt-demokratischer Instrumente auf kommunaler Ebene besteht in der Garantie der kommunalen Selbstverwaltung gem. Art. 28 Abs. 2 S. 1 GG. Verfahren direkter Demokratie sind so zu gestalten, dass sie die kommunale Selbstverwaltung nicht aushöhlen, indem sie deren Funktionsfähigkeit beispielsweise durch Entscheidungsblockaden gefährden. Die verfassungsmäßigen Organe der Gemeinde müssen funktionsfähig bleiben und in der Lage sein, selbständig und selbstverantwortlich über die Gemeindeangelegenheiten zu entscheiden.[535]

Für die Ebene der Gemeinden hat das Bundesverfassungsgericht allerdings auch die Bedeutung des Selbstbestimmungsrechts der Bürger betont. In den Gemeinden wird die Keimzelle der Demokratie gesehen und die aktive Beteiligung der Bürger an der Gestaltung der eigenen Angelegenheiten als Schutz für das demokratische System gewertet. Diesem Anliegen können direkt-demokratische Instrumente Rechnung tragen. Allerdings ist ein Ausgleich zu finden zwischen dem Anliegen nach mehr direkter Bürgerbeteiligung und den die repräsentative Demokratie auf kommunaler Ebene prägenden Grundsätze.[536]

Vor diesem Hintergrund sind die an direkt-demokratische Instrumente geknüpften inhaltlichen und formalen Anforderungen zu beurteilen. Themenkataloge sowie Quoren sind Ausdruck der Intention, unmittelbare Bürgerbeteiligung und die Sicherung der Funktionsfähigkeit der kommunalen Selbstverwaltung in Einklang zu bringen.In unterschiedlicher Ausgestaltung formulieren Themenkataloge daher die einer direkt-demokratischen Sachentscheidung zugänglichen Gegenstände. Hierbei haben sich die Landesgesetzgeber in der Regel dafür entschieden, die Bereiche der kommunalen Finanzen, Haushalts- und Personalangelegenheiten sowie häufig auch Fragen der Bauleitplanung auszuklammern und sie in der ausschließlichen Verantwortlichkeit der gewählten Gemeindevertreter zu belassen. Mitunter gewinnt man jedoch den Eindruck, dass der Gesetzgeber den Schwerpunkt einseitig auf die Sicherung der Funktionsfähigkeit und die Interessen der repräsentativen Organe gelegt hat und die Themenkataloge dementsprechend restriktiv im Sinne der Beteiligungsmöglichkeiten formuliert sind.

Weitere begrenzende Elemente sind Quoren, die eine Lähmung der kommunalen Selbstverwaltung durch zu häufige direkt-demokratische Entscheidungen verhindern sollen, aber vor allem mit der erforderlichen Legitimation direkt-demokratischer Entscheidungen begründet werden. Sie sollen den demokratischen Prinzipien entsprechend einen Ausgleich schaffen zwischen Egalität, Mehrheitsprinzip und Minderheitenschutz. So können Quoren Schutz bieten vor politi-

535 s. III., 2.; III., 3. b).

536 s. IV., 2. b).

schem Aktionismus minoritärer Gruppen, aber auch die Dominanz bestimmter Gruppen bei niedriger Wahlbeteiligung verhindern. Allerdings sind Quoren dann kritisch zu sehen, wenn sie so hoch bemessen sind, dass sie Gegner dazu einladen, die Initiative „tot zu schweigen" oder sie durch Boykott scheitern zu lassen, bzw. wenn aufgrund permanenter Erfolglosigkeit das direkt-demokratische Instrument seine Akzeptanz bei den Bürgern verliert.[537] Für die zum Ausgleich der unterschiedlichen Interessen eingesetzten Instrumente gilt, dass sie grundsätzlich geeignet erscheinen, diese Aufgabe zu erfüllen. Erforderlich ist jedoch eine (landesspezifische) ausgewogene und angemessene Ausgestaltung.

Im vorstehend dargestellten System mittelbarer und unmittelbarer Demokratie kommt dem Instrument der Abwahl des Bürgermeisters eine besondere Stellung zu. Der Bürgermeister wird von den Gemeindebürgern unmittelbar gewählt. Die Wahl erfolgt zwar direkt-demokratisch, folgt aber den Wahlgrundsätzen des repräsentativen Verfahrens, wonach insbesondere der Wahlbeteiligung keine Bedeutung zukommt. Im Gegensatz zu sonstigen gewählten Repräsentanten kann jedoch dem Bürgermeister vor Ablauf der Amtszeit die Legitimation wieder entzogen werden. Die Regeln der Abwahl sind an die für direkt-demokratische Entscheidungen in Sachfragen angelehnt. Dies gilt insbesondere für das jeweils erforderliche Zustimmungsquorum, das für eine erfolgreiche Abwahl erreicht werden muss. Während die Legitimation durch Wahl nicht an eine bestimmte Anzahl an Wählerstimmen geknüpft ist, bedarf die Abwahl einer Mehrheit der abgegebenen Stimmen, wobei diese Mehrheit einem bestimmten Zustimmungsquorum entsprechen muss. Während bei der Direktwahl nur die abgegebenen Stimmen von Relevanz sind, kommt den „Nichtwählern" bei der Abwahl wegen des Quorums eine bedeutende Rolle zu.

Eine weitere Besonderheit stellt die Verfahrensregelung dar, wonach in den meisten Bundesländern, deren Kommunalverfassung/-ordnung die Abwahl vorsieht, die Initiative hierzu ausschließlich vom Gemeinderat ergriffen werden kann. Für die Zustimmung des Gemeinderates ist zudem eine 2/3 bzw. 3/4 Mehrheit erforderlich. Dies bedeutet, dass der Gemeinderat, den Amtsinhaber entweder parteiübergreifend (weitgehend einmütig) ablehnen muss oder die Abwahl (von einer Minderheit) blockiert werden kann.[538]

Betrachtet man die Verfahrensregelungen zur Abwahl unter dem für direkt-demokratische Instrumente geltenden Grundsatz, dass ein Ausgleich gefunden werden muss zwischen den allgemeinen Grundsätzen der repräsentativen Demokratie, dem Schutz der Funktionsfähigkeit der kommunalen Selbstverwaltung und dem Anliegen nach Mitwirkungsmöglichkeiten der Bürger auf der örtlichen Ebene, so erscheint das Instrument der Abwahl „überreguliert". Kritisch zu se-

537 s. III., 4. b).

538 s. hierzu B., II., 2., b). mit Tabelle.

hen ist sowohl das – von der Direktwahl losgelöste – für die Abwahl erforderliche Zustimmungsquorum, aber insbesondere die in vielen Bundesländern ausschließliche Einleitungskompetenz der Gemeinderäte. Hier wäre es angezeigt, wie in Brandenburg, Sachsen, Schleswig-Holstein und inzwischen auch Nordrhein-Westfalen, den Bürgern – *neben* den Gemeinderäten – die Einleitung des Abwahlverfahrens im Wege eines Bürgerbegehrens zu ermöglichen.

D. Rechtliche Aspekte der Abwahl

Das Instrument der Abwahl des Bürgermeisters war in zahlreichen Bundesländern gesetzlich geregelt, noch bevor die Kommunalordnungen im Nachgang zur deutschen Einheit einer grundlegenden Reform unterzogen wurden.[539] Die rechtliche Zulässigkeit der Abwahl war seinerzeit heftig umstritten. Während die Entscheidungen des Bundesverfassungsgerichts und des Bundesverwaltungs-gerichts zu diesem Thema durchweg die Zulässigkeit der Abwahl bejaht haben, gab es im Schrifttum hiergegen starke Vorbehalte.

Die unterschiedlichen Sichtweisen fokussierten sich an der rechtlichen Beurteilung der grundsätzlichen Fragestellungen nach der Vereinbarkeit des Instruments der Abwahl mit dem Beamtenrechtsrahmengesetz und der Vereinbarkeit mit den hergebrachten Grundsätzen des Berufsbeamtentums.

Streitpunkte waren die Bedeutung und die Konsequenz der organisatorischen und dienstrechtlichen Verankerung im Kommunalrecht und vor allem die Interpretation von Funktion und Stellung des Bürgermeisters im demokratisch-rechtsstaatlichen System. Ein besonderes Gewicht wurde der Tatsache beigemessen, dass der Bürgermeister in den betreffenden Bundesländern vom Gemeinderat gewählt wurde und daher eine „Gleichgestimmtheit“ zwischen beiden als erforderlich erachtet wurde.

Inzwischen hat sich die Situation in mehrfacher Hinsicht rechtlich verändert. Der Bürgermeister wird nunmehr in allen Bundesländern von den Bürgern direkt gewählt und kann (mit Ausnahme von Bayern und Baden-Württemberg) von diesen auch wieder abgewählt werden. Darüber hinaus ist zwischenzeitlich auch die Rahmengesetzgebung des Bundes zur Regelung der Rechtsverhältnisse des öffentlichen Dienstes entfallen. An die Stelle der Rahmengesetzgebung ist eine konkurrierende Gesetzgebung getreten.

Diese veränderten Konstellationen werfen eine Reihe von Fragen auf. Sind die seinerzeit vorgebrachten Bedenken bezüglich der Rechtmäßigkeit des Instruments der Abwahl angesichts der geänderten Sach- und Rechtslage überholt? Welche Bedeutung kommt der Änderung der Gesetzgebungskompetenz und deren Umsetzung zu? Von Interesse ist in diesem Kontext der Aspekt, dass der Bürgermeister von den Bürgern gewählt und von diesen auch wieder abgewählt werden kann. Auch die Rolle des Gemeinderates und sein Verhältnis zum Kom-

539 s. A., II., 8.

munalen Wahlbeamten ist klärungsbedürftig, da in der Mehrzahl der Fälle (ausschließlich) der Gemeinderat die Einleitung des Verfahrens zur Abwahl in der Hand hat. Welche Bedeutung kommt dem Initiativrecht des Gemeinderates für das Abwahlverfahren zu? Wie ist demgegenüber die Einleitung durch Bürgerbegehren zu beurteilen? Schließlich: Wie ist das direkt-demokratische Instrument in seiner praktischen Anwendung im Hinblick auf das System direkt-demokratischer Instrumente zu bewerten?

I. Die systematische Einordnung des Instruments der Abwahl

In der Bezeichnung der Bürgermeister als „Kommunale Wahlbeamte“ kommt das Zusammentreffen verschiedener Rechtsbereiche zum Ausdruck. Hieraus haben sich unterschiedliche Sichtweisen zu Stellung und Funktion des Kommunalen Wahlbeamten und in der Konsequenz auch zur Beurteilung des Instruments der Abwahl ergeben, welche die Diskussion über das Instrument stark geprägt haben.

1. Die besonderen Rahmenbedingungen des Kommunalen Wahlbeamten als Amtsträger

Der Bürgermeister als Kommunaler Wahlbeamter ist Amtsträger der Gemeinde. Nach dem Grundgesetz und den Länderverfassungen wird die Ämterverfassung der Gemeinden von verschiedenen Rechtskreisen bestimmt.[540] Der zentrale Bezugs-rahmen für die Analyse der Stellung des Kommunalen Wahlbeamten (als gewählter Amtsträger der Gemeinde) bildet das Amtsrecht der Gemeindevertretung und der Gemeindebeamten. Hier wird die besondere Position des Kommunalen Wahlbeamten deutlich. Zum Verhältnis von Volksvertretern und Beamten macht das Grundgesetz eindeutige Aussagen: die Volksvertreter werden nach politischen Gesichtspunkten gewählt; demgegenüber werden die Beamten nach den Kriterien Eignung, Befähigung und fachlicher Leistungen ausgewählt. Die Volksvertreter werden unmittelbar durch die Bürger, die Beamten werden mittelbar durch die Verwaltung legitimiert. Während die Volksvertreter für eine Legislaturperiode gewählt werden, gilt für Beamte grundsätzlich das Lebenszeitprinzip, das Beamtenverhältnis auf Zeit ist die Ausnahme. Ein weiterer wesentlicher

540 Stober 1982, S. 7.

Unterschied besteht darin, dass die Volksvertreter ein politisches Amt ausüben, die Beamten dagegen Verwaltungsaufgaben erledigen.[541]

In dieses Schema ist der Bürgermeister als Kommunaler Wahlbeamter nicht einzupassen. Er ist zwar begrifflich ein „Beamter", aber seine Legitimation resultiert (inzwischen) aus der direkten Wahl durch die Bürger. Er ist für einen bestimmten Zeitraum gewählt, übt ein politisches Amt aus *und* erledigt Verwaltungsaufgaben. Diese kommunalverfassungsrechtliche Ausgestaltung verdeutlicht die Sonderstellung des Kommunalen Wahlbeamten.

2. Die Besonderheiten des Instruments der Abwahl

Die Besonderheiten des Amtes werden auch im Zusammenhang mit dem Instrument der Abwahl deutlich. In allen Bundesländern außer Bayern und Baden-Württemberg war die Abwahlmöglichkeit für die Fälle vorgesehen, dass es zwischen Volksvertretung und Verwaltungsspitze am politischen Vertrauensverhältnis, der sog. „Gleichgestimmtheit", fehlte. Damit sollte dem Umstand Rechnung getragen werden, dass eine allgemeine Politisierung der Kommunalpolitik[542] eingetreten sei, die sich auf das Verhältnis der politischen Parteien zur Verwaltungsspitze auswirke. Der Kommunale Wahlbeamte wurde insoweit mit einem politischen Beamten[543] oder einem Regierungschef[544] verglichen. Mit dem Instrument der Abwahl sollte das demokratisch-parlamentarische Moment in der kommunalen Selbstverwaltung gestärkt werden.[545] Dagegen sehen die Kommunalordnungen der Länder Bayern und Baden-Württemberg dieses Instrument gar nicht vor und reduzieren die Möglichkeit der vorzeitigen Entfernung aus dem Amt auf das Eingreifen der Kommunalaufsicht.[546]

541 Stober 1982, S. 8.

542 BVerfGE 7, S. 155 (167).

543 BVerwGE 20, S. 160 (169f.); 56, S. 163 (168ff.); Thiele, DÖV 1988, S. 49 (51f.); Klein, DÖV 1980, S. 853 (859), Lichtenfeld, DVBl. 1982, S. 1021 (1027); Schmidt-Jortzig, KommR, Rdnr. 244a.

544 BVerfGE 7, S. 155 (167); BVerwGE 56, S. 163 (170); BVerwG, NVwZ 1990, S. 772f.; Klein, DÖV 1980, S. 853 (859).

545 BVerfGE 7, S.155 /167).

546 Fuchs, S. 31ff.

3. Die beamtenrechtlichen Grundlagen des Instituts der Abwahl

Die Frage der Rechtmäßigkeit des Instruments der Abwahl war unter beamtenrechtlichen Gesichtspunkten von Beginn an sehr umstritten. Zunächst waren die Länder verpflichtet, ihre Landesbeamtengesetze an den Vorgaben des Beamtenrechtsrahmengesetzes auszurichten. Demzufolge fokussierten sich die Kritikpunkte zunächst an Fragestellung im Zusammenhang mit diesem Gesetz. Mit dem am 1. April 2009 in Kraft getretenen „Gesetz zur Regelung des Statusrechts der Beamten und Beamtinnen in den Ländern" – im Folgenden Beamtenstatusgesetz genannt – ist die Rahmenkompetenz des Bundes zum Erlass des Beamtenrechtsrahmengesetzes entfallen.[547] An die Stelle der bisherigen Rahmengesetzgebung für die allgemeinen Rechtsverhältnisse der Landes- und Kommunalbediensteten ist nunmehr eine konkurrierende Gesetzgebungsbefugnis des Bundes getreten.[548] Das auf Grundlage des Art. 74 Abs. 1 Nr. 27 GG erlassene Beamtenstatusgesetz regelt die Grundstrukturen des Beamtenrechts einheitlich in den Ländern und Kommunen. Die Neuverteilung der Kompetenzen bedeutet für das Dienstrecht, dass die Länder nunmehr im Wesentlichen die Zuständigkeiten für das Dienstrecht ihrer Beamten erhalten haben.[549]

Die in der Vergangenheit über die Rechtmäßigkeit des Instruments der Abwahl geführten Diskussionen konzentrierten sich auf Fragestellungen im Zusammenhang mit dem Geltungsbereich des Beamtenrechtsrahmengesetzes. Ansatzpunkt hierbei war insbesondere der Umstand, dass das Institut der Abwahl im Beamtenrechtsrahmengesetz nicht ausdrücklich geregelt wurde. Bemerkenswert ist nunmehr, dass das Beamtenstatusgesetz ebenfalls keine ausdrückliche Regelung zur Abwahl vorsieht. Dies ist interessant, da die Diskussions- und Kritikpunkte im Zusammenhang mit dem Instrument der Abwahl ebenso wie die Rechtsprechung des Bundesverfassungs- und Bundesverwaltungsgericht hierzu dem Gesetzgeber bekannt waren. Es stellt sich folglich die Frage, welche Bedeutung dem Fehlen einer ausdrücklichen Regelung zukommt.

a) Das Beamtenstatusgesetz als neuer Prüfungsmaßstab

Ansatzpunkte zur Beantwortung der Fragestellung können sich daraus ergeben, dass die Materie nunmehr zur konkurrierenden Gesetzgebung gehört. Darüber hinaus könnten sich auch aus der Grundkonzeption des Gesetzes Rückschlüsse ergeben.

547 BT-Drucks. 16/4027, A, S. 1.; Auerbach, ZBR 2009, S. 217; Baßlsperger, PersV 2008, S. 404.
548 BT-Drucks. 16/4027, A, S. 1; Auerbach, ZBR 2009, S. 217.
549 Auerbach, ZBR 2009, S. 217.

aa) Die Bedeutung der Zugehörigkeit zur konkurrierenden Gesetzgebung

Das Beamtenstatusgesetz ist ein Gesetz der konkurrierenden Gesetzgebung mit dem der Bund die Statusrechte und –pflichten gem. Art. 74 Abs. 1 Nr. 27 GG regelt und damit eine Sperrwirkung für die Länder i. S. des Art. 72 Abs. 1 GG entfaltet.[550] Nachdem im Beamtenstatusgesetz keine ausdrückliche Regelung zur Abwahl eines Beamten vorgesehen ist, stellt sich die Frage, ob die Thematik möglicherweise im Zusammenhang mit den Beendigungsgründen und/oder den Formen von Beamtenverhältnissen abschließend geregelt wird. Bei der Frage, ob der Bundesgesetzgeber eine bestimmte Materie abschließend geregelt und damit eine inhaltliche Sperrwirkung entfaltet hat, ist grundsätzlich eine Gesamtwürdigung aller Normen erforderlich. Danach ist für jede Norm nach dem Regelungsinhalt zu entscheiden, ob sie abschließend ist oder ob dem Landesgesetzgeber Raum für eigene Regelungen verblieben ist.[551]

Die konkurrierende Gesetzgebung ist dadurch gekennzeichnet, dass die Länder Regelungen treffen können, sofern und soweit der Bund von seinem Gesetzgebungsrecht keinen Gebrauch gemacht hat. Wenn der Bund eine Materie nicht erschöpfend regelt, sind die Länder zu ergänzenden Regelungen befugt.[552] Dies bedeutet, es wird zu prüfen sein, inwieweit dem Beamtenstatusgesetz verbindliche Vorgaben zu entnehmen sind.

bb) Die Konzeption des Gesetzes

Weitere Anhaltspunkte können sich auch aus der Konzeption des Gesetzes ergeben.

Anders als das Beamtenrechtsrahmengesetz bedarf das Beamtenstatusgesetz keiner Ausfüllung durch die Länder. Dem Gesetz liegt die Konzeption zugrunde, das Statusrecht hinsichtlich der wesentlichen Kernbereiche wie z.B. Begründung oder Beendigung des Beamtenverhältnisses oder für Pflichten und Rechte der Beamtinnen und Beamten erschöpfend zu regeln. Da wo der Bund keine Regelung trifft, sind die Länder zur Gesetzgebung befugt. Gleichzeitig wird dort, wo bereits heute eigene statusrechtliche Regelungen der Länder bestehen, Raum gelassen für landesrechtliche Regelungen. Dies gilt insbesondere für die Festlegung von Verfahrensfragen, Fristen oder landesspezifische Besonderheiten.[553]

Damit ist das Beamtenstatusgesetz mehr als ein nur um Versorgung, Besoldung und Laufbahnrecht bereinigtes Nachfolgegesetz zum Beamtenrechtsrah-

550 Auerbach/Pietsch, S. 21.

551 Auerbach/Pietsch, S. 21; Maunz, in: Maunz/Dürig, GG, Art. 72, Rdnr. 14.

552 BT- Drucks. 16/4027, Begründung, S. 20; Auerbach/Pietsch, S. 21f;

553 BT-Drucks. 16/4027, Begründung, S. 20.

mengesetz.[554] Es verändert die Qualität der Rechtssetzung von der Rahmengesetzgebung zur konkurrierenden Gesetzgebung. Vor allem aber ändert sich die Verantwortlichkeit im Beamtenrecht, ohne die von der Verfassung vorgegebenen Grundprinzipien des Beamtenrechts aufzugeben. Als verfassungsrechtliche Klammer dient der für alle Gesetzgeber wie Dienstherren geltende Art. 33 GG.[555]

Betrachtet man das teilweise bereits seit Jahrzehnten in den Kommunalordnungen vorgesehene Institut der Abwahl des Kommunalen Wahlbeamten, liegt die Vermutung nahe, dass es sich gerade hierbei um solche landesrechtliche Regelungen handelt, für die Gestaltungsraum bleiben sollte.

b) Die Bedeutung der bisherigen Streitfragen für die Beurteilung der geänderten Rechtslage

Unter dem Geltungsbereich des Beamtenrechtsrahmengesetzes befasste sich eine strittige Frage mit der Anwendbarkeit des Gesetzes auf das Instrument der Abwahl. Die rechtliche Problematik ist durch die neue Gesetzeslage überholt. Dennoch ist der Kern des Streites durchaus von Interesse. Er drehte sich darum, auf welchem Gebiet – dem beamtenrechtlichen oder dem kommunalverfassungsrechtlichen – der Regelungsschwerpunkt bei den Kommunalen Wahlbeamten gesehen wird.[556] Diese Diskussion ist insofern von Relevanz, als sie Anhaltspunkte zur Einordnung des Instruments in die geänderte rechtliche Konstellation liefern kann.

aa) Die ablehnende Haltung zur Anwendbarkeit des Beamtenrechtsrahmengesetzes

In der Literatur[557] wurde die Auffassung vertreten, dass es dem Bund verwehrt sei, die Rechtstellung des Kommunalen Wahlbeamten zu definieren. Die Ausgestaltung der Kommunalverfassungen sei von jeher Aufgabe des Gemeinderechts.[558] Im Rahmen der föderativen Ordnung sei die Organisation der landesunmittelbaren Verwaltung dem Zugriff des Bundes entzogen. Die Organisationskompetenz umschließe die Befugnis, eigenständig über die Regelungen der kommunalen Verfassungsorgane zu bestimmen und damit auch über die Abberufung

554 Wolff, DÖV 2007, S. 504 (505); Auerbach/Pietsch, S. 22.

555 Auerbach/Pietsch, S. 22; DT-Drucks. 16/4027, Begründung, S. 20.

556 Lohmann, S. 124f.; Henneke, Jura 1988, S. 374 (378).

557 Henneke, Jura 1988, S. 374 (378f.); Stober 1982, S. 16ff.; Unger, DÖV 1971, S. 699 (701); Lohmann, S. 124f.

558 Stober 1982, S. 22; Henneke, Jura 1988, S. 374 (378).

der Kommunalen Wahlbeamten (Annexkompetenz).[559] Das Beamtenrecht habe insofern hinsichtlich der Kommunalen Wahlbeamten nur die zweckdienlichste statusmäßige Absicherung zu leisten. Dem Bundesgesetzgeber könne es aufgrund des Art. 75 Nr. 1 GG nicht erlaubt sein, über diesen „Nebenstrang" eine allgemeine Gemeindeorganisationsstruktur quasi „gleichzuschalten" und damit in die Länderzuständigkeit für das Kommunal-verfassungsrecht einzugreifen.[560] Im Ergebnis lief diese Argumentation darauf hinaus, dass es – bezogen auf die Gesetzgebungskompetenz – allein die Sache des Landes-gesetzgebers sei, ob und in welchem Umfang er das allgemeine Beamtenrecht auf Kommunale Wahlbeamte anwenden will. Das Beamtenrechtsrahmengesetz sei demnach nicht anwendbar.[561]

bb) Die Vereinbarkeit der Abwahlregelungen mit dem Beamtenrechtsrahmengesetz

Die h.M. in der Rechtsprechung[562] sah demgegenüber keinen Eingriff in die ausschließliche Gesetzgebungskompetenz der Länder. Als Rahmenrecht grenze das Beamtenrechtsrahmengesetz zwar die landesgesetzliche Regelungsbefugnis zur Ordnung der Rechtsverhältnisse der im öffentlichen Dienst stehenden Personen ein und könne auch abschließende Regelungen in Teilbereichen dieser Materie treffen. Dies sei jedoch unbedenklich, sofern das Ganze durch die Landesgesetzgebung ausfüllungsfähig und ausfüllungsbedürftig bleibe.[563] Das Beamtenrechtsrahmengesetz lasse dem nach Art. 70 Abs. 1 GG zur Ausgestaltung des Kommunal-verfassungsrechts zuständigen Landesgesetzgeber den erforderlichen Regelungsspielraum, um – soweit politisch gewollt – das Dienstverhältnis der auf Zeit bestellten Kommunalen Wahlbeamten durch Abwahl zu beenden. Der Charakter einer Regelung als Rahmenvorschrift bestehe eben darin, dass sie auf Ausfüllung hin ausgelegt sei. Die im bundesgesetzlichen Rahmen enthaltene Verpflichtung der Länder, die zeitlich begrenzten Dienstverhältnisse der Kommunalen Wahlbeamten entsprechend den für Lebenszeitbeamte geltenden Vorschriften zu regeln, impliziere keine Hinderungsgründe, die Abwahl einzuführen.[564]

559 Unger, DÖV 1971, S. 699 (701); Henneke, Jura 1988, S. 374 (378).
560 Schmidt-Jortzig, Kommunale Organisationshoheit, S. 279; Henneke, Jura 1988, S. 374 (379).
561 Henneke, Jura 1988, S. 374 (379).
562 BVerwGE 56, S. 163 (168); 81, S. 318 (329); BVerwG, NVwZ 1990, S. 772 (774); BVerwG, NVwZ 1994, S. 437 (475).
563 BVerwGE 56, S. 163 (168); 4, S. 115 (129); 25, S. 142 (152).
564 BVerwGE 56, S. 163 (169); BVerwG, NVwZ 1994, S. 473 (475).

cc) *Fazit*

Im Ergebnis ist festzuhalten, dass – ganz gleich welcher Argumentation man folgt – die Länder (bis auf Bayern und Baden-Württemberg) mit Hilfe des Kommunalverfassungsrechts hinsichtlich der Abberufung der Kommunalen Wahlbeamten Regelungen getroffen und diese in der Vergangenheit auch praktisch angewandt haben. Die ansonsten unterschiedlichen Auffassungen – und das ist für die aktuelle Gesetzeslage von Bedeutung – betonen im Rahmen der Argumentation jeweils den Aspekt der Verschiedenartigkeit der Regelungen in den einzelnen Bundesländern. Angepasst an die jeweiligen Gegebenheiten und Traditionen ist das Instrument der Abwahl landesspezifisch unterschiedlich geregelt. Dies ist ein Indiz für die Handhabung nach dem Beamtenstatusgesetz.

4. Die Abwahl und das Beamtenstatusgesetz

Anders als seinerzeit beim Beamtenrechtsrahmengesetz stellt sich beim Beamtenstatusgesetz nicht die Frage, ob das Gesetz die Abwahl regeln *darf.* Vielmehr stellt sich hier die Frage, wie das Gesetz im Hinblick auf das Schweigen zu interpretieren ist, bzw. welche Schlussfolgerungen sich ergeben.

a) Die Zugehörigkeit zu den Statusrechten

Nachdem das Beamtenstatusgesetz keine ausdrückliche Regelung zum Instrument der Abwahl vorsieht, gilt es zunächst zu untersuchen, ob die Abwahl einer Materie des Beamtenstatusgesetzes – also den Statusrechten – zuzurechnen ist. Was nach Art. 74 Abs. 1 Nr. 27 GG unter den Statusrechten und -pflichten zu verstehen ist, kann man dem Wortlaut des Gesetzes, aber vor allem der Begründung des Gesetzentwurfs zur Änderung des Grundgesetzes entnehmen. Die Begründung enthält eine Aufzählung dessen, was der Verfassungsgeber als Statusrechte und -pflichten verstanden wissen will. Als Statusrecht ausdrücklich genannt sind u.a. „Wesen, Voraussetzungen, Rechtsformen der Begründung, Arten, Dauer, sowie Nichtigkeits- und Rücknahmegründe des Dienstverhältnisses“ als auch „Voraussetzungen und Formen der Beendigung des Dienstverhältnisses“.[565]

565 BT-Drucks. 16/813, S. 14; Auerbach/Pietsch, S. 24.

b) Auslegungskriterien für die Regelungskompetenz des Bundes

Es stellt sich vor diesem Hintergrund die Frage, ob die Abwahl von der Regelungskompetenz des Bundes erfasst ist oder nicht. Grundsätzlich bedeutet der neue Kompetenztitel des Art. 74 Abs. 1 Nr. 27 GG eine weit reichende Verschiebung der dienstrechtlichen Zuständigkeiten auf die Länder. Demzufolge soll nur eine enge Auslegung der neuen Kompetenz des Bundes den Absichten der Reform gerecht werden. Danach wird jede Auslegung des Statusbegriffs, die im Ergebnis dazu führt, dass der Bund über eine dienstrechtliche Kompetenz verfügt, die er zuvor nicht innehatte, fragwürdig.[566]

Zur Konkretisierung der Statusrechte und –pflichten kann daher auch an die historische Entwicklung angeknüpft werden. Die alte Rahmenkompetenz des Art. 75 Abs. 1 Nr. 1 GG wird ersetzt, so dass mit den dazu entwickelten Grundsätzen (angepasst an die Vorgaben der Föderalismusreform) der Begriff inhaltlich ausgefüllt werden kann. Die Kompetenznorm des Art. 75 Abs. 1 Nr. 1 GG gebrauchte den Begriff „Rechtsverhältnisse der (...) im öffentlichen Dienst stehenden Personen". Diese Formulierung war in einem weiten Sinn zu verstehen und bezog sich auf alle Fragen der Entstehung, des Endes und der Nachwirkung von Dienstverhältnissen. Diese zu Art. 75 GG entwickelten Auffassungen können aber nicht „eins zu eins" auf die neue Rechtslage übertragen werden. Andernfalls würde die beabsichtigte Verlagerung der dienstrechtlichen Kompetenzen auf die Länder konterkariert. [567]

c) Die Regelungen nach dem Beamtenstatusgesetz

Somit ist für das Beamtenstatusgesetz – ebenso wie zuvor für das Beamtenrechtsrahmengesetz[568] – zu prüfen, inwieweit die Abwahl des Kommunalen Wahlbeamten mit den gesetzlich geregelten Voraussetzungen und Formen der Beendigung eines Beamtenverhältnisses nach dem Gesetz vereinbar ist.

aa) Die Befristung des Beamtenverhältnisses

Nach § 4 Abs. 1 S. 2 BeamtStG gilt unverändert der Grundsatz, dass das Beamtenverhältnis auf Lebenszeit die Regel bildet. Satz 2 ist eine Folge von Art. 33 Abs. 5 GG, wonach zu dem vom Gesetzgeber zu beachtenden Kernbestand

---

566 Auerbach/Pietsch, S. 25.

567 Auerbach/Pietsch, S. 25f.

568 Klein, DÖV 1980, S. 853 (859); Henneke, Jura 1988, S. 374 (377); Himmelreich, KommPolBl. 1987, S. 152 (155).

der Strukturprinzipien des Berufsbeamtentums das Lebenszeitprinzip gehört.[569] Nach Abs. 2 kann auch ein Beamtenverhältnis auf Zeit begründet werden. Die Vorschrift konkretisiert allerdings die Fälle, in denen ein Beamtenverhältnis auf Zeit vorgesehen werden kann. Die in § 4 Abs. 2 genannten Bedingungen sind wegen des Lebenszeitprinzips restriktiv zu interpretieren. Für eine Befristung muss es deshalb besondere Gründe geben. Diese sind beim herkömmlichen Kommunalen Wahlbeamten gegeben.[570]

Für Beamte und Beamtinnen auf Zeit gelten die Vorschriften für Lebenszeitbeamte gem. § 6 BeamtStG entsprechend, soweit durch Landesrecht nichts anderes bestimmt ist. Die Vorschrift übernimmt für den Typus des Beamtenverhältnisses auf Zeit im Grundsatz die Regelungen der bisherigen §§ 95 bis 98 BRRG, wobei dem Landesgesetzgeber die Regelungen der Einzelheiten überlassen werden.[571] Die Regelungen der Einzelheiten bleiben ohne weitere bundeseinheitliche Vorgaben dem Landesgesetzgeber überlassen. Ein Beamtenverhältnis auf Zeit kann auch vorliegen, wenn die Verleihung des Amts auf einer Wahl (unmittelbar durch das Volk oder mittelbar durch die Vertretungskörperschaft) beruht.[572] Schon bislang bildeten die Kommunalen Wahlbeamten die größte Gruppe des Beamtenverhältnisses auf Zeit.[573]

Anders als nach dem Beamtenrechtsrahmengesetz ist die Stellung des Bürgermeisters als Kommunalem Wahlbeamten nach dem Beamtenstatusgesetz recht klar umschrieben: Er ist Beamter auf Zeit, dessen Rechtsverhältnis vom Landesrecht ausgestaltet werden kann.

bb) Die Beendigung des Beamtenverhältnisses

Die Beendigungsgründe für das Beamtenverhältnis sind in § 21 BeamtStG genannt. Danach endet das Beamtenverhältnis durch Entlassung, Verlust der Beamtenrechte, Entfernung aus dem Beamtenverhältnis nach den Disziplinargesetzen oder Eintritt oder Versetzung in den Ruhestand. Das Beamtenstatusgesetz sieht den Tatbestand der Abwahl nicht vor. § 21 BeamtStG greift die Regelung des bisherigen § 21 BRRG auf. Bemerkenswert ist hier jedoch, dass abweichend vom Text des Beamtenrechtsrahmengesetzes im Beamtenstatusgesetz der Tod nicht mehr als Beendigungsgrund genannt wird. Dies ist eine logische Rechtsfolge, die in anderen Regelungsmaterien geregelt wird. Das macht deutlich, dass § 21 nur

569 Reich, § 4 Rdnr. 4; Reich weist darauf hin, dass die Möglichkeit einer Abberufung nicht gegen Art. 33 Abs. 5 GG verstoße.

570 Reich, § 3, Rdnr. 5.

571 BT-Drucks. 16/4027, Besonderer Teil, S. 22; Auerbach/Pietsch, S. 71.

572 Reich, § 4, Rdnr. 5.

573 BT-Drucks. 16/4027, S. 22.

noch als Tatbestandsvoraussetzung zu verstehen ist.[574] Als wichtige Konsequenz hieraus folgt, dass es – anders als beim § 21 BRRG – nicht möglich ist, an die Vorschrift des Beamtenstatusgesetzes den Umkehrschluss zu knüpfen, es müssten hier die Wege der Beendigung abschließend genannt sein! Somit kann die vorzeitige Abberufung von Wahlbeamten nach Maßgabe des Landesrechts ebenfalls zur Beendigung des Beamtenverhältnisses führen.[575]

cc) Fazit

Im Ergebnis bedeutet das Schweigen des Bundesgesetzgebers zum Instrument der Abwahl, dass die Materie der Regelungsbefugnis der Länder unterliegt. Dies gilt insbesondere deshalb, weil bereits vor der Reform eigene statusrechtliche Regelungen der Länder bestanden. Damit sind die in den Materialien zum Gesetzgebungsverfahren genannten landesgesetzlichen Regelungen von Verfahrensfragen, Fristen oder landesspezifische Besonderheiten (für kommunale Wahlbeamte) gemeint.[576] Zu den landesspezifischen Besonderheiten werden die Regelungen für Kommunale Wahlbeamte gezählt.[577]

5. Ergebnis

Das Beamtenstatusgesetz führt im Verhältnis zwischen Bund und Ländern in der Konsequenz zu einer Verschiebung der Zuständigkeiten. Der Bund legt mit dem Gesetz die beamtenrechtlichen Grundstrukturen fest, um eine einheitliche Anwendung des Dienstrechts zu gewährleisten. Dort, wo der Bund keine Regelung trifft, sind die Länder zur Gesetzgebung befugt.[578]

Das Beamtenstatusgesetz sieht keine Regelung über das Institut der Abwahl des Kommunalen Wahlbeamten vor. Da dem Gesetzgeber die unterschiedlichen rechtlichen Auffassungen zur Rechtmäßigkeit des Instituts hinlänglich bekannt waren, ist im Hinblick auf den Verzicht einer ausdrücklichen Regelung im Gesetz von einer bewussten Entscheidung auszugehen.

Aus den Materialien zur Gesetzgebung[579] geht hervor, dass beabsichtigt war, die Kernbereiche des Beamtenverhältnisses – auch die Beendigungsgründe – erschöpfend zu regeln. Soweit dies nicht erfolgte, sollten die Länder zur Gesetz-

574 BT-Drucks. 16/4027, Besonderer Teil, S. 27.
575 Reich, § 21, Rdnr. 1.
576 Auerbach/Pietsch, S. 26.
577 Auerbach/Pietsch, S. 26.
578 BT-Drucks. 16/4027, Begründung, S. 20.
579 BT-Drucks. 16/4027, Begründung, S. 20, zu dem was folgt.

gebung befugt sein. Aus dem in der Begründung des Gesetzentwurfs enthaltenen Hinweis, dass dies insbesondere dort der Fall sein sollte, wo bereits eigene statusrechtliche Regelungen der Länder oder landesspezifische Besonderheiten bestehen, lässt sich schließen, dass Regelungen, wie z.B. das Instrument der Abwahl, keiner einheitlichen Regelung unterzogen werden sollte.

Es ist zu vermuten, dass dem Gedanken Rechnung getragen werden sollte, wonach mit dem Gesetz auch eine möglichst große Flexibilität gewährleistet werden kann: Den Ländern sollten Handlungs- und Gestaltungsspielräume belassen werden, um auf geänderte Verhältnisse reagieren zu können. Vor diesem Hintergrund ist auch der Hinweis von Relevanz, wonach jeweils die Grundsätze des Art. 33 Abs. 5 GG eine Klammer zur Sicherung der Einheitlichkeit bildet. Insoweit spricht Vieles dafür, dass es als ausreichend erachtet wurde, wenn Bundesverfassungsgericht bzw. Bundesverwaltungsgericht im Streitfall – wie in der Vergangenheit erfolgt – grundsätzliche Anforderungen an das Instrument der Abwahl formulieren. Die Rechtsprechung zeigt ggf. den Rahmen für eine Auslegung bestehender Grundsätze im Hinblick auf sich weiter verändernde Verhältnisse auf.

Bereits nach Maßgabe der bisherigen Rechtslage ging – ungeachtet der ablehnenden Meinung in der Literatur[580] – die herrschende Meinung[581] von der Rechtmäßigkeit des Instruments der Abwahl und der Kompetenz der Länder zur Regelung der Einzelheiten aus. Die von der Rechtsprechung[582] geprägte herrschende Meinung ging davon aus, dass die Vorschriften des Beamtenrechtsrahmengesetzes einer Abwahlentscheidung nicht entgegenstehen und das Gesetz – wenngleich nicht ausdrücklich formuliert – Veränderungen des Rechtsstatus eines Beamten auf gesetzlicher Grundlage zulasse – wie die Abberufung bzw. Abwahl. Dass nicht nur bundesgesetzliche Regelungen in Frage kommen, sondern gerade auch landesgesetzliche Vorschriften, ergebe sich aus dem Rahmengesetzcharakter des Beamtenrechtsrahmengesetzes.[583] Weitere aus dem Beamtenrechtsrahmengesetz

580 Hönes, DVBl. 1976, S. 376ff.; ders. DÖD 1976, S. 236ff.; Juncker, DÖD 1974, S. 23ff.; Görg, ZBR 1966, S. 270ff.; Pappermann, ZBR 1968, S. 297ff.; Trachternach, S. 218ff.; Klein, DÖV 1980, S. 853ff.; Henneke, Jura 1988, S. 374ff.; Himmelreich, KommPolBl. 1987, S. 152ff.; Erichsen, DVBl. 1980, S. 723ff.

581 BVerfGE 7, S. 155 (166ff.); BVerwGE 20, S. 160 (162ff.); 6, S. 163 (168ff.); 56, S. 163 (168ff.); Thiele, DÖV 1988, S. 49ff.; VG Koblenz, DÖD 1976, S. 236 (236ff.); Borchmann/Vesper, S. 83ff; Klein, DÖV 1980, S. 853ff.; Lichtenfeld, DVBl. 1982, S. 1021ff.; Schmidt-Jortzig, KommR., Rdnr. 244 a.

582 s. FN 42.

583 BVerfGE 56, S. 163 (168f.); Hess VGH, DÖV 1988, S. 305f.: Für Beamte auf Zeit wie den Kommunalen Wahlbeamten gelten gemäß § 95 Abs. 2 S. 1 BRRG die Vorschriften für Beamte auf Lebenszeit entsprechend und in diesem Zusammenhang auch § 31 Abs. 1 BRRG. Diese Regelung besagte, dass ein Beamter jederzeit in den gesetzlichen Ruhestand versetzt werden kann, wenn er ein Amt bekleidet, bei dessen Ausübung er in fortdauernder Übereinstimmung mit

abzuleitende Bedenken gegen die vorzeitige Abberufung eines Kommunalen Wahlbeamten wurden seinerzeit nicht angenommen.

Insofern ändert sich auch nach der neuen Gesetzeslage nichts am Ergebnis: Die Abwahl des Kommunalen Wahlbeamten ist in landesrechtlichen Vorschriften zu regeln. Als inhaltlicher Prüfungsmaßstab gilt Art. 33 GG.

II. Die Vereinbarkeit des Instruments der Abwahl mit dem Beamtenverfassungsrecht

Wie vorstehend bereits angedeutet, bestanden im Zusammenhang mit dem Instrument der Abwahl grundlegend unterschiedliche Auffassungen zur Regelungskompetenz des Bundes. Diese sind aufgrund der geänderten Gesetzeslage zwischenzeitlich überholt. Dies gilt jedoch nicht für die differierenden Positionen, die hinsichtlich der Anwendbarkeit der Vorschriften des Art. 33 GG vertreten wurden; hier insbesondere bei Fragen im Zusammenhang mit den hergebrachten Grundsätzen des Berufsbeamtentums aus Art. 33 Abs. 5 GG. Sehr deutlich werden diese Differenzierungen bezogen auf die Einordnung der Stellung und Tätigkeit des Kommunalen Wahlbeamten, insbesondere im Hinblick auf die Frage der Relevanz des politischen Aspekts.

Im Folgenden wird die Vereinbarkeit von Abwahlregelungen zunächst nach materiellem Beamtenrecht geprüft, das in Art. 33 Abs. 2, 4 und 5 GG normiert ist. Im Zusammenhang mit Art. 33 Abs. 5 GG werden grundlegende Fragestellungen erörtert und die Auffassung der h.M. in der Rechtsprechung dargelegt. Abschließend werden die unterschiedlichen Sichtweisen zur Stellung des Kommunalen Wahlbeamten beleuchtet und die jeweilige Plausibilität eingeschätzt.

1. Die Abwahl im Kontext von Art. 33 Abs. 2 GG

Art. 33 Abs. 2 GG postuliert, dass die Zulassung zu einem öffentlichen Amt nach den Grundsätzen der Eignung, Befähigung und fachlichen Leistung zu erfolgen hat.

Im Hinblick auf die Abwahl ist unbestritten, dass diese keinen Verstoß gegen Art. 33 Abs. 2 GG darstellt.[584] Art. 33 Abs. 2 GG wird insoweit durch das demo-

---

den grundsätzlichen Ansichten und Zielen der Regierung stehen muss. Auch wenn Kommunale Wahlbeamte nicht im eigentlichen Sinne zum Personenkreis der politischen Beamten gehören, so sei auf sie doch § 31 Abs. 1 BRRG entsprechend anzuwenden, denn auch sie üben ihr Amt im Überschneidungsbereich von Politik und Verwaltung aus.

584 OVG Schleswig, NVwZ 1993, S. 1124.

kratische Prinzip überlagert und gilt nicht für Ämter, die nach demokratischen Grundsätzen durch Wahl vergeben werden. In diesen Fällen erfolgt die Legitimation nämlich nicht durch staatliche Ernennung, sondern durch Wahl. Art. 33 Abs. 2 GG findet keine Anwendung, sondern wird durch den demokratischen Wahlakt funktional ersetzt.[585]

Auch Kritiker der Rechtmäßigkeit der Abwahl stimmen darin überein, dass Wahl und Abwahl sich an politischen Kriterien orientieren.[586]

2. Die Abwahl im Kontext von Art. 33 Abs. 4 GG

Nach Art. 33 Abs. 4 GG ist die Ausübung hoheitsrechtlicher Befugnisse als ständige Aufgabe in der Regel Angehörigen des öffentlichen Dienstes zu übertragen, die in einem öffentlich-rechtlichen Treueverhältnis stehen. Bereits bezogen auf diese Vorgabe wurden unterschiedliche Sichtweisen deutlich.

a) Die Frage eines Verstoßes gegen die Grundsätze des Art. 33 Abs. 4 GG durch das Instrument der Abwahl

Ein kritischer Diskussionspunkt bezog sich auf die Frage, ob die Abwahl von Kommunalen Wahlbeamten, die weder im Bundes- noch im Landesverfassungsrecht vorgesehen ist, gegen den Sinn dieser Grundgesetzbestimmung verstoße. Wenngleich der Kommunale Wahlbeamte nicht den typischen Beamten darstelle, der nach dem Grundgesetz für die Funktionsfähigkeit der Verwaltung unabdingbar war, wurde in ihm geradezu das Musterbeispiel für die Verkörperung der in Art. 33 Abs. 4 GG verankerten Ausgleichsfunktion des Beamtentums gesehen. Die Aufgabe des Kommunalen Wahlbeamten bestehe gerade darin, zwischen den Wünschen der politischen Kräfte der Gemeindevertretung und den rechtsstaatlichen Anforderungen an die Verwaltung auszubalancieren. Der Kommunale Wahlbeamte stehe sozusagen zwischen Demokratie und Bürokratie. Die Möglichkeit der jederzeitigen Abwahl (durch den Rat) bzw. das Erfordernis der politischen Gleichgestimmtheit zwischen Rat und Kommunalen Wahlbeamten stünden demnach im Widerspruch zur Zielsetzung des Art. 33 Abs. 4 GG.[587]

585 Waechter, S. 252; OVG Schleswig, NVwZ 1993, S. 1124 (1125).

586 Stober 1982, S. 56; Lohmann, S. 121.

587 Stober 1982, S. 59ff.

b) Die Auffassung der herrschenden Meinung zur Vereinbarkeit der Abwahl mit Art. 33 Abs. 4 GG

Dieser Auffassung ist jedoch das Bundesverfassungsgericht in ständiger Rechtsprechung seit dem Beschluss vom 17.10.1957[588] entgegengetreten. Danach kann die Sicherung gegen eine (vorzeitige) Beendigung des Dienstverhältnisses nicht für alle Beamten gelten. Zu der Gruppe, für die Ausnahmen möglich seien, gehört auch der Kommunale Wahlbeamte.[589] Seit jeher habe es den Typus des Beamten auf Zeit gegeben, der häufig auch zugleich Wahlbeamter sei. Auch für diese Beamten gebe es hergebrachte Grundsätze. Aus der Tatsache, dass sich diese Zeitbeamten häufig in Kommunalverwaltungen fänden und sich das Kommunalrecht der Länder traditionell sehr unterscheide, resultiere ein im Vergleich zum allgemeinen Beamtenrecht größerer Gestaltungsspielraum des Gesetzgebers.[590]

Die im Zusammenhang mit Art. 33 Abs. 4 GG formulierte beamtenrechtliche Treuebindung des kommunalen Dienstherrn bzw. die Fürsorge, schließt die Abwahl als Beendigungsgrund des Beamtenverhältnisses nicht aus.[591]

c) Fazit

Bereits an dieser Stelle wird deutlich, worin sich die Argumentationslinien der Kritiker der Abwahl und die der herrschenden Meinung unterscheiden. Die Kritiker des Instruments betonen die besondere Rolle des Kommunalen Wahlbeamten im Gefüge der Selbstverwaltung. Sie sehen in ihm eher einen Vertreter rechtsstaatlicher Grundsätze und „Gewährleister“ ordnungsgemäßer Verwaltung. Die herrschende Meinung wertet dies als nicht entscheidungsrelevante rechtspolitische Bedenken und verweist auf den weiten verfassungsrechtlichen Spielraum des Gesetzgebers zur Ausgestaltung des Rechtsverhältnisses der Kommunalen Wahlbeamten.[592] Das Spektrum der Sichtweisen wird im Weiteren noch zu beleuchten sein.

588 BVerfGE 7, S. 155ff.
589 BVerfGE 7, S. 155 (163).
590 BVerfGE 7, S. 155 (164); 20, S. 160 (163).
591 BVerwGE 81, S. 318 (322); a.A. Stober 1982, S. 67.
592 BVerwGE 81, S. 318 (321).

3. Art. 33 Abs. 5 GG

Die zentrale Regelung für das Instrument der Abwahl findet sich in Art. 33 Abs. 5 GG. Mit der Frage der Anwendbarkeit und der Bedeutung der Grundsätze dieser Vorschrift hat sich die Rechtsprechung eingehend befasst, Feststellungen getroffen und entsprechende Vorgaben formuliert. Diese sind im Folgenden dargestellt mit dem Ziel, die Argumentationslinie der herrschenden Meinung zu entfalten.

a) Die Anwendbarkeit des Art. 33 Abs. 5 GG auf den Kommunalen Wahlbeamten

Art. 33 Abs. 5 GG befasst sich mit der Ausgestaltung der dienstrechtlichen Stellung der Beamten im Hinblick auf die diesem anvertrauten Aufgaben unter Berücksichtigung der hergebrachten Grundsätze des Berufsbeamtentums. Die Anwendung der Grundsätze des Art. 33 Abs. 5 GG auf den Kommunalen Wahlbeamten setzt dessen Zugehörigkeit zum öffentlichen Dienst und zur Kategorie der Berufsbeamten voraus. Zweifel an der Zugehörigkeit zum öffentlichen Dienst könnten sich ergeben, weil die Rechtsstellung des Kommunalen Wahlbeamten im Gemeinderecht und nicht – wie für Beamte üblich – in Beamtengesetzen geregelt ist. Dies ist aber unschädlich, denn Art. 33 Abs. 5 GG will wegen ihrer besonderen Aufgabenstellung im Staat alle Beamten erfassen, unabhängig davon auf welchen Rechtsgrundlagen ihr Status geregelt ist.[593]

Angesichts des Umstands, dass Kommunale Wahlbeamte ihr Amt zeitlich befristet ausüben, stellt sich die weitere Frage, ob sie als Berufsbeamte einzuordnen sind. Traditionell sind mit dem Status des Berufsbeamten bestimmte Merkmale[594] verbunden. Für den Kommunalen Wahlbeamten von Interesse sind die Merkmale „lebenslange Anstellung“ sowie „Entlassung nur auf dem Disziplinarwege“. Die klassischen Merkmale des Beamten, wie z.B. die Anstellung auf Lebenszeit, treffen beim Kommunalen Wahlbeamten nicht zu. Dies führt jedoch nicht dazu, dass Art. 33 Abs. 5 GG keine Anwendung findet.[595] Im Interesse an einer sachgerechten und dem Allgemeinwohl dienlichen Aufgabenerledigung und vor dem Hintergrund, dass es seit jeher für bestimmte Beamtengruppen Ausnahmen von den allgemeinen Beamtenprinzipien gab, gingen auch die Verfasser des Grund-

593 Stober 1982, S. 62.

594 Hierzu zählen u.a. Treue- und Gehorsamspflicht gegenüber dem Dienstherren, Pflicht zur unparteiischen Amtsführung, fachliche Vorbildung, hauptberufliche Tätigkeit Besoldung und Versorgung. So BVerfGE, 9, S. 268 (286); Maunz, in: Maunz/Dürig, GG, Art. 33 Rdnr. 62ff.; Thieme, DÖV 1987, S. 933 (938), Stober 1982, S. 63.

595 Stober 1982, S. 64; Henneke, Jura 1988, S. 374 (381).

gesetzes davon aus, dass es weiterhin gewählte Zeitbeamte als Kommunale Wahlbeamte geben darf.[596]

Demzufolge findet Art. 33 Abs. 5 GG auf den Kommunalen Wahlbeamten als Berufsbeamten auf Zeit Anwendung.[597]

aa) Inhalt und Bedeutung des Art. 33 Abs. 5 GG

Vor der Erörterung der Frage, was die Grundsätze des Art. 33 Abs. 5 GG für den Kommunalen Wahlbeamten und das Instrument der Abwahl bedeuten, sind zunächst

Inhalt und Bedeutung dieser Norm näher zu bestimmen. Art. 33 Abs. 5 GG besagt, dass das Recht des öffentlichen Dienstes unter Berücksichtigung der hergebrachten Grundsätze des Berufsbeamtentums zu regeln ist. Unter den hergebrachten Grundsätzen des Berufsbeamtentums versteht man einen Kernbestand von Strukturprinzipien, die allgemein oder doch ganz überwiegend und während eines längeren Zeitraums als verbindlich anerkannt und tradiert wurden.[598] Art. 33 Abs. 5 GG soll sicherstellen, dass das Recht des öffentlichen Dienstes nach bestimmten Grundsätzen geregelt wird.[599] Es handelt sich hierbei um unmittelbar geltendes Recht und nicht nur um eine programmatische Vorgabe.[600] Der Gesetzgeber verfügt bei der Ausgestaltung des Beamtenrechts über einen weiten Spielraum, der auch dazu dient, einer Erstarrung bestehender Rechtsstrukturen entgegen zu steuern.[601] Um die Weiterentwicklung des öffentlichen Dienstrechts zu erleichtern, wurde der Wortlaut des Art. 33 Abs. 5 GG um die Wörter „und fortzuentwickeln" ergänzt.[602]

Zielsetzung des Art. 33 Abs. 5 GG ist, die Institution des Berufsbeamtentums und ihre Funktionsfähigkeit im Interesse der Allgemeinheit zu erhalten. Insoweit werden die Berufsbeamten als Institution gesehen, die – gegründet auf Fachwissen, fachliche Leistung und Pflichterfüllung – eine stabile Verwaltung sichert und damit einen ausgleichenden Faktor gegenüber den politischen Kräften darstellen soll.[603] Hierzu muss gewährleistet sein, dass der Beamte aufgrund recht-

---

596 Stober 1982, S. 63f.

597 Stober 1982, S. 62; im Ergebnis auch Erichsen, DVBl. 1980, S. 723 (724); Henneke, Jura 1988, S. 374 (381); Thiele, DÖV 1988, S. 49 (50).

598 BVerfGE 8, 332 (343); 15, S. 167 (195); 70, S. 69 (79); 83, S. 89 (98); 106, S. 225 (232); Pieroth, in: Jarass/Pieroth, Art. 33, Rdnr. 47; Kunig in: von Münch/Kunig, Art. 33, Rdnr. 61.

599 Schmidt-Bleibtreu/Kein, Art. 33, Rdnr. 13; Kunig, in: von Münch/Kunig, Art. 33, Rdnr. 52f.

600 BVerfGE 9, S. 286, (286); 15, S. 167 (195); Schmidt-Bleibteu/ Klein, Art. 33, Rdnr. 13; Kunig, in: von Münch/Kunig, Art. 33, Rdnr. 52; Pieroth, in: Jarass/Pieroth, Art. 33, Rdnr. 48.

601 BVerfGE 70, S. 69 (70).

602 BT-Drucks., 16/813, Besonderer Teil, S. 10.

603 BVerfGE 7, S. 155 (162); Erichsen, DVBl. 1980, S. 723 (744); Himmelreich, KommPolBl. 1987, S. 152 (154); Henneke, Jura 1988, S. 374 (381).

licher und wirtschaftlicher Unabhängigkeit seine Aufgabe[604] – im politischen Kräftespiel eine stabile, gesetzestreue Verwaltung zu sichern – erfüllen kann.[605] Von dieser Absicht getragen, schützt Art. 33 Abs. 5 GG einen Kernbestand von Strukturprinzipien der Institution des Berufsbeamtentums.[606] Der Schutz bezieht sich darauf, dass der Staat die durch einen hergebrachten Grundsatz geschaffene persönliche Rechtsstellung des Beamten nicht verletzen darf.[607]

bb) Die Wirkung des Art. 33 Abs. 5 GG

Im Hinblick auf die Wirkung des Art. 33 Abs. 5 GG ist von Relevanz, dass die Vorschrift nicht gebietet, die hergebrachten Grundsätze des Berufsbeamtentums starr anzuwenden; sie sind vielmehr flexibel zu handhaben.[608] Dies bringt auch die Ergänzung des Art. 33 Abs. 5 GG um die sog. „Fortentwicklungsklausel" zum Ausdruck.

Bei der grundgesetzlichen Normierung der hergebrachten Grundsätze geht es nicht um ihre buchstabengetreue Geltung, sondern um ihre Berücksichtigung,[609] soweit sie mit den Funktionen vereinbar sind, die das Grundgesetz dem öffentlichen Dienst in der freiheitlichen, rechts- und sozialstaatlichen Demokratie zuschreibt.[610] Unter dieser Prämisse ist die Bedeutung jedes einzelnen hergebrachten Grundsatzes zu würdigen. Davon hängt es ab, in welcher Weise und in welchem Ausmaß der Gesetzgeber dem jeweiligen Grundsatz bei seiner Regelung Rechnung trägt, insbesondere ihn „berücksichtigen" muss.[611] Konkret bedeutet dies, dass die Grundsätze nicht einheitlich gelten, sondern vielmehr für verschiedene Gruppen von Beamten unterschiedlich umgesetzt werden können.[612] Für die Kommunalen Wahlbeamten gelten insoweit besondere hergebrachte Grundsätze; die allgemeinen Grundsätze können nicht ohne weiteres auf diese übertragen

604 BVerfGE 8, S. 1 (16); 71, S. 39 (60).

605 BVerfGE 7, S. 155 (163); 8, S. 1 (16); 11, S. 203 (216); 64, S. 367 (379); 99, S. 300 (315); Pieroth, in: Jarass/Pieroth, Art. 33, Rdnr. 43.

606 BVerfGE 8, S. 332 (343); 11, S. 203 (216f.); 64, S. 367 (379).

607 BVerfGE 15, S. 298 (302); BVerfG, NvWZ 1994, S. 473; Pieroth, in: Jarass/Pieroth, Art. 33, Rdnr. 44; Maunz, in: Maunz/Dürig, GG, Art. 33 Anm. 78.

608 Schmidt-Bleibtreu/Klein, Art. 33, Rdnr. 93; BVerfGE 7, S. 155 (162); 8, S. 332 (352).

609 BVerfGE 7, S. 155 (162); 56, S. 146 (162); 64, S. 367 (379); Kunig, in: von Münch/Kunig, Art. 33, Rdnr. 54f., 59f.; Lohmann, S. 123; Pieroth, in: Jarass/Pieroth, Art. 33, Rdnr. 48; Unger, DÖV 1971, S. 699 (700); Erichsen, DVBl. 1980, S. 723 (724).

610 BVerfGE 5, S. 155 (162); 9, S. 268 (286); 15, S. 167 (195); Schmidt-Bleibtreu/Klein, Art. 33, Rdnr. 13; Kunig, in: von Münch/Kunig, Art. 33, Rdnr. 61.

611 BVerfGE 11, S. 203 (215); 43, S. 242 (278); 56, S. 146 (162); 64, S. 367 (379).

612 BVerfGE 3, S. 58; BVerfGE 7, S. 155 (163); BVerwG, NVwZ 1989, S. 972; Hess VGH, DÖV 1988 S. 305 (306); Pieroth, in: Jarass/Pieroth, Art. 33, Rdnr. 47; Stober 1982, S. 65; Erichsen, DVBl. 1980, S. 723 (725).

werden.[613] Dies erklärt sich daraus, dass (historisch betrachtet) die Grundsätze zum Berufsbeamtentum den Typus des Lebenszeitbeamten im Blick haben. Die Einrichtung des Zeitbeamten, des Teilzeitbeamten und des Wahlbeamten etc. werden zwar von Art. 33 Abs. 5 GG erfasst, aber nicht explizit garantiert.[614]

b) Die Vereinbarkeit der Abwahl mit den hergebrachten Grundsätzen des Berufsbeamtentums

Entgegen der in der Literatur[615] vertretenen Auffassung hält die herrschende Meinung[616] die Möglichkeit der vorzeitigen Abwahl als mit den verfassungsrechtlich verankerten Grundsätzen des Art. 33 Abs. 5 GG vereinbar. Die Grundsätze sind im Folgenden zusammenzufassen.

Ein Ausdruck der zwischenzeitlich erfolgten Diversifizierung in unterschiedliche Beamtengruppen ist die Tatsache, dass die Sicherung gegen die vorzeitige Beendigung des Beamtenverhältnisses nicht für alle Beamtengruppen gleich ist.[617]

Ein Recht am Amt besteht ebenso wenig als hergebrachter Grundsatz des Berufsbeamtentums[618] wie ein Grundsatz, der allgemein die Anwendung neuer Regelungen beispielsweise über den Wartestand, den einstweiligen Ruhestand und ähnliche Institute auf bereits im Dienst befindliche Beamte verbietet.[619] Dies gilt auch für die Gruppe der Kommunalen Wahlbeamten.[620]

Dem Art. 33 Abs. 5 GG ist kein die Abwahldisposition des Gesetzgebers beschränkendes Recht am Amt mit Verfassungskraft zu entnehmen, das den Fortbestand des einmal erworbenen Status sichern würde. Ein über traditionsbildende Zeiträume als verbindlich anerkanntes Strukturprinzip des Beamtenrechts, das die Unterwerfung bestehender Beamtenverhältnisse unter neue Beendigungsgründe ausschließt, ist nicht festzustellen.[621]

---

613 BVerfGE 7, S. 155 (163); 8, S. 332 (351); Unger, DÖV 1971, S. 699 (700); Thiele, DÖV 1988, S. 49 (50).

614 BVerfGE 7, S. 155 (164); Himmelreich, KommPolBl. 1987, S. 152 (154); Pieroth, in: Jarass/Pieroth, Art. 33, Rdnr. 47.

615 Stober 1982, S. 64ff.; Erichsen, DVBl. 1980, S. 723ff.; Unger, DÖV 1971, S. 699ff; Henneke, Jura 1988, S. 374ff.

616 Görg, ZBR 1958, S. 101 (102); BVerfGE 7, S. 155 (163f.); 8, S. 332 (346ff.); BVerfG, NVwZ 1994, S. 473 (S. 474); BVerwGE 56, S. 163 (165); Henneke, Jura 1988, S. 374 (381ff.); Himmelreich, KommPolBl. 1987, S. 152 (154).

617 Görg, ZBR 1958, S. 101 (102).

618 BVerfGE 8, S. 332 (350f.); BVerfG, NVwZ 1994, S. 473 (474).

619 BVerfGE 8, S. 332 (346ff.); BVerfG, NVwZ 1994, S. 473 (474).

620 BVerfGE 8, S. 332 (350ff.); BVerfG, NVwZ 1994, S. 473 (474).

621 BVerwGE 56, S. 163 (165).

Als hergebrachter Grundsatz geschützt ist nur die Vorgabe des Beamtenrechts, wonach die Abwahl ebenso wie jede Beendigung des Beamtenverhältnisses nur unter gesetzlich geregelten Voraussetzungen und Formen zulässig ist.[622] Gefordert wird zudem, dass die für diese Beamten im Einzelfall getroffenen Regelungen im Hinblick auf die tatsächlichen und rechtlichen Elemente des Dienstes sachgerecht erscheinen und sich nicht grundsätzlich und ohne vernünftigen Grund von allgemeinen Regeln des Beamtenrechts lösen.[623] Insoweit ist auch von Bedeutung, dass das Lebenszeitprinzip bei Kommunalen Wahlbeamten aufgrund der Berufung in das Amt durch Wahl und die zeitliche Befristung des Amtes von jeher Einschränkungen unterworfen ist.[624]

aa) Die Abwahl als zulässige Fortentwicklung der hergebrachten Grundsätze

Im oben genannten Zusammenhang ist zu klären, ob es besondere Grundsätze gibt, die das Regelungspotential des Art. 33 Abs. 5 GG für die Kommunalen Wahlbeamten ausfüllen.[625] Insbesondere stellt sich die Frage, ob sich das Instrument der Abwahl als zulässige Fortentwicklung des herkömmlichen Beamtenrechts und Kommunalbeamtenrechts darstellen lässt. Ausgangspunkt ist die Prämisse, wonach die allgemein hergebrachten Grundsätze des Beamtenrechts für bestimmte Kategorien des Beamtentums einschlägig und typusverträglich ergänzt oder inhaltlich modifiziert werden können.[626]

Das Grundgesetz steht einer Modernisierung und Anpassung des allgemeinen und besonderen Beamtenrechts an die Erfordernisse des freiheitlich demokratischen Rechtsstaates nicht entgegen. Bereits vor der Ergänzung des Art. 33 Abs. 5 GG war die herrschende Meinung der Ansicht, die Bestimmung hindere den Landesgesetzgeber, der das Recht des öffentlichen Dienstes unter Berücksichtigung der o.g. hergebrachten Grundsätze für das Berufsbeamtentum zu regeln hat, nicht daran, das Beamtenrecht fortzuentwickeln und das Kommunalverfassungsrecht weiter auszuformen.[627] Mit der sog. „Fortentwicklungsklausel" wird nunmehr betont, dass Modernisierung und Anpassung des Dienstrechts notwendig und zulässig sind. Gesetzgebung und Rechtsprechung sollen die Weiterentwicklung des öffentlichen Dienstes erleichtern.[628] Allerdings dürfen bei einer Fortentwicklung

622 BVerfGE 7, S. 155 (163); 8, 332 (352 f.); BVerwGE 56, S. 163 (165).

623 BVerfGE 7, S. 155 (64); Görg, ZBR 1958, S. 101 (102); Henneke, Jura 1988, S. 374 (381f.).

624 Himmelreich, KommPolBl. 1987, S. 152 (154).

625 BVerfGE 7, S. 155 (163); BVerwGE 20, S. 160 (163); 56, S. 163 (169); Görg, ZBR 1958, S. 723 (724).

626 BVerfGE 44, S. 249 (262 f.); Erichsen, DVBl. 1980, S. 723 (724).

627 Thiele, DÖV 1987, S. 49 (51); BVerwG, NVwZ 1990, S. 772 (773); Hönes, DVBl. 1976, S. 376 (378).

628 Auerbach, ZBR 2009, S. 217; BT-Drucks. 16/813, Besonderer Teil, S. 10.

des Beamtenrechts die vorgegebenen typusbestimmenden Leitvorstellungen des Art. 33 Abs. 5 GG nicht aus dem Blick geraten. Abweichungen von den hergebrachten Grundsätzen sind entsprechend nur dann zulässig, wenn dies aus wichtigen Gründen unter Berücksichtigung der Funktion des Berufsbeamtentums zwingend geboten ist.[629] Dabei muss zumindest der Wesenskern des Berufsbeamtentums erhalten bleiben.

Der Gesetzgeber hat also einen Freiraum zur Fortentwicklung des Beamtenrechts, aber eben keine völlige Regelungsfreiheit.[630] Allerdings sind an die Ausgestaltung der Abwahlvorschriften Anforderungen dahingehend zu stellen, dass der hergebrachte Grundsatz eines Mindestmaßes an Unabhängigkeit durch wirtschaftliche Sicherung in seinem Wesensgehalt nicht verletzt wird. Dazu gehört beispielsweise, dass der Beamte nicht nach freiem Ermessen politischer Gremien aus seinem Amte entfernt werden kann, weil damit die Grundlage für seine Unabhängigkeit entfiele.[631] In diesen Grenzen steht es dem Gesetzgeber frei, die Abwahl als eine Fortentwicklung des Hergebrachten, wie sie Art. 33 Abs. 5 GG zulässt, gesetzlich zu regeln.[632]

Demzufolge ist eine Abweichung von den Grundsätzen und Leitvorstellungen des Art. 33 Abs. 5 GG dann zulässig, wenn dies aus wichtigen Gründen zwingend unter Berücksichtigung der Funktion des Beamtentums geboten ist.

bb) Die Bedeutung und Stellung des Kommunalen Wahlbeamten als wichtiger Grund für eine Fortentwicklung

Ein solcher wichtiger Grund könnte in der besonderen Stellung des Kommunalen Wahlbeamten gegeben sein. Diesem wird eine „Grenzposition“ zugeschrieben zwischen Kommunalrecht und Beamtenrecht;[633] er wird gelegentlich verglichen mit einem politischen Beamten.[634] Die Kommunalen Wahlbeamten stehen wegen der ihnen kommunalrechtlich zugewiesenen hauptamtlichen Leitung der Gemeindeverwaltung an einem Schnittpunkt von politischer Ge-

629 Erichsen, DVBl. 1980, S. 723 (725); Henneke, Jura 1988, S. 374 (382).

630 BVerfGE 7, S. 155 (162); 11, S. 203; Schmidt-Bleibtreu/Klein, Art. 33, Rdnr. 93.

631 BVerfGE 7, S. 155 (163, 170); 8, S. 332 (335); BVerfG, DVBl. 1989, S. 775 (777); BVerwGE 20, S. 160 (163f.); 56, S. 163 (164ff.); 81, S. 318 (320ff.); BVerwG, NVwZ 1985, S. 275 (276); OVG Nordrhein-Westfalen, DVBl. 1981, S. 879; Görg, ZBR 1958, S. 101 (102); Erichsen, DVBl. 1980, S. 723 (726); Lichtenfeld, DVBl. 1982, S. 1021 (1026); Henneke, Jura 1988, S. 374 (381); Hoffmann, DÖV 1990, S. 320 (321).

632 BVerfGE 7, S. 155 (169); BVerfG, NVwZ 1994, S. 473; BVerwG, NVwZ 1989, S. 972 (973); BVerwG, DVBl. 1989, S. 775 (777); Hess VGH, DÖV 1988, S. 305 (306); Erlenkämper, NVwZ 1996, S. 658.

633 Görg, ZBR 1958, S. 101 (102); Henneke, Jura 1988, S. 374 (382); Borchmann/Vesper, S. 79; Himmelreich, KommPolBl. 1987, S. 152 (154).

634 Pappermann, ZBR 1968, S. 297 (300); BVerfGE 7, S. 155; Henneke, Jura 1988, S. 374 (382).

staltung und Bürokratie, von „politischer Willensbildung und fachlicher Verwaltung“.[635]

Die Tätigkeit des Kommunalen Wahlbeamten wird nicht primär als bürokratisches, sondern vor allem als ein politisches Amt angesehen, das die Brücke bildet zwischen dem parlamentarisch-politischen Bereich und der Administration.[636] Aufgrund seiner vom Gesetzgeber vorgesehenen und geregelten Einschaltung in den Vorbereitungsprozess und seiner institutionalisierten Mitwirkung am parlamentarischen Willensbildungsprozess ist die politische Dimension des Status des Kommunalen Wahlbeamten unverkennbar. Seine Tätigkeit stellt eine wichtige Komponente des politischen Entscheidungsprozesses auf Gemeindeebene dar.[637] Im Aufgabenprofil des Kommunalen Wahlbeamten werden typische Funktionen des so genannten politischen Beamten gebündelt, nämlich Nahtstelle zu sein zwischen dem parlamentarisch-politischen Bereich und dem der Bürokratie. Die Nähe zum Bereich der politischen Leitentscheidungen rechtfertigte traditionell eine verstärkte Bindung dieser Beamten an die (jeweilige) politische Macht im Interesse einer (verbesserten) Umsetzungschance.[638] Nicht von Belang ist dabei, dass sich die kommunalverfassungsrechtliche Stellung eines Wahlbeamten und die eines politischen Beamten im Gefüge der Verwaltungsorganisation grundsätzlich unterscheiden.[639] Bei aller Unterschiedlichkeit der Ausgestaltung der Ämter verbindet beide Typen nämlich eine Gemeinsamkeit, die ihre Gleichbehandlung bei der vorzeitigen Abberufung des Amtsinhabers rechtfertigt. Der – nach der alten Rechtslage – von der kommunalen Volksvertretung gewählte Wahlbeamte hatte sein Amt auf Grund eines politisch motivierten Vertrauens gewonnen.[640]

Vor diesem Hintergrund wurden für die Zulässigkeit der Durchbrechung der hergebrachten Grundsätze folgende Gründe angeführt: Der Kommunale (hauptamtliche) Wahlbeamte, der durch Wahl in sein Amt gelange, könne niemals in gleicher Weise unabhängig sein wie der Beamte im klassischen Sinne. Sowohl die sachliche Notwendigkeit guter Zusammenarbeit mit dem Wahlorgan (damals Gemeindevertretung) als auch der Wunsch nach einer Wiederwahl hätten notwendigerweise eine gewisse Abhängigkeit (von der Gemeindevertretung) zur

635 BVerwGE 56, S. 163 (170); 90, S. 104 (110); Klein, DÖV 1980, S. 853 (859), Pappermann, ZBR 1968, S. 297 (299), Görg, ZBR 1958, S. 65 (66); Meyer R., S. 10ff; im Ergebnis auch Görg, HdbKWP, Bd. II, S. 83 ff.; Trachternach, S. 186.

636 Borchmann/Vesper, S. 77; Görg, ZBR 1958, S. 65 (66ff); Pappermann, ZBR 1968, 297, (299ff.); Trachternach, S. 190.

637 Trachternach, S. 189f.

638 Trachternach, S. 190.

639 BVerwGE 56, S. 163 (170); Erichsen, DVBl. 1980, S. 723 ff.; Hess VGH, DÖV 1988, S. 305 (306); NVwZ 1990, S. 772 (773).

640 BVerwG, NVwZ 1990, S. 772f.

Folge. Bereits die Berufung ins Amt durch Wahl und die zeitliche Begrenzung des Amtes bedeuteten eine Schmälerung der Unabhängigkeit. [641]

Die herrschende Meinung geht demzufolge davon aus, dass es sich bei dem Kommunalen Wahlbeamten um einen spezifisch kommunalrechtlichen Typ des politischen Beamten handelt, der einem demokratisch legitimierten Gleichstimmungsgebot gegenüber seinem Kreativorgan unterliegt.[642] Seine besondere Stellung ergibt sich daraus, dass diese zwischen Beamtenrecht und Kommunalverfassungsrecht angesiedelt ist.[643]

Dieser besondere Status werde auch an der Tatsache erkennbar, dass das Kommunalrecht seit jeher die Gestaltung des Dienstrechts beeinflusst habe.[644] Das Gemeindeverfassungsrecht wirke deshalb auf das Dienstrecht der Kommunalen Wahlbeamten im Sinne einer Fortentwicklung der hergebrachten Grundsätze des Berufsbeamtentums, wie sie nach Art. 33 Abs. 5 GG in das Ermessen des Gesetzgebers gestellt ist.[645]

cc) Die Anforderungen an die Abwahlregelungen

Die von der Rechtsprechung in Zusammenhang mit den Grundsätzen des Art. 33 Abs. 5 GG formulierten Vorgaben für das Instrument der Abwahl beziehen sich auf deren konkrete Ausgestaltung: Einerseits besteht für den Landesgesetzgeber ein gewisser Gestaltungsraum, andererseits müssen unabdingbare Maßstäbe und Grenzen beachtet werden.

Zunächst genügt für eine Abwahl grundsätzlich jeder Sachverhalt, durch den das Vertrauensverhältnis zwischen Kommunalem Wahlbeamten und Gemeinde-vertretung als zerrüttet gilt. Eine gesonderte sachliche Begründung ist nicht erforderlich.[646] Insbesondere ist eine vorherige Anhörung des betroffenen Kommunalen Wahlbeamten nicht erforderlich. Allerdings hat die Rechtsprechung bestimmte Modalitäten vorgeschrieben, um übermäßigem politischem Druck auf den Kommunalen Wahlbeamten gegenzusteuern und eine gewisse Unabhängigkeit zu gewährleisten.[647] Dies ist von der Absicht geleitet, eine Abwahl aus einer

641 BVerfGE 7, S. 155 (167); Henneke, Jura 1988, S. 374 (382).

642 BVerwG, NVwZ 1993, S. 377; BVerwGE 56, S. 163 (165); BVerwG, NVwZ 1989, S. 972; BVerwG, DVBl. 1989, S. 775; Hoffmann, DÖV 1990, S. 320; Waechter, S. 254.

643 BVerfGE 6, S. 155 (164); Meyer R., S. 11; Klein, DÖV 1980, S. 853 (854).

644 BVerfGE 7, S. 155 (164); 20, S. 160 (163); Görg, ZBR 1958, S.102.

645 Himmelreich, KommPolBl. 1987, S. 152 (154).

646 BVerfGE 7, S. 155 (166, 168); BVerwGE 20, S. 160 (166); 56, S. 164 (165); Klein, DÖV 1980, S. 853 (858).

647 BVerfGE 7, 155 (170); 8, 332 (352); OVG Münster, DVBl. 1981, S. 879; Borchmann, Der Städtetag 1986, S. 378 (381); Görg, ZBR 1958, S. 101 (103); Klein, DÖV 1980, S. 853 (858); Himmelreich, KommPolBl. 1987, S.152 (154).

stimmungsgeladenen Situation heraus zu verhindern.[648] Damit soll dem Risiko vorgebeugt werden, die Bedeutung, das Amt und die kommunalverfassungsrechtliche Stellung des Kommunalen Wahlbeamten zu desavouieren.[649]

In der Rechtsprechung bezieht sich ein wesentliches Kriterium für die Beurteilung der verfassungsrechtlichen Zulässigkeit von Abwahlregelungen auf die Balance zwischen Gewährleistung persönlicher Unabhängigkeit einerseits und der Sicherung der Gleichgestimmtheit mit der Gemeindevertretung andererseits. Der kritische Punkt ist überschritten, wenn das Gewicht so weit zugunsten des politischen Postulats verschoben ist, dass der auch für politische Beamte hergebrachte Grundsatz eines Mindestmaßes an Unabhängigkeit durch wirtschaftliche Sicherung im Wesensgehalt verletzt ist. Das wurde mit Hinweis auf bestehende besoldungs- und versorgungsrechtliche Ansprüche des Kommunalen Wahlbeamten verneint.[650] Insoweit wurde auf den politischen Beamten verwiesen, wonach dessen Sicherheit, jedenfalls das „Wartegeld“ zu bekommen, diesem seit jeher auch die erforderliche Unabhängigkeit gegenüber fremden Einflüssen gewährleiste.[651]

Auch im Hinblick auf die formelle Einleitung und Durchführung eines Abwahlverfahrens wurden durch die Rechtsprechung des Bundesverfassungsgerichts Anforderungen formuliert, die einer von Emotionen geprägten und übereilten Entscheidung entgegen wirken sollen: Der Abwahlantrag muss von einer Mehrheit des Rates gestellt werden und es ist eine Denkfrist bis zur endgültigen Abstimmung vorgeschrieben. Das bedeutet, es muss mehr als eine Abstimmung erfolgen.[652] Dabei ist lediglich eine einfache Mehrheit notwendig, eine Qualifikation ist nach der Rechtsprechung nicht erforderlich.[653]

Die Erfordernisse wiederholter Abstimmungen und entsprechender Mehrheiten sollen als Hürden vor übereilten – von „Stimmungen geleiteten“ – Entscheidungen schützen. Auch die finanzielle Belastung der Gemeinde mit der Zahlung von Übergangsgeld nach §§ 47, 47a BeamtVG erschwert die Abwahl. Nach Ansicht des Bundes-verfassungsgerichts ist damit die Gewähr gegeben, dass eine solche Maßnahme wohl überlegt und nur beschlossen wird, wenn die Gemeindevertretung der Überzeugung ist, dass die finanzielle Belastung, die sie den Bürgern zumutet, aufgewogen wird durch die Beendigung der Zusammenarbeit mit einem Bürgermeister, dem sie nicht mehr vertraut.[654]

---

648 BVerwGE 56, 163 (165); Himmelreich, KommPolBl. 1987, S. 152 (154).

649 Himmelreich, KommPolBl. 1987, S. 152 (154).

650 BVerfGE 7, S. 155 (169); BVerwGE 56, S. 163 (164); Hess VGH, DÖV 1988, S. 305 (306).

651 BVerfGE 8, S. 332 (356); BVerwGE 56, S. 163 (165 ff.); OVG Münster, DVBl. 1981, S. 879 (880); BVerfG, NVwZ 1994, S. 473 (474).

652 Görg, ZBR 1958, S. 101 (103); Himmelreich, KommPolBl. 1987, S. 152 (154).

653 Aufgabe der älteren Rechtsprechung des BVerfG in: BVerfG, NVwZ 1994, S. 473; siehe auch die differenzierte Argumentation hierzu von: Hess VGH, DÖV 1988, S. 305 (306).

654 BVerfGE 7, S. 155 (170); Görg, ZBR 1958, S 101 (103).

Das Bundesverfassungsgericht kommt zu dem Ergebnis, dass die derart für die Gemeindevertretung errichteten gesetzlichen Hemmnisse einer Abwahl in Verbindung mit der Sicherung des Beamten durch ein Ruhegeld ausgewogen sind. Sie gewährleisten dem Kommunalen Wahlbeamten ein solches Mindestmaß an Unabhängigkeit von politischen Instanzen, dass – angesichts seiner Grenzposition zwischen Kommunal- und Beamtenrecht – die Unvereinbarkeit mit Art. 33 Abs. 5 GG nicht festgestellt werden kann.[655]

An dieser Stelle ist darauf zu verweisen, dass sich die von der Rechtsprechung formulierten Grundsätze auf die Ausgangslage bezogen, wonach Wahl und Abwahl des Kommunalen Wahlbeamten ausschließlich in den Händen des Gemeinderates lag. Diesen Anforderungen ist auch nach der geänderten Rechtslage grundsätzlich zu entsprechen, allerdings ist nicht ersichtlich, dass dazu ein ausschließliches Initiativrecht für die Abwahl durch den Gemeinderat erforderlich ist.

4. Zusammenfassung

Die Argumentation der herrschenden Meinung spiegelt ein sehr flexibles und gestaltungsoffenes Verständnis der Grundsätze des Art. 33 Abs. 5 GG. Die Interpretation der hergebrachten Grundsätze des Berufsbeamtentums orientiert sich offenkundig nicht an einem tradierten einheitlichen Beamtentyp. Vielmehr wird – unter Beachtung feststehender Rahmenbedingungen – Raum für spezielle Ausgestaltungen von Beamtenverhältnissen konzediert. Hierzu zählt auch das durch Wahl begründete Beamtenverhältnis, dessen vorzeitige Beendigung durch Abwahl dann nicht gegen die hergebrachten Grundsätze verstößt, wenn die entsprechenden Voraussetzungen eingehalten werden.

Insoweit wird die Abwahl als zulässige Fortentwicklung betrachtet, die sich mit der besonderen Stellung des Kommunalen Wahlbeamten im demokratischen System auf kommunaler Ebene begründen lässt. Hier kommt auch die Bedeutung der Gestaltungsfreiheit der einzelnen Landesgesetzgeber zum Ausdruck. Den Ländern steht es frei – im Rahmen der Vorgaben – die Rechtsverhältnisse der Kommunalen Wahlbeamten zu gestalten. Hierzu zählt auch die Möglichkeit, das Instrument der Abwahl einzuführen.

655 BVerfGE 7, S. 155 (170); 8, S. 332 (352); Görg, ZBR 1958, S. 101 (103).

III. Die Bedeutung des politischen Rahmens der Tätigkeit und Stellung des Kommunalen Wahlbeamten

Der parlamentarischen und politischen Seite des Wahlbeamtenverhältnisses wurde in der Rechtsprechung wesentliche Bedeutung beigemessen.[656] Der Kommunale Wahlbeamte wird dort zum einen verglichen mit dem politischen Beamten, insofern dieser in den einstweiligen Ruhestand versetzt werden kann, wenn er nicht mehr in Übereinstimmung mit den grundsätzlichen Zielen der Regierung steht.[657] Dieses Prinzip wurde im Kern auch für den Kommunalen Wahlbeamten als relevant angesehen.[658]

Zum anderen wurde die Bedeutung der Gleichgestimmtheit zwischen Rat und Kommunalem Wahlbeamten mit dem erstarkten parlamentarisch-demokratischen Element in der kommunalen Selbstverwaltung begründet und in Parallelität zu der Gleichgestimmtheit zwischen Parlament und Regierungschef gesehen.[659] Dieser von der Rechtsprechung betonten Bedeutung des politischen Aspekts[660] wurde in der Literatur[661] differenziert widersprochen. Die Perspektive einer Vergleichbarkeit des Kommunalen Wahlbeamten mit einem politischen Beamten wurde problematisiert und demgegenüber auf die Differenz zwischen dem demokratischen System auf kommunaler Ebene und dem parlamentarisch-demokratischen System auf Landesebene verwiesen.

Im Nachfolgenden werden daher zunächst die unterschiedlichen Sichtweisen und Argumentationslinien zur Rolle und Stellung des Kommunalen Wahlbeamten im System der Demokratie auf kommunaler Ebene dargestellt und anschließend bewertet.

656 Pappermann, ZBR 1958, S. 297 (300); BVerfGE 7, S. 155; BVerwGE 20, S. 160 (163).

657 BVerwGE 56, S. 163 (168).

658 BVerwGE 81, S. 318 (322); Klein, DÖV 1980, S. 853 (859).

659 BVerfGE 7, S. 155 (167); BVerwGE 56, S. 163 (170); BVerwG, NVwZ 1990, S. 772f.; Klein, DÖV 1980, S. 853 (859).

660 BVerfGE 7, S. 155 (157); BVerwGE 56, S. 163 (170); BVerwGE 81, S. 320 (322).

661 Stober 1982, S. 51; Pappermann, ZBR 1968, S. 297ff.; Erichsen, DVBl. 1980, S. 723ff.

1. Die Argumente der herrschenden Meinung zur Vergleichbarkeit von Kommunalen Wahlbeamten mit politischen Beamten und Regierungschefs

Im Folgenden wird die Stellung des Kommunalen Wahlbeamten insbesondere im Verhältnis zum Gemeinderat und zur Verwaltung diskutiert. Von Interesse ist hier besonders der Aspekt der Gleichgestimmtheit, der in der Vergangenheit im Verhältnis von Kommunalem Wahlbeamten und Gemeinderat besondere Bedeutung zugemessen wurde.

a) Die Bedeutung der Wahl durch den Gemeinderat

Die Berufung des Kommunalen Wahlbeamten durch den Gemeinderat, d.h. durch eine Mehrheitsentscheidung dieses Gremiums, wurde als eine politisch motivierte Wahlentscheidung charakterisiert. Die Betonung des politischen Aspekts wurde damit begründet, dass aufgrund seiner starken Einflussmöglichkeiten auf die Kommunalpolitik ein besonderes Vertrauen zwischen Kommunalem Wahlbeamten und der Mehrheitsfraktion in der Vertretungskörperschaft bestehen müsse. Nur soweit er im Einvernehmen mit der Gemeindevertretung (als gemeindlichem Willensbildungsorgan) bleibe, könne er seine Aufgaben optimal wahrnehmen; eine vertrauensvolle Zusammenarbeit mit der Gemeindevertretung und deren Unterstützung sei daher unabdingbar. Die Legitimation für das Amt durch politisches Vertrauen begründe die Vergleichbarkeit der Stellung des Kommunalen Wahlbeamten in der Gemeinde mit der Position einer Regierung im parlamentarischen System, die der Vertrauensgrundlage in der Volksvertretung bedarf.[662]

Die hohe Gewichtung der demokratisch-politischen Seite wurde zudem damit gerechtfertigt, dass nach den auf Länderebene normierten Zuständigkeiten und Rechten des Kommunalen Wahlbeamten – so divergierend diese im Einzelnen auch seien – dieser die Gemeinde viel unmittelbarer vertrete, als jeder andere Beamte seinen Dienstherrn. Durch den Kommunalen Wahlbeamten trete die Gemeinde erst handelnd in Erscheinung. Bei der Erfüllung der kommunalen Aufgaben könne er im Rahmen der ihm zugewiesenen Aufgaben und Zuständigkeiten weitgehend frei und schöpferisch gestaltend wirken und so der Gemeindeverwaltung sein persönliches Gepräge geben.[663] Dies habe das ständige Einvernehmen mit dem Gemeinderat zur Voraussetzung.[664]

---

662 BVerfGE 7, S. 155 (165); Borchmann/Vesper, S. 84; Pappermann, ZBR 1968, S. 297 (306).

663 BVerfGE 7, S. 155 (165); Pappermann, ZBR 1958, S. 297 (300); Borchmann/Vesper, S. 84; Görg, ZBR 1958, S. 101 (102).

664 BVerfGE 7, S. 155 (165); Pappermann, ZBR 1958, S. 297 (300).

b) Die Bedeutung des Einflusses auf den Verwaltungsapparat

Die Argumentationslinie der starken Stellung des Kommunalen Wahlbeamten nach „außen" wurde nach „innen" ergänzt mit dem Verweis auf seinen Zugriff auf einen fachlich hoch spezialisierten Verwaltungsapparat: Sowohl bei der Vorbereitung als auch beim Vollzug der Beschlüsse des Vertretungsorgans bestehen für den Amtsinhaber erhebliche Einfluss- und Gestaltungsmöglichkeiten.[665]

Entgegen dem Grundsatz der „Allgemeinzuständigkeit" des Rates – als höchstes Organ der Kommune zuständig für politische Grundsatzentscheidungen – würden in der Praxis politische Zielkonflikte (z.B. in der Entwicklungsplanung) regelmäßig bereits auf der Verwaltungsebene ausgetragen: Die dem Gemeinderat zur Entscheidung vorgelegten Alternativen – soweit überhaupt Alternativen vorgelegt würden – hätten zuvor den „Filter" der Verwaltung durchlaufen. Insbesondere in größeren Kommunen erscheine die Vertretung überfordert, die große Linie der Kommunalpolitik selbst zu entwerfen und zu entwickeln. Der Rat beschränke sich i.d.R. auf die wesentlichen Beschlüsse und damit auf den Katalog der nicht übertragenen Aufgaben.[666]

Die aus der faktischen Vorrangstellung des Kommunalen Wahlbeamten bedingte Bedeutung und starke Position in Selbstverwaltungsangelegenheiten[667] – so die herrschende Meinung – lasse es geboten erscheinen, besondere beamtenrechtliche Grundsätze vorzusehen und insofern Art. 33 Abs. 5 GG durch das demokratische Prinzip zu modifizieren.[668]

c) Die Politisierung der Gemeindeebene

Das politische Moment sei insoweit besonders wichtig, als in der Verfassungswirklichkeit der kommunalen Körperschaften die Bedeutung und der Einfluss der politischen Parteien wachsen. Parteien entwickeln kommunalpolitische Programme und treffen zu kommunalpolitischen Fragen Aussagen, die sie dann mit ihren Mehrheiten umzusetzen suchen. In der Praxis seien „Kommunalpolitik" und „Parteipolitik" nicht zu trennen.[669] Im allgemeinen Bewusstsein werde daher die Arbeit in den Gemeinderäten – obwohl dort nicht große Politik betrieben, sondern im Wesentlichen verwaltet wird – als echte politische Tätigkeit gewertet.[670]

---

665 BVerwGE 81, S. 318 (323).

666 Erichsen, DVBl. 1980, S. 723 (728); Borchmann/Vesper, S. 81f.; im Ergebnis auch Wallerath, DÖV 1986, S. 533 (537ff.).

667 Schmidt-Eichstaedt, AfK 1985, S. 20 (22).

668 Borchmann/Vesper, S. 81; Trachternach, S. 192f.

669 Hoffmann, DÖV 1990, S. 320 (322).

670 BVerfGE 6, S. 367 (373); Görg, ZBR 1968, S. 101 (103).

Die Verstärkung des demokratisch-politischen Aspekts in der Selbstverwaltung impliziere, dass die Gleichgestimmtheit zwischen Gemeindevertretung und dem Kommunalen Wahlbeamten an Bedeutung gewinne.[671] Aus der Tatsache, dass in der Kommunalpolitik (wie in jeder anderen Politik) unterschiedliche Interessen (-gruppen) konkurrieren, folge, dass die Tätigkeit der Verwaltungsspitze vom Fortbestand des – durch die Abwahlmöglichkeit zu sichernden – politischen Vertrauens des die Kommunalpolitik bestimmenden Vertretungsorgans abhängig zu machen sei.[672]

Diese Argumentation wird ergänzt durch den Hinweis auf die gewandelte Position der Gemeinde im System der Demokratie, wie sie in den Länderverfassungen[673] bzw. in den Gemeindeordnungen/Kommunalordnungen[674] artikuliert werde.

Die darin zum Ausdruck kommende hohe Bedeutung der Selbstverwaltung in den Gemeinden für die Demokratie rechtfertige das dem parlamentarischen System angenäherte Verfahren der Abwahl von Organträgern auf der kommunalen Ebene.[675]

Es sei den Ländern daher grundsätzlich freigestellt, inwieweit sie eine Politisierung der Gemeindeverwaltung bei der Gestaltung des Dienstrechts der hauptamtlichen Kommunalen Wahlbeamten berücksichtigen wollen. Beschränkungen bestehen jedoch ausdrücklich dahingehend, dass der vom Grundgesetz „gesteckte Rahmen“ zu beachten ist.[676]

2. Die Kritik an der politischen Rolle des Kommunalen Wahlbeamten

Die Auffassung, die Stellung des Kommunalen Wahlbeamten sei vergleichbar mit der eines politischen Beamten, der stets von dem Vertrauen der maßgeben-

671 BVerfGE 7, S. 155 (167).

672 BVerwGE 81, S. 318 (323); Schmidt-Eichstaedt, AfK 1985, S. 20 (22).

673 Art. 11 Abs. 4 BayVerf; Art. 3 Abs. 2 M-VVerf.: „Die Selbstverwaltung der Gemeinden dient dem Aufbau der Demokratie in Bayern von unten nach oben.“

674 § 1 Abs. 1 BaWüGO; § 1 Abs. 1 BranGO; § 1 Abs. 1 GO Hess; § 1 Abs. 1 NRWGO; § 1 Abs. 1 Rh-PfGO; § 1 Abs. 1 SachsenGO; § 1 Abs. 1 GO LSA; § 1 Abs. 1 ThürKO: „Die Gemeinden bilden die Grundlagen des demokratischen Staates“ (die jeweiligen Formulierungen weisen allerdings Differenzierungen auf. Diese sind jedoch nicht grundsätzlicher Natur).

675 Unger, DÖV 1971, S. 669.

676 BVerfGE 7, S. 155 (168); einen Verstoß gegen Art. 33 Abs. 5 GG sehen auch im Anschluss an das BVerfG nicht: BVerwGE 20, S. 160 (162ff.); 56, S. 163 ff.; Pappermann, ZBR 1968, S. 297 (305f.); Hönes, DVBl. 1976, S. 376 (378); Borchmann/Vesper, S. 83ff; Klein, DÖV 1980, S. 853 (859).

den politischen Macht abhängt, oder im Sinne eines Regierungschefs, der durch Misstrauensvotum des Parlaments abberufen werden kann,[677] wurde in der Literatur verschiedentlich als zu weitgehend kritisiert.[678]

Ausgangspunkt der These einer Vergleichbarkeit ist das in Art. 67 GG und in den Verfassungen der Länder vorgesehene sog. Misstrauensvotum, das die Abberufung des Regierungschefs ohne Angabe von Gründen, bei gleichzeitiger Wahl eines Nachfolgers, ermöglicht. Der Regierungschef ist dem Parlament gegenüber politisch verantwortlich – so das Argument -, da er die Richtlinien der Politik bestimmt. (Art. 63 Abs. 1 GG).

Die Kritiker des Instruments der Abwahl auf kommunaler Ebene sehen jedoch grundlegende Unterschiede in den Positionen von Kommunalem Wahlbeamten und Regierungschef, die eine Vergleichbarkeit ausschließen. Die Ansatzpunkte der Kritiker bezüglich der Stellung und Verantwortlichkeit des Kommunalen Wahlbeamten sollen im Folgenden dargestellt werden.

a) Die Verantwortlichkeit des Kommunalen Wahlbeamten gegenüber dem Staat und der Gemeinde

Die Kritiker sehen hinsichtlich der Bedeutung des politischen Aspekts der Tätigkeit wesentliche Unterschiede zwischen Regierungschef, politischen Beamten und dem Kommunalen Wahlbeamten.

Nach der im Schrifttum vorherrschenden Auffassung ist der hauptamtliche Kommunale Wahlbeamte eher mit den Leitern staatlicher Behörden vergleichbar.[679] Als Eigenkompetenzen werden dem Kommunalen Wahlbeamten, wenn überhaupt, nur geringe „politische" Zuständigkeiten eingeräumt. Anders als der Regierungschef habe der Kommunale Wahlbeamte seine originären Aufgaben nicht nach politischen, sondern nach rechtsstaatlichen – der Aufsicht des Landes unterstehenden – Gesichtspunkten auszuführen. Der Kommunale Wahlbeamte stehe (im Gegensatz zum Regierungschef) am Schnittpunkt zwischen staatlicher Verwaltung und kommunaler Selbstverwaltung.[680] Dies resultiere daraus, dass die Gemeinden nicht nur eigene Aufgaben der örtlichen Verwaltung wahrnehmen, sondern auch durch das Land übertragene Aufgaben.[681] Die Wahrnehmung

---

677 BVerfGE 7, S. 155 (168).

678 Görg, ZBR 1958, S. 104; Henneke, Jura 1988, 374 (380ff.) s. o. II,3.,e).

679 Stober 1982, S. 40; Henneke, Jura 1988, S. 374 (380).

680 Görg, ZBR 1958, S. 101 (102); Lohmann, S. 66; Pappermann, ZBR 1968, S. 297 (299); Trachternach, S. 186f.; Klein, DÖV 1980, S. 853 (854); Stober 1982, S. 40; Henneke, Jura 1988, S. 374 (380).

681 Henneke, Jura 1988, S. 374 (381).

dieser Aufgaben zur Erfüllung nach Weisung obliegt aber nicht dem Gemeinderat, sondern dem Kommunalen Wahlbeamten.[682]

Das Gewicht der übertragenen Aufgaben wird von den Kritikern besonders betont. Gerade bei den Pflichtaufgaben komme es nicht darauf an, dass der Gemeinderat mit der Aufgabenerfüllung durch den Kommunalen Wahlbeamten übereinstimme. Durch das Instrument der Abwahl sei vielmehr zu befürchten, dass dem Gemeinderat eine Möglichkeit eingeräumt werde, auf die Erledigung der Aufgaben nach Weisung Einfluss zu nehmen, ohne dass insoweit eine politische Verantwortung des Kommunalen Wahlbeamten gegenüber dem Gemeinderat bestehe.[683] Daher wird der Vergleich mit dem Regierungschef unter dem Kriterium der politischen Verantwortung abgelehnt, weil dieser keine von anderen staatlichen Stellen übertragene Verwaltungsaufgaben auszuführen habe.[684]

Diese Argumentation wird auch herangezogen im Blick auf die Selbstverwaltungsaufgaben zur eigenen Erledigung.[685] Für diese gelten ebenfalls die Maßstäbe der übertragenen Aufgaben, d.h. der Kommunale Wahlbeamte wird wie ein staatlicher Beamter tätig. Die Kritiker lehnen das Erfordernis einer politischen Gleichgestimmtheit ab, weil auch diese Aufgaben nach rechtsstaatlichen und nicht politischen Grundsätzen auszuführen seien. Dies komme darin zum Ausdruck, dass die Gemeinde der Staatsaufsicht unterstehe.[686]

b) Die Bedeutung des Beanstandungsrechts des Kommunalen Wahlbeamten

Im Aufgabenspektrum des Kommunalen Wahlbeamten wurde von den Kritikern auch seine Verpflichtung akzentuiert, alle Beschlüsse des Rates auf ihre Rechtmäßigkeit hin zu überprüfen. Er hat eine Beanstandungspflicht, wenn ein Beschluss des Rates das geltende Recht verletzt;[687] dabei steht ihm kein Ermessensspielraum zu.[688]

---

682 § 44 Abs. 3 BaWüGO; Art. 37 Abs. 1 Nr.2 BayGO; § 63 Abs. 1 c) i.V.m. § 63 Abs. 2 S. 2 (mit Unterrichtungspflicht ggü. Rat) BranGO; § 38 Abs. 5 (mit Unterrichtungspflicht ggü. Rat) KV M-V; § 62 Abs. 3 NRWGO; § 47 Abs. 1 Nr. 4 Rh-PfGO; § 59 Abs. 4 SaarlKSVG; § 53 Abs. 3 SachsenGO; § 63 Abs. 2 Nr. 1 GO LSA; § 55 Abs. 4 Schl-HolGO; § 29 Abs. 1 Nr. 2 ThürKO.

683 Stober 1982, S. 39f.; Erichsen, DVBl. 1980, S. 723 (729); Henneke, Jura 1988, S. 374 (381).

684 Henneke, Jura 1988, S. 374 (380); Stober 1982, S. 39f.; Erichsen, DVBl. 1980, S. 723 (729).

685 Erichsen, DVBl. 1980, S. 723 (728); Stober 1982, S. 40.

686 Stober 1982, S. 41.

687 BVerfGE 8, S. 332 (358); Pappermann, ZBR 1968, S. 297 (300); Erichsen, DVBl. 1980, S. 723 (728); Klein, DÖV 1980, S. 853 (854); Thiele, DÖD 1988, S. 49 (51).

688 § 43 Abs. 2 BaWüGO; § 55 BbgKVerf; § 63 HGO; § 33 Abs. 1 KV M-V; § 65 NGO; § 54 Abs. 1, Abs. 2 NRWGO; § 42 Rh-PfGO; § 60 SaarlKSVG; § 52 Abs. 1 SachsenGO; § 62 Abs. 3 GO LSA; § 43 Abs. 1 Schl-HolGO; § 44 ThürKO.

Bedenken wurden dahingehend artikuliert, der Kommunale Wahlbeamte könne vor dem Hintergrund der drohenden Abwahl daran gehindert sein, seinen Verpflichtungen zur Beanstandung nachzukommen.[689] Es wurde befürchtet, dass er in kritischen Fällen die Abstimmung mit der Aufsichtsbehörde suchen würde und somit indirekt Entscheidungen im Vorfeld auf die Aufsichtsbehörde verlagere und damit im Prinzip auch deren Zugriffsmöglichkeit erweitert würde.[690] Betont wurde, auch bei Fragen der Rechtsaufsicht gehe es gerade nicht um „politische Verantwortung", sondern um Maßstäbe, deren Anwendung eine gewisse Unabhängigkeit verlangen.[691]

Im Ergebnis sei also die Tätigkeit von staatlichen politischen Beamten und Kommunalen Wahlbeamten nicht vergleichbar, so dass diese Amtsträger nicht wie politische Beamte zu behandeln seien.[692]

c) Die Kritik an der Betonung des politischen Aspekts der Amtsführung des Kommunalen Wahlbeamten

Die Kritiker des Instruments der Abwahl halten der Betonung des politischen Aspekts durch die herrschende Meinung entgegen, dass deren Argumentation die politisch erfolgte Wahl mit politischer Amtsführung gleich setze. Diese Gleichsetzung treffe auf den Regierungschef zu, nicht aber auf den Kommunalen Wahlbeamten. Anders als bei dem Regierungschef erfolge die politisch motivierte Wahl des Kommunalen Wahlbeamten lediglich zu dessen besseren demokratischen Legitimation.[693] Anders als bei der Wahl des Regierungschefs sei hierdurch nicht bezweckt, ihn zugleich in dauernde politische Abhängigkeit vom Wahlorgan zu setzen.[694]

Dieser Grundsatz habe auch dann Bestand, wenn der Kommunale Wahlbeamte nicht nur Aufgaben der Verwaltung wahrnehme, sondern auch „Politik" auf Gemeindeebene betreibe. Dies resultiere daraus, dass die Gemeindeordnungen ihm keine maßgebliche politische Macht einräume:[695] Über die sog. Richtlinienkompetenz verfüge nach den Gemeindeordnungen nicht der Bürgermeister, sondern der Gemeinderat.[696] Dieser treffe alle für die Gemeinde wichtigen Ent-

689 Lichtenfeld, DVBl. 1982, S. 1021 (1025); Erichsen, DVBl. 1980, S. 723 (726ff.).

690 Erichsen, DVBl. 1980, S. 723 (728f.).

691 Erichsen, DVBl. 1980, S. 723 (729).

692 Hönes, DVBl. 1976, S. 376 (378); Juncker, DÖD 1974, S. 23f.; Stober 1982, S. 74.

693 Stober 1982, S. 42; Henneke, Jura 1988, S. 374 (381); Borchmann/Vesper, S. 84.

694 Henneke, Jura 1988, S. 374 (381).

695 Stober 1982, S. 41ff. mit einer Darstellung des Streitstandes.

696 § 24 Abs. 1 BaWüGO; Art. 30 Abs. 2 BayGO; § 28 Abs. 1 BbgKVerf.; § 50 Abs. 1 HGO; § 22 Abs. 2 KV M-V; § 40 Abs. 1 NGO; § 41 NRWGO; § 32 Abs. 1 Rh-PfGO; § 34 SaarlKSVG; § 28 Abs. 1 SachsenGO; § 44 Abs. 2 GO LSA; § 27 Abs. 1 Schl-HolGO; § 22 Abs. 3, S. 1 ThürKO.

scheidungen und überwache ihre Durchführung. Der Kommunale Wahlbeamte leitet (lediglich) die Verwaltung nach den Grundsätzen und Richtlinien der Gemeindevertretung, bzw. er sei für die Umsetzung der Beschlüsse des Rates zuständig.[697] So sei in einigen Kommunal-/Gemeindeordnungen dem Rat sogar explizit eine Überwachung des Vollzugs der Beschlüsse durch den Kommunalen Wahlbeamten eingeräumt.[698]

Einer (relevanten) Politisierung der Gemeindeebene stehe entgegen, dass in der Kommunalpolitik im Wesentlichen nur ortsbezogene Sachprobleme gelöst werden. Unabhängig von Parteistandpunkten sei in einem am Gemeinwohl ausgerichteten Konsens oder Kompromiss der die Gemeindevertretung tragenden politischen Kräfte zu entscheiden. Von diesem Standpunkt aus erscheine eine Gleichstellung des „Kommunalparlaments“ mit staatlichen Parlamenten als verfehlt und die dem parlamentarischen Misstrauensvotum entsprechende Abwahl im Gemeinde-verfassungsrecht systemfremd und Ursache eines Wertungswiderspruchs.[699]

3. Wertung

Wie sich aus Vorstehendem ergibt, weichen die Auffassungen der (kritischen) Literatur und der Rechtsprechung in grundsätzlichen Fragen voneinander ab. Die gegensätzlichen Schlussfolgerungen zur Zulässigkeit des Instruments der Abwahl resultieren im Kern aus der unterschiedlichen Sichtweise und Interpretation der Rolle und Funktion des Kommunalen Wahlbeamten im demokratischen System der kommunalen Selbstverwaltung.

Die Kritiker sehen im Kommunalen Wahlbeamten vorrangig den Sachwalter staatlicher Interessen. Betont werden seine Zuständigkeit, staatliche Pflichtaufgaben – die in der Tat einen nicht unerheblichen Teil seiner Aufgaben ausmachen – zu erfüllen und auch die Verpflichtung, rechtswidrige Beschlüsse des Gemeinderats zu rügen.[700] Die Fokussierung auf die „beamtentypischen“ Kriterien be-

697 § 43 Abs. 1 BaWüGO; Art. 36 BayGO; §§ 63 Abs. 1 b, § 28 Abs. 1 BbgKVerf; § 50 Abs. 2 HGO; §§ 22 Abs. 5, 38 Abs. 3 KV M-V; § 62 Abs. 1 Nr. 1 und 2 NGO; § 62 Abs. 2 NRWGO; § 47 Abs. 1 Nr. 2 Rh-PfGO; § 59 Abs. 2 SaarlKSVG; §§ 52 Abs. 1, 28 Abs. 2 SachsenGO; § 62 Abs. 1 GO LSA; §§ 55 Abs. 2, 27 Abs. 21 Schl-HolGO; §§ 29 Abs. 1, 22 Abs. 3 S. 2 ThürKO.; Henneke, Jura 1988, S 374 (389).

698 So beispielsweise: § 28 Abs. 1 BbgKVerf; § 50 Abs. 2 HGO; § 22 Abs. 2 KV M-V; § 40 Abs. 3 NGO; § 55 Abs. 3 NRWGO; § 32 Abs. 1 S. 2; § 28 Abs. 2 SachsenGO; § 44 Abs. 2 S. 2 GO LSA.; § 55 Abs. 1 Schl-HolGO; § 22 Abs. 3. S. 2 ThürKO.

699 BVerwGE 81, S. 318 (323f.); Henneke, Jura 1988, S. 374 (379).

700 BVerfGE 8, S. 332 (358); Thiele, DÖV 1988, S. 49 (51); Klein, DÖV 1980, S. 853 (854); Pappermann, ZBR 1968, S. 297 (299).

gründet die Folgerung, dass eine vorzeitige Abberufung durch Abwahl grundgesetzwidrig ist, weil das Rechtsinstitut der Abwahl mit den das Beamtenrecht prägenden Prinzipien der Lebenszeitanstellung, der Treue- und Fürsorgepflicht sowie der Pflicht zur unparteiischen Amtsführung unverträglich sei.[701]

In diesem – von bürokratisch-administrativen Aufgaben und Pflichten bestimmten – Bild des Kommunalen Wahlbeamten wird eine politische Rolle bzw. der Einfluss von Politik entthematisiert. Insoweit besteht für eine Übertragung politischer Strukturprinzipien des demokratischen Staats auf die kommunale Selbstverwaltung kein Anlass, weil sich die jeweilige Aufgabenstellung unterscheidet, bzw. weil die Abwahl als kommunalpolitisches Instrument das Gefüge der Selbstverwaltung verbiegt.[702]

Nach Auffassung des Bundesverfassungsgerichts[703] wurzeln die Einwendungen des Schrifttums zur Unvereinbarkeit des Instruments der Abwahl mit den das Beamtenrecht prägenden Prinzipien im Kern in rechtspolitischen Bedenken: Die Abwahl soll nicht als ein Mittel des Gemeinderechts einsetzbar sein mit dem Ziel, die Positionen von Verwaltungsspitze und Vertretungsorgan im Gefüge der Kommunalverfassung aufeinander abzustimmen. Diese Argumente greifen aber gegen die Positionen des Bundesverfassungsgerichts und des Bundes-verwaltungsgerichts zum verfassungsrechtlichen Spielraum für die Ausgestaltung des besonderen Beamtenrechts der Kommunalen Wahlbeamten nicht durch.[704] Insbesondere die Bedenken, das Abwahlrecht könne zu funktionswidriger Einflussnahme auf die ordnungsgemäße Amtsführung des Kommunalen Wahlbeamten führen, werden nicht geteilt: Ob die mit der Abwahl verfolgten Intentionen mit den Aufgaben des Kommunalen Wahlbeamten, die Verwaltung nach Recht und Gesetz zu führen sowie die Rechtmäßigkeit der Beschlüsse des Vertretungsorgans zu überwachen, in ein Spannungsverhältnis treten könnten, das der unparteiischen Amtsführung zu schaden droht, ist demnach eine nach kommunalpolitischen Gesichtspunkten der Sachgerechtigkeit zu beurteilende, nicht aber eine aus dem Verfassungsrecht des Art 33 Abs. 5 GG zu beantwortende Frage.[705] Dafür wird auch angeführt, dass Art. 33 Abs. 5 GG keine verfassungsrechtliche Gewährleistung des kommunalinternen Beanstandungsrechts beinhaltet, sofern davon unabhängig die Kommunalaufsicht eingreifen kann.[706]

Die grundsätzlich unterschiedlichen Sichtweisen der Kritiker und Befürworter des Instruments der Abwahl sind bei der Beurteilung des politischen Einflusses im

701 Stober 1982, S. 72f.; Henneke, Jura 1988, S. 374 (381); Erichsen, DVBl. 1980, S. 723 (728f.).
702 Juncker, DÖD 1974, S. 23 (25); BVerwGE 56, S. 163 (170).
703 BVerwGE 81, S. 318 (321).
704 BVerwGE 81, S. 318 (321); Hoffmann, DÖV 1990, S. 230.
705 BVerwGE 81, S. 318 (322f.).
706 BVerwG, NVwZ 1990, S. 772 (773).

Zusammenhang mit der Amtsführung des Kommunalen Wahlbeamten besonders evident. Das Bild der kritischen Literatur eines (politisch) machtlosen und seine Amtsführung nicht nach politischen Kriterien ausrichtenden Kommunalen Wahlbeamten spiegelt nach der herrschenden Meinung ein Verständnis von „Politik" und „Kommunalpolitik" wider, das im kommunalen Bereich als weitgehend überholt anzusehen ist.[707] Die kritische Beurteilung dieser Differenzierung wurde im Kern mit Ressentiments gegenüber den Einflüssen der Parteipolitik interpretiert: Politik gleichgesetzt mit Parteipolitik wurde weitgehend verstanden als Einflussnahme zur egozentrischen Durchsetzung von Partikularinteressen und damit im Gegensatz zu einem dem Gesamtwohl dienenden Auftrag der (Selbst-)Verwaltung.[708]

Das Bild einer unpolitischen Gemeindeverwaltung ist jedoch nach herrschender Meinung heute nicht mehr realitätsnah.[709] Moderne Selbstverwaltung lässt sich nicht reduzieren auf ein Segment im Rahmen einer optimalen Organisation des Verwaltungsvollzugs.[710] Entsprechend ist die Amtsführung des Kommunalen Wahlbeamten verkürzt gesehen, wenn sie auf eine technokratisch funktionsgerechte Aufgabenerfüllung beschränkt wird. Auf kommunaler Ebene werden vielmehr zunehmend politische und parteipolitische Konkurrenzen ausgetragen, und sie sind für die Interaktion von Verwaltungsspitze und Vertretungsorgan prägend.[711] Insoweit ist die Tätigkeit des Kommunalen Wahlbeamten durch eine enge Verzahnung mit dem kommunalpolitischen Raum gekennzeichnet, ferner durch das Agieren aufgrund eines Vertrauensvorschusses, sowie durch Überzeugungsarbeit im Blick auf das Gewinnen von Mehrheiten.[712]

In diesem Kontext nimmt der Kommunale Wahlbeamte typische Funktionen des politischen Beamten wahr: Seine Tätigkeit ist wichtiger Bestandteil des politischen Entscheidungsprozesses auf Gemeindeebene und ist Nahtstelle zwischen parlamentarisch-politischem Bereich und dem der Bürokratie.[713] Hieraus ergeben sich in der Praxis Interessenverflechtungen und Machtbezüge auf politischer und administrativer Ebene.[714] Es kann daher – so die herrschende Meinung – nicht gefordert werden, dass die Abwahl nur aus in der Person des Kommunalen Wahlbeamten liegenden Gründen erfolgen darf und rein politisch motivierte Absprachen ausgeschlossen sind.[715]

---

707 Hoffmann, DÖV 1990, S. 320 (321).

708 Hoffmann, DÖV 1990, S. 320 (322); Lehmann-Grube, DÖV 1985, S. 1ff.

709 Hoffmann, DÖV 1990, S. 320 (321).

710 Wallerath, DÖV 1986, S. 533 (534).

711 BVerwGE 81, S. 318 (323).

712 OVG Schleswig, NVwZ 1993, S. 1124 (1125); Klein, DÖV 1980, S. 853 (854); Hoffmann, DÖV 1990, S. 320 (321f.).

713 Trachternach, S. 191.

714 Wallerath, DÖV 1986, S. 533 (535ff.).

715 so aber OVG Lüneburg, DVBl. 1992, S. 982.

Letztendlich obliegt es der Einschätzung des Landesgesetzgebers, ob sich die Amtsausübung des Kommunalen Wahlbeamten in einer bloßen sachbezogenen unpolitischen Erfüllung gesetzlicher Aufgaben im kommunalen Raum nach den Vorgaben der vom Gemeinderat gefassten Beschlüsse erschöpft oder nicht.[716]

Es ist sodann auch dessen Sache abzuwägen und zu entscheiden, ob die Abwahl zur Wahrung der gemeindeverfassungsrechtlichen Dominanz des Vertretungsorgans angebracht oder ob sie mit Rücksicht auf die zur Wahrung der beamtenrechtlichen Pflichten nötige persönliche Unabhängigkeit des Kommunalen Wahlbeamten unangemessen erscheint.[717]

Sofern sich der Landesgesetzgeber in der Konsequenz für eine Übertragung politischer Strukturprinzipien des demokratischen Staates auf die kommunale Selbstverwaltung entscheidet bzw. durch die Abwahl deren Gefüge verändert, sind dies Fragen der kommunalpolitischen und damit rechtspolitisch zu beurteilenden Sachgerechtigkeit der Abwahl und nicht ihrer beamtenrechtlichen Zulässigkeit. [718]

IV. Die Relevanz der Argumentationslinien vor dem Hintergrund der geänderten Kommunalordnungen

Die vorstehend dargelegten Rechtsauffassungen zum Institut der Abwahl des Kommunalen Wahlbeamten bezogen sich auf eine als „homogen" zu beschreibende Ausgangslage: Sowohl die Wahl als auch die Abwahl des Kommunalen Wahlbeamten lagen ausschließlich in der Hand des Gemeinderates. Den von der Rechtsprechung überprüften bisherigen Regelungen war gemeinsam, dass sie eine enge Anbindung des Kommunalen Wahlbeamten an die qualifizierte Mehrheit im Gemeinderat und damit eine Parteipolitisierung des Amtes stark gefördert haben. Aufgrund der Verstärkung des demokratisch-parlamentarischen Elements in der Selbstverwaltung wurde der sog. Gleichgestimmtheit im Verhältnis zwischen Gemeinderat und Kommunalem Wahlbeamten besondere Bedeutung zugemessen.[719] Nachdem von dem Institut der Abwahl durchaus reger Gebrauch gemacht wurde, war in der Tat eine Politisierung der Gemeindeebene unverkennbar.[720] Zwischenzeitlich haben Reformen der Kommunalverfassungen grundlegende Veränderungen im demokratischen System auf kommunaler Ebene

716 BVerwG, NVwZ 1990, S. 772 (773).
717 BVerfGE 81, S. 318 (324).
718 BVerwGE 56, S.163 (170).
719 BVerfGE 7, S. 155 (163ff.).
720 Henneke, Der Landkreis 1997, S. 1 (3).

geschaffen. Durch die verstärkte Verankerung direkt-demokratischer Instrumente können die Bürger – außer durch Wahlen im repräsentativen Verfahren – im Wege von Bürgerentscheiden in Sachfragen mitbestimmen sowie die Personalentscheidung über Wahl und Abwahl des Kommunalen Wahlbeamten in direkter Form treffen.

Damit stellt sich die Frage, wie das Instrument der Abwahl vor dem Hintergrund der derzeitigen Gegebenheiten zu beurteilen ist. Es geht aber vor allem um zwei Aspekte: Wie wirkt sich die Direktwahl des Kommunalen Wahlbeamten durch die Bürger auf die Politisierung der Gemeindeebene aus? Verändert sich (dadurch) der Stellenwert der bisher als notwendig erachteten Gleichgestimmtheit zwischen Kommunalem Wahlbeamten und Gemeinderat? Der Blick gilt nicht nur den geänderten rechtlichen Rahmenbedingungen, sondern auch den sich daraus ergebenden Konsequenzen für die politische Praxis und das „Machtgefüge" auf kommunaler Ebene.

1. Die Bedeutung der Direktwahl des Kommunalen Wahlbeamten

Die praxisrelevanteste Änderung im Kommunalverfassungsrecht stellt zweifelsohne die direkte Wahl des obersten Repräsentanten der Gemeinde durch die Bürger selbst dar. Dieser zunächst nur „formal" anmutende Austausch der Wahlorgane hat „materiell" betrachtet durchaus erhebliche Auswirkungen.

a) Die Bedeutung der Direktwahl für das Verhältnis zwischen Gemeinderat und Kommunalem Wahlbeamten und das Gebot der Gleichgestimmtheit

Aufgrund der Wahl durch die Gemeindebürger erhält der Kommunale Wahlbeamte eine unmittelbare demokratische Legitimation, gleichwertig der des Gemeinderates. Gleichzeitig entfällt mit der Wahlfunktion der Fraktionen ein wichtiges (macht-) politisches Instrument des Gemeinderates.[721] Der politische Einfluss beschränkt sich auf die Auswahl von Kandidaten durch die Parteien.[722] Hier kommt es in der Praxis gelegentlich zu Überraschungen: Mitunter obsiegen Kandidaten, die gerade nicht der Partei angehören, die die Mehrheitsfraktion im Gemeinderat stellt![723] Es ist erkennbar, dass die Bürger bei der

721 Haus/Egner/Heinelt, S. 258.
722 Henneke, Der Landkreis 1997, S. 1 (6); Gründler, S. 5.
723 Henneke, Der Landkreis 1997, S. 1 (4).

Bürgermeisterwahl ihre Entscheidung nicht von den gleichen Kriterien abhängig machen wie bei anderen Wahlen; häufig nutzen sie insoweit auch die Direktwahl als Protest gegen die Politik der Mehrheitsfraktion.[724] Dies führt nicht selten dazu, dass die seinerzeit von der Rechtsprechung als für die Zusammenarbeit zwischen Rat und Kommunalem Wahlbeamten erforderlich erachtete Gleichgestimmtheit schwerlich zu realisieren ist. Dieser Effekt wird durch divergierende Amtsperioden verstärkt: In den meisten Bundesländern[725] stimmen die Wahlzeiten von Gemeinderat und Kommunalem Wahlbeamten nicht überein.[726] Die „asynchronen" Wahlzeiten sind Ausdruck der Eigenständigkeit der Wahl des mit eigenen Kompetenzen ausgestatteten Kommunalen Wahlbeamten; sie bergen aber auch das Risiko fehlender Gleichgestimmtheit, weil die Wahl gerade nicht in den Sog der allgemeinpolitischen Auseinandersetzung der Kommunalwahl gerät.[727]

b) Die Wirkung der unmittelbaren Legitimation für das Selbstverständnis der Kommunalen Wahlbeamten

Mit der direkt-demokratischen Legitimation ist häufig auch ein neues Rollenverständnis der Kommunalen Wahlbeamten feststellbar. Dies wird darauf zurückgeführt, dass dem Kandidaten, seiner Präsentation und seinem Auftreten entscheidende Bedeutung zukommt.[728] Insbesondere die Bürgernähe eines Kandidaten hat sich in der Vergangenheit als wichtiges Merkmal herausgestellt. Die Bürger vertrauen demjenigen, dem sie Aufgeschlossenheit und Engagement für ihre Anliegen zutrauen.[729] Insoweit kommt dem Aspekt der Persönlichkeit eines Kandidaten eine wichtige Bedeutung zu.

Als „Wahrer von Bürgerinteressen" profiliert sich der Kommunale Wahlbeamte häufig im Bereich von Querschnittsaufgaben (Wirtschaftsförderung, Stadtteilentwicklung, Beachtung von Wirtschaftlichkeit und Sparsamkeit).[730] Nicht selten setzt er bei widerstreitenden Interessen mit dem Gemeindrat auf das Instrument des Bürgerentscheids, indem er einen solchen initiiert oder unterstützt.[731]

---

724 Henneke, Der Landkreis 1997, S. 1 (4), Gründler, S. 5.

725 Ausnahmen sind Bayern, § 42 Abs. 1 GLKrWG, sowie Niedersachsen, § 61 Abs. 1, 3 Nr. 1 NGO: Die Wahlzeiten von Kommunalem Wahlbeamten und Gemeindrat sind gekoppelt; wobei in Niedersachsen eine Änderung angestrebt wird, s. Holtkamp, S. 32.

726 Holtkamp, S. 30ff.

727 Henneke, Der Landkreis 1997, S. 1 (4).

728 Gründler, S. 6.

729 Gründler, S. 7.

730 Henneke, Der Landkreis 1997, S. 1 (7).

731 Bogumil/Holtkamp, S. 75f.

In den Kommunalverfassungen (wenngleich mit unterschiedlicher Intensität) mit eigenen Kompetenzen ausgestattet, kann der Kommunale Wahlbeamte bei entsprechender Persönlichkeitsstruktur also gewissermaßen ein zweites kommunalpolitisches Machtzentrum neben der Vertretungskörperschaft bilden.[732]

c) Fazit

Auf die kommunale Machtkonstellation haben zum einen die institutionellen Rahmenbedingungen (Kompetenzverteilung) Einfluss, zum anderen spielen aber auch persönliche Eigenschaften der Akteure eine wichtige Rolle.[733] In der Tendenz ist eine Gewichtsverschiebung zwischen den kommunalen Organen unverkennbar.[734] Darin ist zugleich das Risiko angelegt, dass eine gestärkte politische Führung durch den Kommunalen Wahlbeamten im Vertrauen auf formale Kompetenzen und direkt-demokratische Legitimation durch entsprechend „selbstbewussten" Entscheidungs- und Politikstil Konflikte mit dem Gemeinderat auslösen kann.[735]

2. Das Instrument der Abwahl im direkt-demokratischen Verfahren

Von Interesse ist nunmehr, welche Erkenntnisse sich vor diesem Hintergrund aus der praktischen Anwendung des Instruments der Abwahl ergeben. Dies gilt – vor dem Hintergrund der geänderten Rechtslage – insbesondere für die Akteure, ihre Motive und die Ergebnisse. Im Zentrum steht die Frage, welche Veränderungen des kommunalen Machtsystems die (nach neuem Recht) angestrengten Abwahlverfahren erkennen lassen.

a) Die Abwahlverfahren unter dem Aspekt der Akteure und Motive

Mit Ausnahme der Bundesländer Brandenburg, Sachsen, Schleswig-Holstein sowie inzwischen auch Nordrhein-Westfalen kann in den elf Flächenländern, die das Instrument der Abwahl vorsehen, ein entsprechendes Verfahren ausschließ-

---

732 Henneke, Der Landkreis 1997, S. 1 (6).
733 Egner/Heinelt, S. 140f.
734 Henneke, Der Landkreis 1997, S. 1 (6).
735 Haus/ Egner/ Heinelt, S. 211.

lich von der Gemeindevertretung initiiert werden.[736] Aufgrund der Dominanz dieser Verfahren in der praktischen Anwendung und wegen seiner Entwicklung vom ureigenen Instrument des Gemeinderates zum direkt-demokratischen Instrument verspricht ein vertiefter Blick auf die Akteure, Motive und Erfolge besonders aufschlussreich zu sein.

Bislang ist eine nicht unerhebliche Anzahl von Initiativen an der erforderlichen Mehrheit im Gemeinderat gescheitert, vor allem in größeren Städten (Wuppertal, Saarbrücken und Dresden).[737] Sofern jedoch eine Ratsinitiative erfolgreich war, beruhte diese in der Mehrheit der Fälle auf einem einmütigen Beschluss des Gemeinderates.[738] Dieser parteiübergreifende Konsens widerlegt die Vermutung, das Abwahlinstrument könne zur „Waffe" der Opposition werden.[739] Vielmehr kommen die Akteure oft auch aus der eigenen Partei der Amtsinhaber.

Als mögliche Motive des Gemeinderates kommen politische, juristische, aber auch persönliche Gründe in Betracht. Die Gesamtschau der Abwahlprozesse Kommunaler Wahlbeamter lässt erkennen, dass meist politische Motive leitend sind. Die häufigste Begründung der Abwahl ist ein zerrüttetes bzw. gestörtes Vertrauensverhältnis zwischen Gemeinderat und Kommunalem Wahlbeamten. Die Mitglieder des Gemeinderates sehen sich nicht mehr in der Lage, mit dem Amtsinhaber zusammenzuarbeiten. Ein häufiger Vorwurf lautet, er treffe Entscheidungen am Rat vorbei. Desweiteren werden politische Unfähigkeit und Untätigkeit moniert.[740] Insoweit kommt auch hier der Aspekt der fehlenden „Gleichgestimmtheit" zwischen Rat und Bürgermeister zum Ausdruck. Deren Fehlen war von Anfang der Einführung des Instruments an die Voraussetzung für den Gemeinderat, den Bürgermeister abwählen zu können.

Auf die Person bezogene Argumente (z.B. Führungsstil) stehen seltener im Vordergrund bzw. sie werden meist in Zusammenhang mit den politischen Motiven angeführt.[741] Selten werden dem Amtsinhaber juristische Fehler vorgeworfen. Wird jedoch ein Abwahlverfahren von juristischen Motiven dominiert, ist die Abwahl in der Regel erfolgreich. Es ist jedoch in der Praxis festzustellen, dass sich die Gemeinderäte nicht selten scheuen, juristische Motive zu benennen. Vielmehr werden – möglicherweise im Hinblick auf geboten erscheinende Zurückhaltung in laufenden juristischen Verfahren – politische oder persönliche Fehler des Amtsinhabers in den Vordergrund gerückt.

---

736 s. Kapitel B.

737 Fuchs, S. 84, aufgrund fehlender Berichtspflicht ist nicht auszuschließen, dass weitere gescheiterte Beschlussfassungen nicht dokumentiert sind.

738 Fuchs, S. 66; 70ff.; 75; 79; 81.

739 Fuchs, S. 98.

740 Fuchs, S. 99.

741 Fuchs, S. 100.

Bei einigen Verfahren, bei denen juristische Motive leitend waren (Wuppertal, Dresden, Saarbrücken), scheiterte die Einleitung in Form eines Ratsbeschlusses. In Saarbrücken und Wuppertal war die Anzahl der Sitze der Partei des Kommunalen Wahlbeamten ausreichend, damit das gesetzliche Quorum verfehlt wurde.[742]

Festzuhalten ist, dass als Motive für ein Abwahlverfahren politische und persönliche Kritikpunkte am Kommunalen Wahlbeamten im Vordergrund stehen und dass die Verfahren vom Gemeinderat überwiegend einmütig beschlossen werden. Von Interesse ist nun, ob dies für die Erfolgsaussichten eines Verfahrens eine Signalwirkung entfaltet.

Die Sichtung der bundesweiten Abwahlverfahren zeigt, dass das Ergebnis, das heißt das Votum der Bürger, offenkundig nicht umstandslos von den politischen Kritikpunkten des Gemeinderates geprägt wird. Diesem gelingt es nicht immer, die Bürger von dem Gewicht der Gründe für die Abwahl zu überzeugen. Die Probleme des Rates in der Zusammenarbeit mit dem Kommunalen Wahlbeamten sind den Bürgern, die ja eine eigenständige Entscheidung treffen, offenbar nicht einfach zu vermitteln. Nicht selten sind für die Bürger die Schwierigkeiten des Rates in der Zusammenarbeit nicht nachvollziehbar und so stimmen sie gegen eine Abwahl.[743]

b) Die Schlussfolgerungen aus den Erfahrungen der praktischen Anwendung für das kommunale Machtgefüge

Vom Instrument der Abwahl des Kommunalen Wahlbeamten wird auch nach der gesetzlichen Verankerung als direkt-demokratische Entscheidung aktiv Gebrauch gemacht. Aufgrund der gesetzlichen Regelungen zur Einleitung des Abwahlverfahrens ist es nach wie vor im Wesentlichen ein Instrument des Gemeinderates. Den bürgerinitiierten Abwahlverfahren hingegen kommt in der Praxis bislang eine untergeordnete Bedeutung zu.

Das Instrument der Abwahl wird vom Gemeinderat hauptsächlich dann genutzt, wenn eine vertrauensvolle Zusammenarbeit mit dem Kommunalen Wahlbeamten nicht mehr möglich erscheint. Die Analyse der Motive von Abwahlverfahren bestätigt, dass das direkt-demokratische Instrument der Abwahl eindeutig politischer Natur ist.

Die bisherige Entwicklung lässt erkennen, dass die Entscheidung des Gemeinderates für ein Abwahlverfahren häufig in parteiübergreifendem Konsens getroffen wird. Bemerkenswert ist aber auch, dass gelegentlich die „Bürgermeis-

742 Fuchs, S. 100f.
743 Fuchs, S. 99.

terpartei“ das Verfahren blockiert. Abwahlverfahren scheitern allerdings auch nicht selten deshalb, weil es den Ratsparteien nicht gelingt, den Bürgern ihre Beweggründe nachvollziehbar zu vermitteln. Sogar in den Fällen, in denen der Gemeinderat einvernehmlich und parteiübergreifend die Einleitung eines Abwahlverfahrens beschließt, führt dies nicht immer zur Abwahl durch die Bürger. Dies kann zum einen mit mangelnder Transparenz bzw. Kommunikationsdefiziten erklärt werden, resultiert aber vermutlich auch aus der Nähe des Kommunalen Wahlbeamten zu den Bürgern und dessen Responsabilität ihnen gegenüber. Offenbar lassen sich die Bürger bei der Abwahl (ähnlich wie bei der Direktwahl) ihre Entscheidungsfindung nicht vorgeben.

An dieser Stelle ist nochmals die in der Mehrheit der Bundesländer fehlende Möglichkeit von Abwahlinitiativen durch die Bürger kritisch anzumerken. Wenn die Praxiserfahrungen einerseits zeigen, dass Abwahlinitiativen gelegentlich im Gemeinderat verhindert werden, andererseits aber die Bürger offenbar einen eigenständigen Blick auf die Amtsführung des Kommunalen Wahlbeamten haben[744], unterstützt dies die Forderung, auch den Bürgern das Recht einer direkten Abwahlinitiative einzuräumen. Die Praxis in Brandenburg belegt, dass das Initiieren von Abwahlprozessen durch die Bürger unproblematisch und keineswegs destabilisierend ist. Die Befürchtung, dass Minderheiten das politische Alltagsgeschäft in Kommunen beeinträchtigen könnten, hat sich dort nicht bewahrheitet. Das Recht einer direkten Abwahlinitiative kann vielmehr Druck auf die Ratsparteien und den Kommunalen Wahlbeamten ausüben: Zum einen wird dadurch die Möglichkeit der Blockade eines Abwahlverfahrens durch die „Bürgermeisterpartei“ relativiert, zum anderen ist in den Ländern mit Initiativrecht auf Bürgerseite eine nicht unbedeutende Zahl von Kommunalen Wahlbeamten unter dem Druck einer drohenden Abwahl zurückgetreten.[745]

V. Ergebnis

Derzeit werden in allen Bundesländern die Kommunalen Wahlbeamten direkt von den Einwohnern gewählt. Ihre politische Bedeutung und das Gewicht ihrer Persönlichkeit wurden dadurch erheblich gestärkt, wenngleich dies nicht notwendigerweise mit einem „Mehr“ an rechtlichen Kompetenzen einhergeht. Der Kommunale Wahlbeamte ist aufgrund der direkten Wahl durch die Bevölkerung mit einer eigenständigen Legitimation ausgestattet, die ein Korrektiv zu den im Rat vertretenen Parteien darstellen kann.

744 Fuchs, S. 97f.

745 Fuchs, S. 104.

Die hieraus resultierende Verschiebung von Einfluss und Gewicht wird ergänzt durch die Erfahrung, dass nicht mehr die Mehrheitsfraktion im Gemeinderat über die Besetzung des Amtes des hauptamtlichen Kommunalbeamten entscheidet, sondern das Gemeindevolk, unabhängig von der Frage der parteipolitischen Zusammensetzung der Gemeindevertretung. Dies kann Konstellationen zeitigen, die durch die seinerzeit in Hessen eingeführte gesetzliche Abwahlregelung explizit vermieden werden sollte: eine Divergenz der Parteizugehörigkeit von Kommunalem Wahlbeamten und Mehrheitsfraktion. Aufgrund der geänderten gesetzlichen Rahmenbedingungen wurde zwar im Ergebnis formal der Einfluss der Parteien zurückgedrängt, dies hat aber keineswegs zu einer Reduzierung der Politisierung der Gemeindeebene geführt. „Politik" auf Gemeindeebene ist vielmehr differenzierter und vielschichtiger geworden.

Die Tatsache, dass der Kommunale Wahlbeamte nicht mehr von einer Mehrheit im Rat gewählt wird, nicht selten sogar einer anderen Partei als der Mehrheitsfraktion im Rat angehört, zeigt zudem, dass sich die Bedeutung der Gleichgestimmtheit zwischen Rat und Kommunalem Wahlbeamten für die Landesgesetzgeber verändert hat. Mit Blick auf die Wahl und Abwahl durch die Bürger könnte man schließen, dass sich das Erfordernis der Gleichgestimmtheit nunmehr auf das Verhältnis zwischen Wählenden und Gewähltem beziehen soll. Dies könnte als Ausdruck des besonderen Stellenwerts des direkt-demokratischen Instruments der Abwahl interpretiert werden.

Die gesetzlichen Regelungen zur Abwahl implizieren jedoch, dass dem Gemeinderat und seinem Verhältnis zum Kommunalen Wahlbeamten weiterhin eine nicht unerhebliche Bedeutung zukommt: Ausschließlich der Gemeinderat hat in vielen Bundesländern das Initiativrecht, ein Abwahlverfahren einzuleiten. Das Entscheidungsrecht wiederum liegt in der Hand der Bürger und der Gemeinderat muss entsprechende Überzeugungsarbeit leisten. Auch diese Konstellation trägt zu einer weiteren Politisierung der Gemeindeebene bei. Politische Fragen werden außer im Rahmen von Kommunalwahlen und Direktwahlen auch im Zusammenhang mit einer Abwahl diskutiert. Auch insoweit haben sich die Gewichte und Machtstrukturen zwischen kommunalen Institutionen und Akteursgruppen deutlich verschoben.

Mit Blick auf die seinerzeit von der Rechtsprechung betonte Bedeutung des Gleichstimmungsgebots vor dem Hintergrund der Politisierung der Gemeindeebene ist festzustellen, dass nach den neueren Kommunalordnungen nicht mehr das Prinzip der politischen Gleichgestimmtheit im Vordergrund steht, sondern verstärkt die Frage des Vertrauens.[746]

Die Verankerung von direkt-demokratischen Instrumenten wie Bürgerbegehren, Bürgerentscheid, Direktwahl und Abwahl ging einher mit einer differen-

746 Gern, S. 248; BVerwG, NVwZ 1993, S. 377; Erlenkämper, NVWZ 1994, S. 447.

zierten Politisierung der Gemeindeebene. Die geänderten rechtlichen Rahmenbedingungen im Zusammenhang mit Stellung und Funktion des Kommunalen Wahlbeamten – Direktwahl, asynchrone Wahlzeiten, Kompetenzverteilung – implizieren eine weitere Verschiebung des Machtgefüges tendenziell zugunsten des Kommunalen Wahlbeamten. Daher kann man die vom Gemeinderat initiierten Abwahlverfahren als Ausgleich für die Verschiebung der Gewichte bzw. als „ultima ratio" zur vorzeitigen Ablösung eines seinen Aufgaben nicht gewachsenen oder persönlich vorbelasteten Kommunalen Wahlbeamten sehen. Die seinerzeit vorgetragenen Bedenken im Hinblick auf die Zuständigkeit des Kommunalen Wahlbeamten für übertragene Aufgaben bzw. auf seine Beanstandungspflicht und die damit einhergehende Beeinträchtigung seiner Entscheidungsfreiheit verlieren aufgrund der geänderten rechtlichen Rahmenbedingungen und Machtkonstellationen zunehmend an Bedeutung.

Insgesamt hat sich das Instrument der Abwahl als „Baustein" im System der Demokratie auf Kommunaler Ebene bewährt. Dieses System hat sich gewandelt in dem Maße, wie (im Vergleich mit der Landes- und Bundesebene) andere und differenzierte Legitimations- und Entscheidungsstrukturen entwickelt wurden. Eine besondere Bedeutung kommt hierbei dem verstärkten Selbstbestimmungsrecht der Bürger zu. Dies entspricht einer erwünschten Tendenz, die das Bundesverfassungsgericht bereits zu einem frühen Zeitpunkt betont hat.[747] Dieser Tendenz folgend, sollten die gesetzlichen Regelungen zur Abwahl konsequent auch die Einleitungsbefugnis durch die Bürger vorsehen.

747 BVerfGE 7, S. 155 (167).

E. Zusammenfassende Thesen

(1) Die vorliegende Arbeit hat gezeigt, dass die Abwahl des Bürgermeisters durch die Bürger mit dem System der direkten Demokratie auf kommunaler Ebene vereinbar ist und das System der repräsentativen Demokratie auf kommunaler Ebene nicht gefährdet wird.

(2) Abwahl und Direktwahl des Bürgermeisters eröffnen den Bürgern die Möglichkeit – auch zwischen den Wahlen – ihren Willen wirksam zum Ausdruck zu bringen. Die kommunalpolitische Praxis belegt, dass bereits die bloße Existenz direkt-demokratischer Instrumente differenziertere Abwägungen bei anstehenden Entscheidungen und offenere Kommunikationsprozesse fördert und die Chance einer verstärkten Akzeptanz der Entscheidung erhöht.

(3) Die historische Entwicklung verdeutlicht, dass die Instrumente direkter Demokratie nur unter restriktiven formalen Verfahren zugelassen wurden. In den frühen achtziger Jahren kam es vermehrt zu Diskussionen über eine verstärkte direkt-demokratische Bürgerbeteiligung. Auslöser war eine zunehmende „Politikverdrossenheit", auch auf kommunaler Ebene. Direktdemokratische Instrumente für die kommunale Ebene wurden zögerlich geschaffen; zunächst nur in Baden-Württemberg (und Bayern) mit relativ restriktiven Vorgaben bzgl. Themen und Quoren. Das Instrument der Abwahl des Bürgermeisters durch den Gemeinderat war allerdings bereits ohne direkt-demokratischen Bezug in Gemeindeordnungen seit den fünfziger Jahren vorgesehen.

(4) Die deutsche Wiedervereinigung wirkte als „Modernisierungsschub": Direkt-demokratische Instrumente auf kommunaler Ebene wurden flächendeckend – mit weiterhin stark reglementierten Verfahren – eingeführt. Insbesondere die Einführung der Direktwahl des Bürgermeisters erfolgte – teilweise schon vor 1989 – auf vermehrten Druck der jeweiligen Oppositionsparteien.

(5) Die Einführung des Instruments der Abwahl durch die Bürger erfolgte (mit Ausnahme Bayerns und Baden-Württembergs) im Rahmen der grundlegenden Reformen der Kommunalordnungen nach 1989 ohne weitere öffentliche Diskussion und Begründung.

(6) Die Praxis hat markante Unterschiede in der Häufigkeit von Abwahlverfahren zwischen den neuen und alten Bundesländern gezeigt. Die Gründe der

unterschiedlichen Nutzung sind weder im Kontext der Kommunalordnungen zu finden, noch ist ein Zusammenhang mit den Praxiserfahrungen der Bürger bei direkt-demokratischen Verfahren zu Sachfragen zu erkennen. Als Ursache der unterschiedlichen Handhabung sind „individuelle“ einzelfallbezogene Faktoren zu vermuten.

(7) Ein generelles Erklärungsmuster für die Erfolgsabhängigkeit von Abwahlverfahren ist nicht zu erkennen. So sind in Bundesländern mit vielen erfolgreichen Verfahren, auch viele erfolglose Verfahren zu verzeichnen. Abwahlverfahren finden eher statt in kleinen Kommunen, die Verfahren sind aber in größeren Städten eher erfolgreich. Erfolgreiche Verfahren verzeichnen eine hohe Abstimmungsbeteiligung.

(8) Die Haltung des Gemeinderates ist meist für den Verlauf eines Verfahrens von entscheidender Bedeutung: Viele Verfahren scheiterten an der fehlenden Beschlußmehrheit im Rat, häufig erfolgte jedoch ein einmütiges Votum. Die Motive zur Abwahlinitiative waren politisch/persönlicher Natur. Vom Rat initiierte Abwahlverfahren fanden nicht automatisch eine entsprechende Mehrheit bei den Bürgern.

(9) Die bisherigen Verfahren zeigen die Abwahl des Bürgermeisters als eher selten genutztes Instrument direkter Demokratie in der Kommune. Dies gilt sowohl für ratsinitiierte als auch für bürgerinitiierte Verfahren. Der Erfolg war hiervon nicht abhängig

(10) Das Grundgesetz legt sich zwar für die Bundesebene deutlich auf das System der repräsentativen (mittelbaren) Demokratie fest; die „prononciert antiplebiszitäre“ Linie des Grundgesetzes gilt jedoch nicht für die nachgeordneten Ebenen. Den Ländern steht es vielmehr frei, im Rahmen ihrer Verfassungsautonomie, Formen direkter Demokratie auf Landes-, Kreis- oder Kommunalebene zuzulassen.

(11) Verfassungsrechtlich unbedenklich ist es, wenn direkt-demokratische Mitwirkungsformen auf kommunaler Ebene die Willensbildung der gewählten Repräsentanten im Einzelfall anstoßen, ergänzen oder korrigieren. Zu gewährleisten ist aber, dass die verfassungsmäßigen Organe der Gemeinde funktionsfähig bleiben und in der Lage sind, selbständig und selbstverantwortlich über die Gemeindeangelegenheiten zu entscheiden.

(12) Instrumente direkter Demokratie entfalten entlastende und legitimationsfördernde Wirkung und können Defizite des repräsentativen Demokratiemodells ausgleichen. Sie tragen zur Systemstabilität bei, indem sie die Responsivität der repräsentativen Demokratie fördern. Direkte Demokratie in den Kommunen (und Ländern) ergänzt als Balancierungs- und Korrekturinstrument die repräsentative Demokratie.[748]

748 Vgl. B I. 4. d); IV.

(13) Die besondere Rolle des Instrumentes der direkten Wahl und Abwahl des Bürgermeisters besteht darin, dass die Bürger zunächst auf direkt-demokratischem Wege den obersten Repräsentanten der Gemeinde bestimmen und ihm die erteilte Legitimation vor Ablauf der Amtsperiode unter bestimmten Voraussetzungen auch wieder entziehen können.[749]

(14) Das Instrument der Abwahl des Bürgermeisters ist in das System direkter Demokratie auf kommunaler Ebene integriert. Grundlegender Reformbedarf besteht allerdings im Hinblick auf die Einleitungsbefugnis, die heute noch in der Mehrheit der Bundesländer ausschließlich dem Gemeinderat zukommt.

(15) Den Bürgern ist das Initiativrecht für das Abwahlverfahren durch Änderungen der Kommunalordnungen einzuräumen, soweit dies noch nicht erfolgt ist. Durch Einführung eines differenzierten Quorums und entsprechender Ausgestaltung der Verfahrensvorschriften kann den hohen formalen Anforderungen des Bundesverfassungsgerichtes[750] – auch bei einem Initiativrecht der Bürger – Rechnung getragen werden.

(16) Für das Initiativrecht durch die Bürger sind die Regelungen zu Bürgerbegehren über Sachfragen übertragbar. Die formalen Anforderungen in den Kommunalordnungen können auf diese Weise emotionsgeladenen und übereilten Abwahlverfahren entgegenwirken.

(17) Für die Abwahl ist eine einheitliche Bezugsgröße zur Mehrheitsfindung in der Abstimmung zugrunde zu legen. Die Zustimmungsquote der Bürger bei der Direktwahl für den Amtsinhaber bzw. die Wahlbeteiligung kann als Bezugsgröße für Zustimmungsquoren zur Abwahl dienen.

749 Vgl. D IV. 1. b).

750 BVerfGE 7, S. 155 (170); 8, S. 332 (352).